도서출판 대장간은
쇠를 달구어 연장을 만들듯이
생각을 다듬어 기독교 가치관을
바르게 세우는 곳입니다.

대장간이란 이름에는
사라져가는 복음의 능력을 되살리고,
낡은 것을 새롭게 풀무질하며, 잘못된 것을
바로 세우겠다는 의지가 담겨져 있습니다.

www.daejanggan.org

생명과 평화의 눈으로 읽는 성서 6

복음서(상)_역사적 예수와 그의 운동

지은이 김경호
초판1쇄 2019년 6월 19일

펴낸이 배용하
책임편집 배용하
등록 제364-2008-000013호
펴낸곳 도서출판 대장간
www.daejanggan.org
등록한곳 충남 논산시 매죽헌로1176번길 8-54, 101호
대표전화 대표전화 041-742-1424 전송 0303-0959-1424
분류 기독교 | 신약 | 복음서

ISBN 978-89-7071-478-3 03230
SET 978-89-7071-417-2 04230
CIP CIP2019022626

값 15,000원

생명과 평화의 눈으로 읽는 성서 6

복음서(상)

역사적 예수와 그의 운동

김경호 지음

차례 contents

| 시작하는 말 |

오늘날의 한국교회에서 유행하는 성경공부는 이른바 '큐티'다. 그러나 이 방식으로 진행하는 공부는 성경을 지나치게 자의적으로 해석하기 쉽다. 본문에 과도한 뜻을 부여하다 보니 "본래 그 말씀에 그런 뜻이 있었나?" 싶을 정도로 그 의미가 확대되기도 하고 때로 본문과는 전혀 다른 의미로 바뀌기도 한다. 이렇게 되면 어떤 본문의 해석이든 유사해진다. 결국에는 해석자 개인의 문제가 투영된다. 그러다 보면 서로 다른 맥락의 성서 본문들도 모두 자기 식으로 해석해 버리며 자신의 세계를 성서 안에 투입한다. 그런 다음에는 성서의 권위를 빌어서 자신의 해석을 마치 성서가 그렇게 말하는 것인 양 이야기하고, 정당화한다. 이러한 경향을 성서도구주의라고 부른다. 그러나 이것은 성서해석에서 중대한 오류이다. 큐티를 비롯하여 한국교회에서의 성서해석의 90% 이상을 차지하는 이른바 '영감(靈感)에 의한 성서해석'은 이러한 방법론적 오류를 벗어나기 어렵다.

그럼에도 불구하고 큐티 방식의 성서연구는 우리의 생활 깊숙한 곳에 성서 본문을 가져오는 장점이 있다. 하지만 성서를 통해 우리가 얻는 메시지는 그렇게 해석해야만 하는 합리성을 가져야 한다. 홀로 묵상을 할지라도 그 본문이 말하는 메시지의 올바른 방향과 토대 위에 있어야 한다. 제멋대로 노를 저어서 배가 산으로 가게 하는 것은 곤란하다. 그것은 자신의 뜻을 하나님의 뜻으로 합리화하는 잘못을 범하기 때문이다.

물론 성서를 해석할 때 주관을 완전히 배제하고 보는 것은 어렵다. 그래서 서구에서는 수백 년 동안 성서신학이 발달해 왔다. 이는 균형 잡힌 성서해석을 위한 과정이다. 성서신학은 객관적이고 타당하게 성서를 해석할 수 있는 여러 가지 과학적인 학문의 방법론을 계발했다. 이 교재는 그러한 성서해석 방법론들을 동원할 것이다. 그리하여 성서 속 말씀들을 그것이 생겨난 역사 배경과 사회경제 배경 속에서 이해할 것이다. 또한 최근의 고고학적 발굴과 연구결과, 고대 근동의 유사한 문서와 비교하는 종교사적인 연구방법, 성서 자료들을 문헌적으로 정밀하게 비교하고 분석해 나가는 역사 비평적 연구 방법 등을 활용할 것이다.

이러한 성서연구는 필자가 향린교회, 강남향린교회, 들꽃향린교회, 다시 강남향린교회로 이어지는 35여 년 동안의 목회 활동과 성서연구 세미나를 통해 얻은 것이다. 그리고 한국기독교장로회 총회교육원에서 목회자 재교육 과정으로 운영하는 목회신학대학원과 여전도사를 양성하는 목회신학대학 과정에서 구약학 강의를 하면서 얻은 결과물이다.

전체 시리즈의 제목을 '생명과 평화의 눈으로 보는 성서'라고 하였다. 이것은 하나의 선입견을 가지고 성서를 보겠다는 뜻이 아니다. 오히려 성서 자체가 생명과 평화의 치열한 삶의 고백들이라는 뜻이다. 하나님에 대한 이야기는 역사와 자연의 도전 앞에 선 인간이 자신의 생존을 위한 깊은 투쟁의 고백을 쏟아낸 것이다. 그리하여 자연과 인간의 최대 화두인 '생명'과 삶의 필수 조건인 '평화'라는 두 사회적 주제를 성서가 증거하는 핵심 가치로 본 것이다.

현행의 성서공부 교재는 대부분 교리사적인 틀에 꿰어져 맞추는 식으로 만들어졌다. 많은 사람들이 성서와 기독교를 "죄→구원" 같은 간단한 공식으로 설명하려 한다. 이 때문에 사람들은 성서를 단지 한 가지 사상만 있는 책으로 오해하기도 하고, 또는 성서를 단순화된 교리를 강요하는 평면적인 책으로 오해한다. 그러나 사실 성서는 긴 역사를 통해 일어난 삶의 치열하고 다양한 역사를 담고 있으며, 그 시대를 살아가는 사람들의 호소와 외침이 녹아 있는 책이다. 그 하나하나가 갖는 다양한 패러다임과 역동성은 오늘 우리가 살아가는 사회의 문제를 예시하고 조명하며, 이를 통해 오늘 우리가 처한 역사 속에서 야훼 하나님의 분명하신 섭리와 경륜의 방향을 보게 한다. 이처럼 성서는 역사의 과정 속에 나타났던 사상, 철학, 문학의 다양한 패러다임을 포함하고 있을 뿐 아니라, 세상의 역사를 운영하시는 하나님의 뜻과 그를 따라 기꺼이 목숨까지도 바치는 인간의 신앙적 응답을 풍부하게 담고 있는 인류 최고의 걸작품이다. 그런데 이렇게 다양하고 역동적인 성서를 단 하나의 교리로 뭉뚱그려 단순화하거나, 그 생명력을 사장시키는 것은 참으로 안타깝다.

이 책은 성서신학의 전문적인 내용을 누구나 이해할 수 있는 쉬운 언어로 쓰고자 노력했다. 그리고 성서본문을 통해서 신학적 사고를 전개해 나가기에 신학을 모르는 사람도 쉽게 접근할 수 있도록 했다. 아무쪼록 이 책이 한국교회를 갱신하는 데 작은 보탬이 되기를 바란다.

강남향린교회와 거기에서 분가한 들꽃향린교회의 교우들은 대부분 이 책의 내용을 공부하는 성서학당을 통해서 교우가 되었다. 이 중에 상당수는 성서문자주의에 매인 근본주의 신앙을 가진 분이었거나, 기독교를 처음으로 대하는 초신자였다. 대체로 초신자들은 이런 식의 성서 연구를 아주 새롭게 받아들이지만, 근본주의 신앙을 가진 분들은 학당이 진행되고 있는 동안 필자와 심하게 논쟁을 벌인다. 그래도 이제까지의 방식과는 전혀 다른 방법론으로 진행해 나가기에 싸우면서도 계속 논의에 참여한다. 어떤 분은 자동차로 몇 시간씩 걸리는 지방에 살면서도 빠지지 않고 성서학당의 모임에 개근한다. 그러는 동안 생각이 점차 변화하면서 어느 누구보다도 분명하고 힘 있는 신앙인으로 서는 것을 경험하였다.

이런 교재가 나올 수 있는 것은 이런 성서연구를 수용하고 열린 마음으로 함께 토론할 수 있는 건강한 공동체가 있기에 가능하다. 한국교회의 신도들은 매우 훌륭하다. 그들은 참다운 신앙에 관해서라면 언제든지 헌신할 수 있는 마음의 준비를 갖추고 있다. 그러나 한국교회를 이끄는 지도자들이 자기 욕심대로 복음을 왜곡시켜 오늘의 한국교회는 이 모양이 되고 말았다. 그러나 이 교재는 그렇게 왜곡된 시각을 용납하지 않을 것이다. 이 책은 꾸준히 생각하게 하며 각자 본문이 형성된 자리와 만나게 도와줄 것이다. 그러다보면 결국 성서기자가 가졌던 처음마음, 뜨거운 마음들을 만날 수 있을 것이다.

이 교재는 상당히 진보적인 내용으로 구성되어 있지만 그것보다 중요한 강조점은 바로 우리가 확장해 가야 할 공동체성을 살리는 데 목표를 두고 있다. 현실의 기독교가 모순이 많은 것은 사실이나 아무 대안도 없이 섣부르게 기독교 신앙과 교회를 폄하하는 독설을 퍼붓는 것은 무책임하다. 깊은 애정을 가지고 건강한 신앙, 건강한 교회로 재건하여 나가도록 돕는 데 힘써야 할 것이다. 개개인이 가진 좋은 의지들을 모아서 공동의 힘으로 함께 이루어 가는 공동체가 교회이다. 그렇게 할 때, 교회는 오늘날 살아계신 그리스도의 몸을 이루며 증언해 나갈 수 있다.

이 교재를 공부하는 분들이 막연한 관념 속에서가 아니라 좀 더 역사적이고 실증적인 자료들을 통해 야훼 하나님과 예수를 만날 수 있기를 바란다. 이 교재가 지금 목표의 상실, 도덕성의 상실로 휘청거리고 있는 한국교회를 새롭게 갱신해 나갈 성서적 근거를 세워주고 우리 역사를 바로 세울 수 있는 동력이 되기를 간절히 바란다.

각 과의 내용을 진행하여 읽어나갈 때 처음 또는 중간에 "미리 살펴보기"의 문제들이 있다. 이 부분에서는 반드시 성서를 직접 찾아보고 잠시 서로의 의견을 나누는 시간을 갖기를 바란다. 이 책에는 표준새번역(새번역) 성서를 토대로 인용 본문을 명시했다. 모든 내용은 제시된 성경말씀을 토대로 전개된다. 반드시 성구를 찾아보고 그 본문에 머물러 생각하는 시간을 갖기를 바란다. 오히려 그것이 가장 빨리 가는 지름길이 될 것이다. 남이 만들어준 내용은 체화되기 힘들다. 반드시 자기 명상과 씨름이 동반될 때라야 단순한 지식을 넘어서 자신을 바꾸어 낼 수 있는 힘이 생긴다. 뿐만 아니라 스스로 성서를 보고 해석할 수 있는 눈도 키워갈 수 있다. 그룹으로 공부할 때는 반드시 공부를 마친 다음에 "함께 생각나누기"에 제시된 질문을 토대로 하여 서로의 생각을 나누는 시간을 갖기 바란다. 정답은 있을 수 없다. 모두가 정답이고 모두가 각자의 삶의 위치에서 나오는 진실이다. 어느 누구도 서로의 답이 맞나 틀리나 판단하지 말고 각자의 삶과 생각을 충분히 나누고 상대를 깊이 이해하고 용납하려는 자세로 참여하기를 원한다. 각 과의 마지막에는 "함께 생각나누기"의 주제와 관련된 설교나 강연문을 제시하였다. 이 설교문은 필자가 강남향린교회나 들꽃향린교회 강단에서 행한 설교 중에서 발췌한 참고자료이다.

목회를 하는 중에 틈틈이 책과 씨름하며 그 내용을 만들어 가는 것이 쉽지는 않았다. 이 책에 쓰인 한 줄의 정보를 얻기 위해서 몇 주일을 엉

덩이가 무르도록 앉아서 책을 보거나 또는 현장에서 씨름해야 하는 때도 있었다. 스스로에게 의무감을 주어가며 굳이 이러한 작업을 하는 것은 한국교회가 이대로만 가서는 안 된다는 위기감 때문이다.

윤리적 표상을 잃고 우리사회와 민족이 나아가야 할 방향과는 정반대로 역주행하는 신앙, 싸구려 값싼 은혜를 남발해 대며 상업주의와 성장논리로만 치달아 버리는 교회, 복 방망이를 두들겨 대며 교인들을 주문과 주술로 미혹하는 종교 지도자, 그들이 제멋대로 만들어낸 아무 존경할 것 없는 싸구려 하나님, 예수가 난무하는 현실이 너무나 수치스럽다. 사실 그들은 이미 자신의 영혼 속에서 하나님을 버리고 예수도 다시 못 박아 버린 상태이거나 전혀 자기 성찰을 하지 않은 채 유행을 좇아가는 마비 상태인 경우가 대부분이다. 이런 현실 속에서 이미 신앙을 가진 분들이 자신의 신앙을 깊이 성찰하고 신앙의 뼈대를 새롭게 세우는 계기가 되기를 바란다. 신앙을 가지지 않은 분들도 이 책을 공부하면서 야훼신앙과 예수신앙에 대해서 매력을 느끼고, "이런 하나님이라면 나도 믿고 싶다"는 마음이 들면 좋겠다. 그런 분들을 신앙으로 이끄는 길잡이가 되기를 또한 바란다. 당장 바라는 결과가 생기지 않더라도 먼 훗날 그때 한국교회에서도 무너진 신앙을 다시 세우기 위한 이런 몸부림이 있었구나 하는 정도의 기록은 될 수 있으면 좋겠다.

송파구 오금동 목련공원에서

강남향린교회 김경호 목사

| "역사적 예수와 그의 운동"을 내면서 |

생명과 평화의 눈으로 읽는 성서 제6권 "역사적 예수와 그의 운동"을 드디어 발간한다. 신약 성서로는 첫 번째 책이다. 구약 전공자인 필자가 신약 부분을 내려니 보다 조심스러웠고 보다 완벽성을 기해보려는 욕심으로 자꾸 시간이 늦춰진 것을 독자들께 사과드린다. 그러는 동안 시무하던 들꽃향린교회에서 강남향린교회로 자리를 옮겼다. 필자가 개척할 당시부터 목사임기제를 채택했기에 정관에 따라 7년간 두 번의 임기를 마치고 들꽃향린교회를 사임했다. 그러던 중 25년 전에 필자가 개척했던 강남향린교회에서 다시 청빙을 했다. 아마도 필자가 은퇴하기 전에 마지막 목회 7년의 임기는 여기서 진행될 것 같다.

25년 전 필자가 강남향린교회를 개척하고 창립예배를 드릴 때 안병무 선생께서 하신 부탁이 있었다. 당시 필자가 공저로 "함께 읽는 구약성서"와 "함께 읽는 신약성서"를 발간한 터였다. 그때, 안병무 선생님께서는 매우 기뻐하셨다. "자네가 세계적인 교제를 썼네, 자네가 쓴 부분을 주의 깊게 보았는데 매우 훌륭한 관점의 책일세"라고 격려해 주셨다. 그 후 이년 뒤에 필자가 강남향린교회를 개척했을 때, 안 선생님께서는 창립예배 축사로 마치 유언과도 같은 부탁의 말씀을 제게 주셨다. 눈물어린 부탁이었다.

"김 목사 당신은 예수의 얼굴을 제대로 그리시오. 당신이 예수의 얼굴을 바로 그리면 그 얼굴이 먼저 당신을 짓 밟고, 당신을 심판하고 모욕할 것이오. 그래도 김목사는 예수의 얼굴을 있는 그대로 그리시오. 내 삶이 그와 일치될 수는 없지만, 내가 비웃음을 받을지라도 그의 모습만은 정직하게 그리시오. 세상에 그대로 드러내 놓으시오…. 오늘 어떤 형태로든 살아 있고, 우리의 거리에 살아 있는 예수를 그리시오. 김 목사, 오늘 너무 한계를 지어놔서 운신의 폭이 좁을 줄은 모르나, 예수의 얼굴을 정말 바르게 그리시오. 당신이 망해도 예수는 살아야 하니까. 세례요한의 말대로, '당신은 흥해야겠고, 나는 쇠해야겠다.' 그 말을 당신 지키시오."

선생님은 말씀을 잇지 못하시고 강단에서 한참을 우셨다. 그리고는 혼자말을 하듯 말씀을 마무리하시고 강단을 내려오셨다.

"지켜야지. 세상에 한 번 밖에 없는 인생인데 …"

안 선생님의 그 말씀은 내게 좌우명이 되었다. 나의 삶으로 예수를 그리는 것은 요원하지만 지금 시점에서 내가 생각하는 예수의 모습을 정리해서 책으로 내는 것은 안 선생님의 부탁 중 작은 부분을 이루는 일이리라. 함께 읽는 신약성서를 쓴지 27년 만에 이제 예수의 얼굴을 그리는 책을 내어 놓게 되었다. 여기 있는 글들은 대단한 논문도 아니고, 명 설교도 아니다. 오직 선생님의 부탁에 충실하고자 살아 온 나의 생각이고 나의 삶의 흔적이다. 억울한 사연을 가지고 거리로 나온 사람들과 함께 촛불을 밝히면서, 때로 강남향린이나 들꽃향린의 강단에서, 말씀을 읽고 기도할 때, 한 구절의 말씀이 가슴에 밀려올 때, 기뻐서 뛰기도 하고, 울기도 하면서 몸으로 체득한 말씀들이다. 능력은 부족하지만 성실하게 최선을 다하도록 애썼다. 창세기부터 요한계시록까지 방대한 역사에 걸쳐 있는 성경을 생명 평화의 관점에서 민중의 시각으로 새롭게 조명한다는 것은 무모하고 어림없는 계획이다. 더군다나 목회 현장을 가지고 목회하는 목사로선 시간을 몰아서 내기가 힘들었다. 이제 중단되었던 신약 성경에 첫발을 내딛고 예수의 얼굴을 그려본다. 안선생님께서 그리고 나의 목회의 스승이신 홍근수 목사님께서 "고작 요것 뿐이 못했냐"고 호통하실 것 같아 두렵기도 한 마음으로 제6권 예수, 복음서 편의 첫발을 내딛는다.

그리고 구약 초판 교정을 맡아 주었던 백창욱 목사의 도움을 다시 받게 되었다. 소성리 주민들과 함께 사드반대투쟁으로 바쁜 중에도 선뜻 나서서 꼼꼼하게 교정을 도와준 대구 새민족교회의 백창욱 목사님께 깊이 감사드리며 '함께 생각 나누기' 질문 작성을 도와주신 안성용 집사님께도 감사를 드린다.

2019년 봄 송파구 오금동 강남향린교회에서

김경호 목사가

01
복음서의 형성과 자료

왜 복음서에 같은 이야기들이 반복하여 나타납니까?

복음서를 보면 같은 이야기들이 다른 복음서에도 중복되는 것을 볼 수 있다. 흔히 예수의 여러 제자들이 예수와 함께 하면서 경험한 사건을 각자가 기록했기 때문이라고 설명한다. 그러나 복음서를 기록한 것은 예수의 제자들이 모두 세상을 떠나고 한참 후다.

마태, 마가, 누가 세 복음서는 예수의 행적에 대해서 같은 이야기들을 반복하는 것 같이 느껴진다. 이는 공통의 관점(共觀)에서 복음을 전하기 때문이라고 생각해서 세 복음서를 공관복음(共觀福音)이라고 부른다. 이렇게 복음서에 서로 공통으로 나타나는 구절을 병행구라고 부른다. 요즈음 성서에는 대부분 소제목에 괄호로 병행구를 표시한다.

그러나 요한복음서는 공관복음서와는 전혀 다른 순서로 예수를 소개한다. 그래서 공관복음과 구별된다는 뜻으로 제4복음서라고 부른다. 우리가 흔히 공생애 3년을 이야기 하는 것은 요한복음을 따른 것이다. 공관복음서에는 예수의 공생애가 1년 반이다. 뿐만 아니라 활동 무대의 경우, 요한복음은 예루살렘과 그 주변이고 공관복음은 갈릴리와 그

근방이다. 요한복음의 순서는 공관복음과는 판이하게 다르다. 성전숙청의 경우, 요한복음은 예수 공생애 초기에 나오고, 공관복음은 마지막 수난 직전에 나온다. 공관복음서에서 예수의 가르침은 일반 대중을 상대로 하지만 요한복음에서는 주로 제자들을 상대로 상당히 긴 강론을 한다.

마태복음과 누가복음은 마가복음을 기초로 집필하였다.

1860년대까지도 최초의 복음서는 마태복음이고 마가복음은 이를 요약한 것이며 누가는 마태와 마가를 근거로 후에 기록한 것이라고 생각하였다. 그러나 학자들이 문서에 관해 정밀하게 연구한 결과, 다음과 같은 결론들을 얻었다.

- 최초의 복음은 마가복음서다.
- 마가는 마태와 누가의 골격과 이야기의 내용 대부분을 제공하였다.
- 공관복음에서 중복되는 부분의 순서는 대체로 마가복음의 순서를 따른다.
- 공관복음에서 중복되는 분량을 뽑아내면 마가복음의 분량과 거의 동일하다.
- 마태와 누가는 각각 나름의 문체가 있다. 하지만 마가와 중복되는 부분의 문체는 주로 마가의 문체를 그대로 따른다. 마가복음은 희랍어 카이(καί, 그리고)를 반복 사용한다. 대부분의 문장이 "그리고"로 시작한다. 이것은 문장의 긴박성을 나타내지만 세련된 문장은 아니다.

따라서 위의 증거들로 인해 마태복음과 누가복음은 마가복음을 기초로 집필하였다는 결론을 얻을 수 있다.

마태복음과 누가복음의 공통부분에서 마가복음을 빼내면 어록집(Q)

마가복음은 주후 70년대에 작성하였고 이를 기초로 약 10-20년쯤 후에 마태와 누가가 자신들의 자료를 첨가해서 마태복음과 누가복음을 작성했다. 그래서 마태, 마가, 누가가 유사한 자료들을 가진 공관복음이 되었다. 그렇다면 당연히 마태복음과 누가복음에서 서로 공통되는 부분을 뽑아내면 마가복음이 나올 것이다. 그런데 공통자료 중에는 최소한 200절 이상이 마가복음에 속하지 않은 자료들이다. 이 자료들은 예수의 어록이라는 공통점을 가지는데 거의 문자 하나하나가 서로 똑같다. 따라서 지금은 현존하지 않지만 마태복음과 누가복음을 쓸 당시에는 예수의 어록집(Q)[1]이 존재했을 것으로 추정된다. 어록집은 지금 별도의 책으로 전해지지는 않지만 마태복음과 누가복음 안에서 찾을 수 있다. 마태와 누가의 공통부분에서 마가복음을 빼면 어록집이 나온다.

마태복음과 누가복음의 특수자료

마태복음에는 누가복음과 마가복음에 나오지 않는 약 212절의 특수자료들(M)이 있고, 누가복음에는 마태복음과 마가복음에 나오지 않는 214절의 특수 자료들(L)이 있다.

마태복음의 특수 자료들은 강한 유대주의적 경향을 띠고 있다. 바리새파나 율법학자를 비난하기보다는 그들의 의보다 뛰어나지 않으면 하늘나라에 들어갈 수가 없다고 말하며, 율법에 대해서도 일점일획도 없

1) 자료, 출처를 말하는 독일어 Quelle에서 첫 자를 따서 Q자료라고 부르며, 최근 그 중요성이 강조되면서 Q복음이라고도 부른다. Q에 장·절 표시는 누가복음의 장·절을 따른다.

어지지 않는다고 한다.(마 5:17–20) 그밖에 산상수훈의 몇몇 자료들(5:33–37, 6:1–8, 6:16–18), 예수님의 비유들(13:24–30, 13:36–52, 18:23–35, 20:1–16, 25:31–46) 등이 있다.

누가복음의 특수 자료는 더 인도주의적이며 보편주의적인 특징을 가지고 있다. 잃어버린 것에 대한 관심과 소외된 자, 약자에 대한 관심이 높다. 선한 사마리아 사람의 비유(10:25–37), 되찾은 드라크마의 비유(15:8–10), 탕자의 비유(15:11–32), 불의한 청지기 비유(16:1–18), 부자와 거지 나사로(16:19–31), 과부와 재판관의 비유(18:1–8), 세리 삭개오(19:1–10) 등이다.

공관복음서의 네 자료

위의 결론을 종합하면 공관복음은 네 자료로 구성하였다는 것을 알 수 있다. 즉, 마가(MK), 마태의 고유자료(M), 누가의 고유자료(L), 예수의 어록집(Q) 이다. 이것을 표로 나타내면 다음과 같다.

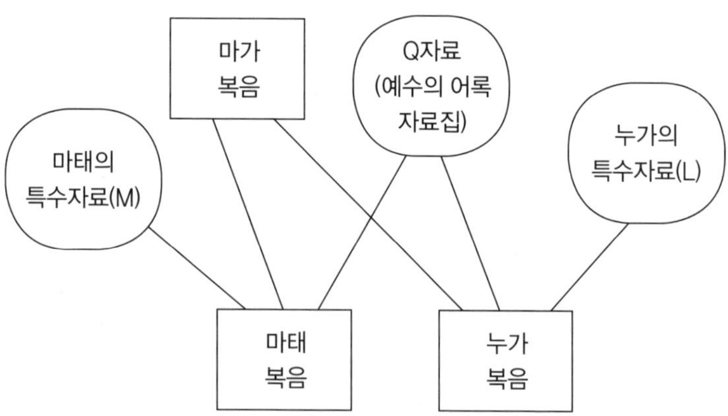

사복음서의 집필연대와 집필의 주체를 다음과 같이 추정할 수 있다.

– 마가복음 – 주후 70년대, 갈릴리 공동체

– 마태복음– 주후 80–90년대, 유대인 공동체, 유대주의

– 누가복음– 주후 80–90년대, 이방인 공동체, 세계주의

– 요한복음– 주후 100년경, 요한 공동체, 요한 공동체는 새롭게 초대 교회에 나타난 이단 영지주의와의 싸움에서 성육신을 강조한다.

마가복음 본문의 대부분을 마태와 누가가 가져갔으나 그들이 가져가지 않은 마가의 본문이 있을까?

마가복음을 보면서 병행구 표시가 돼 있지 않은 본문은 마가에만 있는 자료이다. 마태와 누가가 취하지 않은 이유가 무엇일까를 생각하여 보자.

– **마가** 3:7–12

예수께서 제자들과 함께 바닷가로 물러가시니, 갈릴리에서 많은 사람이 따라왔다. 또한 유대와 예루살렘과 이두매와 요단강 건너편과 그리고 두로와 시돈 근처에서도, 많은 사람이 그가 하신 모든 일을 소문으로 듣고, 그에게로 몰려왔다. 예수께서는 무리가 자기에게 밀려드는 혼잡을 피하시려고, 제자들에게 분부하여 작은 배 한 척을 마련하게 하셨다. 그가 많은 사람을 고쳐 주셨으므로, 온갖 병으로 고통받는 사람들은, 누구나 그에게 손을 대려고 밀려들었기 때문이다. 또 악한 귀신들은 예수를 보기만 하면, 그 앞에 엎드려서 "당신은 하나님의 아들입니다" 하고 외쳤다. 그러면 예수께서는 "나를 세상에 드러내지 말아라" 하고, 그들을 엄하게 꾸짖으셨다.

병 고침을 원하는 수많은 사람들이 예수에게 몰려들었다. 온갖 병으로 고통 받는 사람들이 누구나 예수에게 손을 대려고 밀려들었기 때문에 예수는 혼잡을 피하시려고, 제자들에게 분부하여 작은 배 한 척을 마련하여 그 자리를 피한다. 그 상황은 이해할 수 있지만 메시아이신 예수께서 병자들이 도움을 청하며 몰려드는 상황에서 따로 배를 마련하여 현장을 피한다는 것은 어딘지 덕스럽지 못하다. 그래서 마태와 누가가 생략한 것이다. 우연하게 빠뜨린 것이 아니다. 다 이유가 있다.

– 마가 4:26–29

한글 성경에서 이 부분은 병행구가 표시되어 있지 않지만 이 부분은 독립된 단락이 아니다. 앞부분에 비유전반에 관해서 설명하는 큰 단락의 일부분이다. 마태나 누가가 임의대로 삭제한 마가복음의 독립적 단락이라고 볼 수 없다. 앞부분과 함께 아울러 볼 때, 이는 병행구를 가진 본문이다. 한글판 개역이나 새번역 성경의 편집자는 단순한 의미대로 단락 구분을 했을 뿐, 우리와 같은 관심을 가지고 편집한 것이 아니다. 비유에 대한 예수의 설명은 마가의 본문을 그대로 마태나 누가가 취하고 있다.

– 마가 7:31–37

> 예수께서 다시 두로 지역을 떠나, 시돈을 거쳐서, 데가볼리 지역 가운데를 지나, 갈릴리 바다에 오셨다. 그런데 사람들이 귀 먹고 말 더듬는 사람을 예수께 데리고 와서, 손을 얹어 주시기를 간청하였다. 예수께서 그를 무리로부터 따로 데려가서, 손가락을 그의 귀에 넣고, 침을 뱉어서, 그의 혀에 손을 대셨다. 그리고 하늘을 우러러보시고서 탄식하시고, 그

에게 말씀하시기를 "에바다" 하셨다.(그것은 '열리라'는 뜻이다.) 그러자 곧 그의 귀가 열리고 혀가 풀려서, 말을 똑바로 하였다. 예수께서 이 일을 아무에게도 말하지 말라고 그들에게 명하셨으나, 말리면 말릴수록, 그들은 더욱더 널리 퍼뜨렸다. 사람들이 몹시 놀라서 말하기를 "그가 하시는 일은 모두 훌륭하다. 듣지 못하는 사람도 듣게 하시고, 말 못하는 사람도 말하게 하신다" 하였다.

이 단락은 예수께서 병자를 고치시는데 뭔가 석연치 않다. 사람들이 없는 곳으로 따로 데리고 나가서 손가락을 그의 귀에 넣고, 침을 뱉어서, 그의 혀에 손을 대시고 하늘을 향하여 탄식하시고, 소리를 지르신다. 메시아가 권위 있게 말씀으로 척척 고치시는 것이 아니라 여러 가지 번거로운 행위를 한다. 마태와 누가는 이런 대목이 예수의 권위를 손상한다고 보아 공통으로 삭제한 것으로 보인다.

– 마가 8:22–26

그리고 그들은 벳새다로 갔다. 사람들이 눈먼 사람 하나를 예수께 데려와서, 손을 대어 주시기를 간청하였다. 예수께서 눈먼 사람의 손을 붙드시고, 마을 바깥으로 데리고 나가셔서, 그 두 눈에 침을 뱉고, 그에게 손을 얹으시고서 "무엇이 보이느냐?" 하고 물으셨다. 그 사람이 쳐다보고서 말하기를 "사람들이 보입니다. 나무 같은 것들이 걸어 다니는 것 같습니다" 하였다. 그 때에 예수께서는 다시 그 사람의 두 눈에 손을 얹으셨다. 그런 다음에, 그가 뚫어지듯이 바라보더니, 시력을 회복하여 모든 것을 똑똑히 보게 되었다. 예수께서 그를 집으로 돌려보내시며 말씀하시기를 "마을로 들어가지 말아라" 하셨다.

여기서 예수가 소경을 고치시는 과정에서 역시 침을 뱉고 비위생적인 방법을 쓰는 것은 앞에 나온 마가 7:31-37의 본문과 마찬가지다. 그리고 보다 더 결정적인 이유는 일차시기에서 실패하셨다. "무엇이 보이느냐?" 하고 물으시니 "나무 같은 것들이 걸어 다닌다"라고 하였다. 그래서 예수는 재시도에 들어가 고치신다. 단번에 고치지 못하고 이차시기에 성공했다. 이 역시 예수의 권위를 삭감한다고 생각하여 생략하였다.

이렇듯이 마태복음과 누가복음은 마가복음을 참고로 성서를 쓰지만 아무 생각 없이 단순히 가감하거나 수정하는 것이 아니다. 마가복음을 쓴 70년대 보다 불과 10-20년 뒤인 마태복음과 누가복음의 시대에는 벌써 예수를 해석하고 보는데 많은 시각의 차이가 생겼다. 즉 마태복음이나 누가복음을 쓸 때에는 이미 예수가 상당히 신격화 되었다. 그래서 그의 인간적인 모습들은 삭제된다. 병자 하나를 보고 그를 고치기 위해 무진 애를 쓰며 여러 방법을 동원하여 노력하는 모습은 예수의 권위를 손상한다고 여겼다. 따라서 예수의 인간성은 삭제하고 신적인 부분을 강조하는 경향이 있다.

마가복음은 예수의 공생애부터 시작한다. 그러나 마태복음은 아브라함으로부터 시작하는 예수의 족보와 탄생이야기, 어린 시절의 이야기들이 첨가된다. 누가복음도 마찬가지이다. 예수의 탄생과 어린 시절의 이야기들이 추가되며, 예수의 족보를 아예 아담까지 소급한다.

마가복음보다 30년 뒤에 쓴 요한복음은 어떠한가? "태초에 말씀이 계셨다. … 그 말씀이 육신이 되셨다"(요 1:1)에서 보듯이, 예수의 기원을 아예 태초로 소급한다. 마가복음서와 요한복음서의 30년 어간에도 예수의 인간적인 모습은 삭제되고, 점점 신격화되고 있다. 그 시대 사람들은 예수가 어느 동네, 어느 집안 출신인 것을 빤히 알고 있다. 그래서 그들에게 전해진 복음은 예수가 가진 신적인 면을 강조하는 것이 새로운 소식이었다. 그러나 이미 예수는 신성을 가지신 분으로 고백하는 오늘날 그리스도인들에게 계속 예수의 신성만을 강조하는 것은 지극히 당연한 이야기로 여겨질 뿐 아니라 우리의 삶과는 거리가 멀다고 느끼게 한다. 오히려 한 환자를 데리고 한적한 곳으로 가서 그를 측은히 여기고 온갖 방법을 다 시도해 보는 예수의 인간적인 사랑과 열정이 더욱 의미있게 다가온다. 우리와는 전혀 다른 예수가 신통력을 발휘하여 무엇이든지 말씀으로 척척 해낸다면 우리로서는 그냥 바라만 보는 대상일 뿐이다. 그런 예수는 교회나 성당의 한 벽면을 장식하겠지만 우리와는 거리가 멀다. 그런 점에서 모든 성서가 다 중요하지만 본래 역사에서 활동하셨던 예수의 모습과 가장 가까운 마가복음서는 우리에게 매우 소중하다. 물론 마가복음서 자체도 이미 예수를 신적 존재인 메시아로 고백하는 신앙이 기초가 되고 있다. 하지만 상대적으로 다른 복음서 보다는 예수의 인간적인 살 냄새를 조금 더 맡을 수 있다.

이렇게 어떤 교리나 신조의 눈으로 예수를 보는 것이 아니라 본래 팔레스타인 역사의 현장 안에서 활동하셨던 예수를 신학용어로 **"역사적 예수"**라고 부른다. 역사적 예수는 초대교회의 설교(케리그마) 속에 나타나는 **"신앙의 그리스도"**와 대조되는 개념이다. 중세까지는 교리의 틀 속에서만 예수를 볼 수 있었다. 그런데 성서신학이 발달하면서 신학적 틀에 매이지 않은 본래의 예수, 세상 속에서 살아가신 생생한 사람의 모습인 '역사적 예수'를 찾고자 하는 세 차례의 큰 연구들이 있었다.

'역사적 예수'를 찾고자 하는 세 차례의 탐구

첫 번째 탐구(The Old Quest)에서 주목할 사람은 슈바이처와 불트만이다.

마가복음이 최초의 자료라는 것이 밝혀지면서 이를 근거로 예수의 삶을 복원해 보려는 '예수전'이 봇물처럼 흘러나왔다. 그 대표적인 예가 르낭(Ernest Renan, 1823-1892)의 예수전이다. 르낭은 소설 형태의 글을 쓰던 대중적인 예수 연구가로서, 예수를 온화한 성품을 지닌 갈릴리 사람에서 점차 혁명가로 변화한 사람으로 그렸고 그의 감성적인 예수 이야기는 당시 일반 대중의 마음을 크게 사로잡았다.

슈바이처(A. Schweitzer, 1875-1965)는 이러한 예수전들을 연구했다. 그는 1906년에 출간한 『예수의 생애연구사』를 통하여 역사적 예수 붐을 이루고 출현했던 수많은 예수전에 대해 연구했다. 예수전들을 분석한 결과 각자의 작품들은 각 연구자 자신의 눈에 투영된 모습일 뿐이라는 것을 밝혀냈다. 즉, 시인은 예수를 시인으로 보고, 교사는 가르치는 교사로 보는 등, 각자 자기가 속한 입장과 현실 상황에 기반을 두고 예수를 상상한 것이다. 그들이 재구성한 예수는 주후 1세기 유대교 안에서 실제로 살았던 예수가 아니라, 오히려 저자들 자신이 살아간 당대의 사상적 이념이나 윤리적인 체계로 창조하거나 재구성한 예수였다. 슈바이처의 역사적 예수 연구가 매우 강렬한 까닭에 붐을 이루던 예수전들은 자취를 감추게 되었다.

19세기 학자들이 만들어낸 예수의 전기들(biographics)은 고도의 지식계급인 저자들의 경건성과 편견들이 반영된 초상화였다. 결국 그들이 그린 예수는 자기가 보고 싶은 대로의 모습이었다. 이들의 연구를 통하여 역사적 예수 연구에 대해 강한 회의가 일어났는데, 이런 상황 속에 등장한 인물이 불트만(R. Bultmann)이다.

불트만은 양식비평을 통해서 각자의 성서자료가 가지고 있는 '삶의 자리'를 찾아내었다. 성서에 대한 본격적인 과학적 탐구의 방법론들을 적용하였다. 그는 현존하는 성서에서 초대교회의 설교(케리그마)를 제거해나가면 역사적 예수가 나올 것으로 생각하였다. 그러나 마가복음조차도 이미 초대교회의 신학이 깊이 착색되었다는 결론을 얻었다. 결국 불트만은 '역사적 예수는 찾을 수 없다'고 결론지었다. 그래서 역사적 예수를 묻는 질문은 포기하고 단지 실존적 의미의 예수를 찾으려고 했다.

그러나 바로 불트만의 제자들이 새롭게 역사적 예수를 찾고자하는 '새로운 탐구(The New Quest)'를 시작하였다. 이를 제2의 역사적 예수 탐구라고 한다.

에른스트 케제만(E. Kesemann), 푹스(E. Fuchs), 보른캄(G. Bornkamm), 콘첼만(H. Conzelmann) 등은 자기들의 스승인 불트만의 입장에 반기를 들었다. 불트만은 현존하는 복음서에서 초대교회의 신앙고백과 역사적 예수가 서로 맞서는 것으로 전제하였으나, 제자들은 초대교회의 전승을 제거해 나가고 남는 자료가 역사적 예수의 모습이라고 생각한 전제 자체가 문제가 있다고 봤다. 불트만은 예수에 대한 기사가 역사적 예수를 그린 것이 아니라 초대교회 신앙고백의 자료라고 결론을 내렸지만, 제자들은 초대교회가 그린 그리스도상은 역사적 예수에서 유래했으며 그 둘 사이에는 연속성이 있다고 생각했다.

불트만의 제자들은 불트만 자신도 가능성을 언급하였듯이, 부활 이후의 그리스도론이 '부활이전 예수의 결단' 속에 암시적으로 나타나 있다고 보고 그 연속성을 탐구했다. 이러한 가능성은 불트만의 제자들로 하여금 역사적 예수에 대해 다시 질문을 던지는 계기를 만들어 주었다. 그들의 '새로운 탐구'들은 현존하는 자료에서 예수가 극복하고자 했던 유대교적인 경향을 제거하고, 원시그리스도교의 영지주의나 마르시온과 같은 이단적인 경향을 지우면 역사적 예수와 초대 그리스도교가 가진 공동의 정체성이 나온다고 보았다. 그러나 예수를 유대교와 경계 짓기보다는 오히려 유대교적인 경향 속에서 예수를 보는 연구[2)]들이 나오게 됨으로 '새로운 탐구'는 시들해 졌다.

제3의 탐구(The Third Quest)는 로버트 펑크(Robert W. Funk), 마이어(B.F. Meyer), 샌더스(E.P. Sanders), 보그(M. Borg), 크로산(J.D. Crossan) 등, 소위 '예수 세미나'(The Jesus Seminar) 학자들이 계승 발전시켰다. 이전까지 단계가 주로 독일 학자들을 중심으로 한 예수 연구였다면, 1980년 이후부터는 주로 영미학자들이 선두주자가 되었다. 이들의 연구는 단지 복음서에 매이지 않고 기독교 초기의 폭넓은 역사자료와 사회-경제적인 연구를 통해서 역사적 예수를 복원하고자 하는 흐름이다.

이 연구소의 첫 번째 프로젝트가 바로 '예수세미나'이다. 펑크는 이 세미나를 추진하면서 자신의 동료 30여명에게 AD 300년경까지의 고대자

2) E. P. Sanders, 『예수운동과 하나님 나라』 이정희 역, 한국신학연구소, 2003 참조.

료들 속에서, 예수가 한 것으로 나타나 있는 말씀과 행적을 수집하고 분석하는 작업에 참여해 줄 것을 요청하였고, 결국 1985년에 약 200여명이 참석하는 예수 세미나를 결성하였다.[3)]

이 세미나는 스스로 기존의 학문적 관행을 벗어났다고 공언하는데, 이는 개인적인 작업보다는 공동작업을 지향하고 자신들의 견해에 어떤 합의점이 존재하는지를 알아보기 위해서 색깔 투표라는 독특한 방식을 도입하였다. 진정한 예수의 말씀을 가려내기 위해 각 자료에 대해 신뢰 정도에 따라 색깔로 구분하는 투표를 했다. 이들은 오히려 예수의 어록을 다루고 있는 Q복음이나 도마 복음서가 역사적 예수의 모습을 더욱 많이 담고 있다고 보았다.

이들은 이제까지 예수의 역사성과 맞지 않는 이질적 자료들을 제거해 나가는 '차이의 방법'에서 벗어나 '개연성의 방법'을 추구한다. 다시 말해 유대교의 맥락에서 타당성이 있고 원시그리스도교의 출현을 설명해낼 수 있다면 역사적인 것으로 받아들일 수 있다고 보았다. 그러나 이들 각자가 복원하는 역사적 예수의 모습은 서로 동일하지 않은 한계를 가지고 있다.

이상으로 역사적 예수를 찾기 위한 긴 신학의 노력을 간단하게나마 소개하였다. 그것이 성공하였든 실패하였든 간에 진지하게 역사적 예수를 묻고 찾고자 하는 것이 현대신학의 과제이다. 예수는 우리 신앙의 토대이고, 서야할 자리이기 때문이다.

---

3) 역사적 예수 연구라는 제3의 탐구를 주도해온 '예수 세미나'는 수많은 연구서를 발간했다. 고마운 것은 이중 대다수의 책들을 '한국기독교연구소'가 번역 출간하여, 한국의 그리스도인들이 최신의 역사적 예수 연구서를 쉽게 우리말로 접할 수 있으며, 학문적으로 깊이 있게 다룰 수 있게 되었다.

그러나 한국교회는 역사적 예수를 과연 묻기나 하는가? 관심을 가지고 있는가? 저마다 자기 욕심으로 착색한 예수상을 들고 "길이요 진리라며" 외치고 있지는 않은가? 예수의 삶과 생각은 아무 상관없고, 그를 알려고도 하지 않은 채, 예수를 따르기는커녕 관심조차 가지지 않는다. 단지 내가 구원받기 위한 표지로 그의 죽음이 필요하고 그의 십자가를 찬양하고 있지는 않은지 반성해야 한다. 역사적 예수에 대한 무지는 예수를 따르고자 하는 것이 아니고 오히려 자기 자신의 구원과 영광을 위하여 예수를 도구로 삼는 것이다.

안병무는 불가지론으로 끝나버린 역사적 예수연구를 비판하기를, 그들은 성서라는 문자에 갇힌 예수만을 연구했기 때문이라고 한다. 고백된 문자에 얽매어 예수를 보려는 것은 실패할 수밖에 없다. 예수에 대한 고백 이전에 역사적 예수가 일으켰던 사건이 먼저 있고 그에 대한 진정성이 민중의 사건으로 확산되었다고 한다. 나아가 안병무는 갈릴리 예수의 공동체와 예루살렘을 중심한 교권화된 교회를 대립시켜 민중의 현장 속에서 역동적으로 살아 움직이는 예수운동을 복원하고자 하였다.[4)]

역사적 예수를 찾고자 하는 신학적 노력이 다 좋은 것은 아니다. 그 중에는 과학적 방법론에 너무 치중하다가 제멋대로 합리적 상상으로 예수를 그려내거나 불경한 결론을 가져오기도 한다. 또는 예수의 인간적인 모습을 강조하다보니 그냥 조금은 뛰어나고 존경할 만한, 평범한 한 인물로서의 초라한 예수 상을 내놓기도 한다. 우리들은 이 책을 통하여 우리가 접할 수 있는 범위에서 현대 신학자들의 다양한 예수연구의 자료를 활용할 것이다. 그러면서도 초대교회가 고백했고, 지금 우리의 신앙 속에 면면히 흐르고 있는 메시아적 예수, 하나님의 아들로서의 예수

4) 안병무, 『갈릴래아의 예수: 예수의 민중운동』 한국신학연구소, 1990 참조.

상을 배제의 대상으로 삼지 않고 그 진지한 의미들을 동시에 추구할 것이다. 또한 현존하는 성서에 대해 신뢰하며 존중하는 토대 위에서 진행할 것이다. 우리의 인격적 상황과 역사적 현실 문제 속에서 정말 가슴 뛰는 예수, 진정 우리의 모든 삶을 다해 따라갈 메시아로서의 예수를 찾아 나서는 여행을 시작하고자 한다.

예수운동과 교회운동

하나님 나라의 실현을 위하여 투쟁도 불사하며, 현장을 중시하는 예수의 운동방식은 그 방법의 변화가 요구되었다. 유대가 로마와의 일전을 거치면서 겪었던 처절한 패배는 로마라는 엄청난 제국의 폭력에 정면으로 맞설 수만은 없다는 것을 보여 주었다. 의욕만 앞서서 사람들을 맹목적인 죽음으로 내모는 책임 없는 운동이어서는 안 된다. 오히려 항구적인 미래를 도모하는 조직운동이 되어야 하며, 자신들의 일상을 개선하는 생활운동으로 전환되어야 할 필요가 생겼다. 그래서 그들은 우선적으로 교회를 조직했다. 그리고 이방지역으로 선교하는 운동으로, 또한 종과 자유인, 이방인과 유대인, 남자와 여자의 일체의 차별을 철폐하는 인류공동체운동으로 예수의 하나님나라 운동을 확장해 나갔다.

하나님을 아버지로 모시고 모든 구성원이 형제, 자매의 관계로 들어가는 우주적인 가족운동은 새로운 대안적 교회운동으로 자리 잡았다. 한국교회는 현장중심의 예수운동이 교회운동으로 바뀌면서 가져온 부작용들은 재빠르게 익히고 자신의 체질로 삼았지만 정작 그 운동이 가지는 생명력, 장점들은 헌신짝처럼 저버림으로써 교회가 서야할 근본이유를 상실했다.

다행인 것은 당시의 교회운동이 예수운동과의 차별성을 강조하고 별

개의 운동으로 출발하지 않은 점이다. 오히려 철저하게 역사의 예수를 살아내는 "예수살기"로 이해하였으며 한 세대를 살았던 역사적 예수는 모든 시대의 모순에 답하는 그리스도(메시아, 구세주)로 연장되었으며 그 실천을 교회운동이 맡게 된다.

역사의 예수와 해석된 예수

'역사의 예수'와 '해석된 예수', '고백된 예수'를 구분할 수 있을까? 팩트(fact)와 픽션(fiction)을 구분하는 것이 가능할까? '역사적 예수'는 1세기 팔레스타인에서 30년 어간을 살아간 예수의 지상생활의 모습이고 '신앙의 그리스도'는 역사의 예수가 교회를 통해서 해석, 고백된 모습이라고 한다. 여기에는 역사의 예수는 사실(fact)이고, 해석된 역사는 허구(fiction)라는 이분법이 전제되어 있다. 그러나 이러한 구분은 타당할까 하는 의문이 든다.

이미 행동으로 드러난 사건은 그 현장에 함께 했던 사람들이라고 하더라도 그들 각자의 해석을 통해서만 존재한다. 당장 눈앞에 전개된 사건이라고 하더라도 그 다음날 아침에 한겨레신문의 보도와 조선일보의 보도는 천지 차이로 다르다. 어느 것이 팩트인지는 또 다른 증인들이 없다면 미궁이다. 드러나는 것은 단지 해석의 싸움일 뿐이다. 역사는 사건으로 나타나는 순간 해석의 영역으로 넘어간다. 또 다른 증언들이 존재한다면 그나마 팩트를 추론할 수 있다.

한 사건에서 팩트는 그 일을 계획하는 사람의 내부에서 갈등으로 존재하다가 마침내 그 일을 결심하고 행위에 옮기는 순간 역사 안에 확정된다. 그러나 그와 동시에 그 사건을 보는 사람들의 주관의 영역으로 들어간다. 각 해석자의 철학적 성향에 따라 다르게 해석된다. 팩트는 베일 속으로 들어가 감추어지고 신비화한다. 팩트가 사라지는 것은 찰라이고 순간이다. 요즈음과 같이 영상으로 자료를 남길 수 있다면 언제라도 그 영상을 보는 사람들을 그 생생한 현장으로 초청할 수는 있다. 그렇다고 해서 해석자의 주관이 배제되는 것은 아니다.

역사적 예수의 모습이 언어를 통해 표현된다는 것은 이미 다양한 해석에 의해서 녹아져 있다는 말이다. 그런데 '역사의 예수'와 '신앙의 그리스도'를 대립시킨 초기의 역사적 예수 연구는 "해석된 팩트는 픽션이다"라는 전제를 깔고 있다. 이것은 팩트와 픽션을 이분법적 대립물로 보았기 때문이고, 결론은 꼬일 수밖에 없다. 교회가 가한 해석을 제거하면 역사적 예수가 나오리라는 단순한 계산법도 전제가 잘못되었기에 당연히 성공하지 못했다. 해석 안에는 이미 팩트가 담겨 있고 표현된 팩트 안에는 이미 해석이 녹아져 있다는 것을 간과한 것이다. 그 안에는 원래 존재했던 팩트와 해석자가 처한 정황이 함께 어우러진다.

역사 비평적 접근법이 팩트와 해석의 경계를 명백하게 분리해 내는 데에는 실패할지 모르나 역사 비평적 연구의 위대한 가치는 본문이 의미하는 바를 멋대로 해석하는 것이 틀렸음을 밝혀준다. 역사비평은 모든 가설과 재구성 작업에 대해, 본문 안에서 합리적인 증거와 정당한 이유를 대라고 요구한다.[5] 어떤 사건이 일어날 때, 팩트라는 것이 미지의 영역으로 숨게 되지만 여전히 팩트를 강조하는 것은 사건을 왜곡하고 변조하는 자들과 투쟁하기 위해서다. 여러 가지 난무하는 해석들의 중심을 잡고 곁가지를 쳐내기 위해서는 여전히 팩트라는 무기가 필요하다. 팩트는 거짓과 싸우기 위한 투쟁언설이다.

---

5) Walter Wink, *The Human Being: Jesus and the Enigma of the Son of the Man*, 『참사람』 한성수 역, 한국기독교연구소, 2014, 27.

역사적 예수연구의 생동성

역사적 예수 연구는 교회가 제멋대로 자기 욕심을 덧 씌워서 만들어 놓은 허구적 예수상을 식별하는데 매우 유용한 도구들을 제공했다. 참다운 신앙운동이 거짓 예수들과 싸울 수 있는 방법들을 제공해 주었다. 그럼에도 불구하고 역사적 예수를 탐구하는 학자들이 그려낸 예수상이 저마다 다르다. 그래서 아주 냉소적인 결론을 내리는 사람들은 복음서 자체가 픽션에 불과하다고 실망하기도 한다. 그러나 역사적 예수를 연구하는 분들이 그려내는 예수상이 저마다 다른 점이 바로 예수의 생명력이다. 왜냐하면 예수의 상은 지금까지도 변해왔고 앞으로도 변할 수밖에 없다. 예수는 다양한 세상의 변화 속에서도 언제나 유용한 해답이 되어야 한다. 그러므로 어느 탁월한 석학이 나와서 "예수의 역사적 모습이 이러하다"는 굽힐 수 없는 결론을 논증해 냈다고 하더라도 그것은 단지 그 논증자가 속한 시대의 문제에 대한 답변일 뿐이다. 예수에 대해서 불변의 정의를 내리는 순간 예수는 박제되고 우상이 된다.

역사적 예수의 연구자들이 그리는 예수의 상이 각각 다르다고 해서 완전히 서로 다른 방향을 가진 것은 아니다. 그들이 그리는 예수상 속에 나타나는 공통점은 초대교회가 교권화, 제도화, 교리화, 직제화한 모습을 예수에 덧씌우려 했다는 것과 역사상 예수의 모습이 교회에 의해 변질되는 과정까지도 규명해 주었다. 즉, 예수 당시 민중의 현장, 역사의 현장에서 생동하던 예수를 종교 안의 인물, 교회 안의 인물로 축소하는 왜곡의 과정들을 분명하게 밝혔다. 이것은 분명 초대교회가 예수운동에 대해 가한 변질이었으며 이를 밝힌 것이 역사적 예수 연구의 가장 빛나는 성과다.

초기 역사적 예수 연구는 교회가 만들어 낸 그리스도상이 허구라고 생각하고 그 허구성을 밝혀줄 팩트 체크(사실 검증)로서 요구되었다. 그러나 때로는 팩트 자체가 시대에 따라 움직이고 휘기도 한다. 그 시대의 요구에 따라 전에는 감추어 졌던 팩트가 다시 조명되기도 하고 전혀 새로운 방향을 비추기도 한다. 그리고 새로운 조명을 받은 해석은 우리의 내면을 다시 역동적으로 움직이는 힘을 갖게 한다. 역사적 예수를 그 시대가 새롭게 조명한다는 말은 각자가 속한 시대가 요청하는 과제가 새롭게 투사된다는 것이다.

우리가 투사한 예수의 이미지는 우리의 정신 속에서 온전함의 원형으로 기능한다. 그래서 우리가 무의식적으로 좋든 싫든 온전함에 대한 직관들을 그에게 투사한다. 우리가 예수에게 투사한 것은 우리들 자신이 필요로 하는 것들이다. 우리의 투사는 보다 나은 것이 되고 싶은 우리의 열망에서 나온 것이다. 그 열망 자체가 부분적으로는 복음서들 속의 예수라는 인물에 의해 일깨워진 것이다.[6)]

메시아를 열망하는 것은 성취된 인간성에 대한 개인의 혹은 사람들의 욕망, 그 사회의 요구를 상당히 높은 정도로 투사한다. 그러나 투사는 단지 우리 개인이 의도하여 일으키는 그 무엇이 아니다. 투사는 우리에게 사건처럼 일어난다. 그것은 개인의 의도가 아니라 그 사회 집단 안에서 공동의 열망으로 일어나며, 자의적으로 일어나지 않으며 무의식적으로 일어나 하나의 사건으로 형성된다. 그것은 때가 차서 일어난 당대의 바람이며, 역사가 요구하는 집단적이고 사회적인 큰 흐름이다.

'역사적 그리스도'

역사적 예수의 삶은 그의 30년 남짓한 역사 안의 삶에만 있는 것은 아

---

6) Ibid., 271.

니다. 그리스도인의 삶은 자신이 이해한 역사적 예수의 삶을 현재화하려고 노력한다. 예수의 살과 피는 그를 따르는 제자들과 그를 '주님'으로 고백하는 모든 그리스도인들의 살과 피를 통해 다시 역사화 된다. 크로산은 이를 예수의 부활로 이해했다. 그러므로 역사적 예수의 삶은 부활의 삶을 살고 있는 그리스도인의 삶을 통해서 연장된다.

이천년 전 그분은 완성형이 아니다. 그분의 삶과 인격은 겨자씨 같이, 누룩과 같이 자라고 있고 발전한다. 그러므로 예수의 인격과 삶은 열려 있고 지금도 자라고 있다. 새로운 시대의 새로운 인격들로 인해 예수살기가 진행되는 한 그분은 늘 새로운 존재로 우리에게 다가온다. 그분은 그 시대에 고정된 분이 아니다. 오늘 우리들의 손발이 움직이고 그분을 향한 꿈틀거림이 있는 한, 그분은 우리들 안에서 숨 쉬고 연장되며 살아 역사한다. 우리들의 몸짓을 통해 예수의 역사는 새롭게 써 나간다.

필자는 이러한 예수를 '역사적 그리스도'라고 부르고 싶다. 새로운 용어를 만드는 것 같아 주제넘고 조심스럽지만 '역사적 예수'하고는 분명히 다른 개념이기 때문이다. 바울의 '그리스도의 몸'의 개념과 통할 수 있지만 그것은 너무 교회론적으로 쓰이기에 새로운 의미를 담기에는 한계가 있다. 그리스도는 메시아라는 말로 새로운 시대를 이끌어 오는 존재를 의미한다. 그러므로 그리스도를 교회 안에 가둘 필요는 없다. 그 용어 자체는 종교의 용어지만 새 시대를 열망하는 모든 꿈들을 포괄한다. 따라서 기독교 정체성을 갖지 않았다고 하더라도 우리 사회를 새롭게 하기 위한 모든 운동들을 포함할 수 있다. 아무튼 우리들의 실천의 현장에서 각자의 삶과 역사의 참여를 통해서 확장되는 예수를 일컫는 말이 요청된다.

누가 역사적 예수를 그려냈다고 하더라도 거기에는 여러 가지 관점이 중첩되어 있다. 우선 '역사적 예수'의 실천은 예수가 살던 그 시대가 가진 문제에 대한 답이다. 그러기에 누가 그려낸 역사적 예수의 실천을 그대로 오늘로 옮긴다고 하더라도 그것은 우리 시대의 문제와는 동떨어진 답이 될 수 있다. 하물며 그때의 '역사적 예수'를 그려낸 각 문서(복음서들, Q복음, 도마복음서 등)들도 자기들의 상황에 맞추어 서로 다른 예수의 상을 그리고 있으며, 오늘 우리시대의 역사적 예수를 연구하는 분들이 그려내는 예수상도 연구자 저마다의 문제의식의 차이에 따라서, 그들이 속한 사회의 문제에 따라 서로 다른 예수상이 나올 수밖에 없다. 이렇게 서로 다른 해석학적 전제가 중첩되어 '예수상'이 그려진다.

그러나 염려할 필요는 없다. 하나여야 하고 통일되어야 한다는 전제는 매우 위험하다. 서로 다른 예수의 모습이야 말로 예수의 생명력이다. 각자가 가진 시대의 문제이건, 저자 자신이 처한 문제이건 간에 그런 문제의식이 전제되어 있지 않은 예수상은 무의미하고 건조하며 아무런 답이 되지 못한다. 정해진 틀 속에 박제된 예수이거나 우리의 삶에는 무용한 관념 속의 예수일 뿐이다. 역사적 예수는 우리가 가진 잘못된 예수상에 대해서 '아니라'고 말할 수는 있다. 하지만, 우리가 따라야할 예수는 다양한 시대, 다양한 정황 속에 있는 사람들에게 답을 주어야 하기 때문에 이미 '그 때(예수 시대)의 역사'를 벗어난다. 그분이 오늘 우리 시대에도 구원자가 되시는 '그리스도'라는 것은 오늘 우리들의 문제들에 맞닿아야 한다. 저마다 그려낸 예수상이 다르다고 하는 것은 이미 서로 다른 문제에 대한 답으로 그렸다는 것이며 그분이야말로 고백된 틀을 벗어나와 우리들에게 다가오는 진정한 '그리스도'이다.

그리스도는 자신의 메시아성을 모든 시대를 통해서, 그리고 예수를 살아가는 사람들을 통해서 나타내신다. 그러기에 '역사적 그리스도'이다. 그는 모든 시대에 답을 주는 분이며, 역사적 예수가 가지는 경험과 공간, 시간적인 한계를 뛰어 넘는다. '역사적 그리스도'는 역사적 예수를 따르면서 그의 삶을 살고자 하는 모든 시대의 몸뚱어리들의 역사를 총체적으로 일컫는다. 역사적 그리스도는 모든 시대에 생명을 부여하고 그를 따르는 사람들의 삶을 역사화하며 사건으로 만들어 간다. 역사화 되지 않는 그리스도, 현재적 실천으로 나타나지 않는 그리스도는 우상일 뿐이다. 그리스도를 여전히 교회 안에서, 예배 안에서만 찾는 대상으로 삼는다면 그것은 지나간 시대의 화석을 찾는 그리스도 우상화이다. 교회의 선교와 기독인의 신앙운동은 바로 이 '역사적 그리스도'를 현재화하는 운동이어야 한다. 역사적 예수는 예수에 대한 탐구이지만 역사적 그리스도는 오늘 우리들에 대한 탐구이며 시대에 대한 탐구다.

신앙의 그리스도가 역사적 예수에 근거하지 않는다면 그 예수는 허구이고 우상이기 쉽다. 반면 역사적 예수가 신앙의 그리스도의 초월성을 갖지 못한 채, 예수도 우리와 똑같이 단지 좌절과 실패 속의 인물에 불과하다면 그는 우리의 희망이 되지 못한다. 역사적 예수가 우리에게 삶의 한 모델을 보여주고 방향을 제시한다면 신앙의 그리스도는 역사적 예수를 따라가는 사람들 안에서 일어나는 머뭇거림과 망설임 속에서 그들을 위로하고 감싸며 동력화하는 힘이다. 그들이 자신의 한계에 절망하여 주저앉을 때, 그들 안에서 주어진 한계를 넘어서게 하는 초월과 능력이다.[7] 그러나 그 중심은 역사적 예수를 살아가는 예수살기에 있다. 예수살기는 기독운동, 교회 운동(선교)의 중심이 되어야 한다. 이것은

7) 교회는 그 역할을 삼위일체론에 입각해서 성령의 사역으로 넘겼다. 그러나 성령을 예수와 별도의 인격으로 여김으로 예수의 역사적인 실천과는 분리되며 적절한 위치를 잡지 못한다. 열광적인 엑스타시 운동을 성령운동으로 착각하는 것이 대표적이다.

'역사적 그리스도'가 되어가는 운동이고 '역사적 그리스도'를 이루어 가는 운동이다.

함께 생각 나누기

여러분 각자가 성서공부를 하는 목적이 무엇인가, 어떤 동기를 가지고, 무슨 기대를 가지고 공부하는가? 여러분이 믿고 따라가고자 하는 예수는 어떤 분이라고 생각하는가? 내게 예수는 어떤 분이신가? 각자의 생각을 나누어 봅시다.

너희는 나를 누구라고 생각하느냐?

영화나 소설에서 악역을 담당한 사람이 도중에 회개해 버리면 그 영화는 끝내야 한다. 선한 역할을 맡은 주인공은 어떤 일이 있어도 그 착함을 포기하지 않는다. 그의 존경받을 만한 사랑스러움이 흔들리면 그 영화도 끝내야 한다. 우리는 이러한 허구(픽션)에 길들여져 있기에 우리 주변에 벌어지는 일상에서도 그런 현상이 일어나길 기대하며 주변의 사람들을 그런 기준으로 평가한다.

그러나 우리가 매일 맞이하는 현실 속에서는 절대적인 선인도 없고 절대적인 악인도 없다. 그들은 늘 변할 수 있는 가능성을 가진 사람들일 뿐이다. 절대적으로 선하거나 악한 사람은 소설이나 영화 속의 인물일 뿐이다. 그런 관점으로 세상을 살면 우리는 꿈속에 사는 것이지 현실 속에서 사는 것은 아니다.

스탠퍼드 대학의 리 로스 교수가 한 학기에는 통계학을 강의하고, 다음 학기에는 인본주의 심리학을 강의했다. 학기 말에 학생들이 자신을 평가한 내용을 보니 재미있는 결과가 나왔다. 통계학을 가르친 학기에는 냉정하고, 완고하고, 쌀쌀하고, 까다롭고, 보수적인 사람이라는 평가가 나왔다. 그런데 인본주의 심리학을 가르친 학기에는 내적인 성숙과 공동체 문제에 깊은 관심이 있는 따뜻한 사람이라는 평가가 나왔다.

한 사람을 두고, 학생들이 본 그의 모습이 왜 이처럼 지킬과 하이드만큼이나 다를까? 사람들이 환경의 영향을 무시하고 성격의 일면을 확대해석하는 경향을 가지고 있기 때문이다. 심리학자들은 이와 같은 현상을 '근본적 귀인 오류(Fundamental Attribution Error)'라고 부른다.

내게 영향을 미친 훌륭한 스승들이 계시다. 한태동, 안병무, 홍근수 이런 분들이다. 한태동 박사는 친구의 아버님이시기도 하고 대단한 석학이시다. 그분은 내게 어떻게 사고하는가, 역사 속에 심오한 사상을 다룬 책들을 어떻게 읽는가 하는 학문하는 굵은 방법론을 가르쳐 주셨다. 안병무 선생님은 성서를 보는 눈과 내가 전공하고 있는 성서학이 어떤 방향으로 나가야 하는 가를 가르쳐 주셨다. 홍근수 목사님은 목사가 갈길, 목회의 길이 어떠해야 하는가를 가르쳐 주신 스승이시다.

이분들은 많은 사람들에게 존경을 받으시는 분들이다. 그러나 제가 가깝게 모신 분들이기에 이분들이 언제나 그렇게 존경스러운 면만 있는 것은 아니라는 것들도 경험했다. 어떤 점에서 이건 아니지 않는가 하고 생각되는 부분들도 있었다. 개인적으로도 대놓고 면박을 받은 일도 있고 부당하게 섭섭함을 겪은 일도 있다. 지금 생각하면 오히려 더욱 인간적이고 사랑스럽게 여겨지는 일들이지만 결코 그분들이 모든 것이 완벽한 인간들은 아니었던 것 같고 어떤 점에서 그런 점들이 오히려 친근감을 느낄 수 있는 고마운 부분이다.

예수는 "인간의 모든 것을 아셨다."라고 한다(요한 2:25). 그래서 사람들이 환호하고 찬사할 때라도 그것을 전적으로 믿고 받아들이지 않으셨고 거리를 두셨으며 절대적으로 그들을 의지하지 않으셨다. 사람이 사람을 만나가는 과정도 파란만장한 것이 우리들 인생이다. 그 만남의 결과가 마지막까지 좋아야 좋은 것이겠지만 좋았다가 갈등하다 다투다가 의절했다가 다시 만나기도 하는 등 그 만남에도 흥망성쇠가 존재한다. 성경에서 예를 들어보자.

예수와 베드로의 만남도 굴곡이 있다. 예수께서는 어느 날 제자들에게 "너희는 나를 누구라고 하느냐?"고 물으셨다. 베드로는 "선생님은 그리스도이십니다(마가 8:29)"라고 고백했다. 마태는 거기에 "살아계신 하나님의 아들"이란 고백까지 덧붙인다(마태 16:16). 이것은 그동안 자기들과 함께 하던 예수께 처음으로 인간적인 존경심을 넘어 신적인 가치를 부여한 것이다. 사람들이 일반적으로 보던 시각을 훨씬 뛰어넘은 새로운 고백이다.

그런데 예수께서는 그 고백에 이어 바로 첫 번째 수난예고를 하신다. 그러자 베드로는 멱살을 잡고 화를 낸다. 성경에는 점잖게 "베드로가 예수를 바싹 잡아당기고 그에게 항의하였다"라고 하지만 '항의'라는 말의 원어적 의미는 '꾸짖었다'는 말이다. 이를 보고 예수께서는 "사탄아 내 뒤로 물러가라. 너는 하나님의 일을 생각하지 않고, 사람의 일만 생각하는 구나"(마가 8:33)고 하셨다.

주님은 마지막 만찬에서도 제자들이 다 자기를 버릴 것이라고 예견하신다. 십자가형 자체가 정치적 적대자, 사상범을 처형하는 것이므로 그와 친분이 있는 사람들이 모두 십자가형에 처해질 수 있는 위험이 있다. 이에 베드로는 "모든 사람이 다 주님을 버릴 지라도 나는 결코 주님을 버리지 않겠습니다(마태 26:33)"라고 한다. 그러나 주님은 "오늘 밤 닭이 울기 전에 네가 나를 세 번 모른다 할 것이다(마태 26:34)"라고 말씀했다. 아마 이것은 위험을 미리 알리고 도피하라는 경고일 수 있다.

예수의 말씀대로 베드로는 세 번 부인하였고 십자가에 달리실 때 제자들은 모두 도망했다. 예수의 십자가는 외로웠고 제자들은 근처에 없었다. 그러나 뒤늦게 회개한 제자들은 모두 순교의 길을 갔으며 전설에 의하면 베드로 역시 로마에서 예수를 증언하다가 거꾸로 십자가에 달렸다.

가룟 유다는 어떠한가? 돈 관리를 맡은 사람이니 주님께 상당한 신임을 받았다. 그는 제자 중에 유일하게 도시 사람이라 셈이 빠르고 영민한 사람이었을 것이다. 그러나 그는 계산에 빠른 우수한 두뇌로 인해 망하게 된다.

옥합을 깨뜨리는 여인이 예수께 기름을 부을 때 그는 그것이 삼백 데나리온의 가치를 가진 향유라는 것을 재빠르게 셈하였다. 이것은 삼백일 임금에 해당하니 지금 셈으로는 약 삼천만원의 가치에 해당한다. 유다는 "그것을 가난한 사람에게 나누어 주었더라면…" 하고 생각하였다. 그는 선생님의 허점을 본 것이다. "내가 속았구나, 예수는 사기꾼이다. 말은 맨 날 가난한 사람을 이야기하고 부자들에 대해 경고를 날리면서 자신의 몸에는 삼천만원을 한 번에 들어 부울 수 있는 사람이구나!" 그동안 가난한 자, 병든 자 이야기는 헛소리며 위선이라고 본 것이다. 명철한 제자 유다는 그 길로 나가서 예수를 팔아 버렸다.

그는 나중에 회개한다. "내가 죄 없는 피를 팔아넘김으로 죄를 지었소(마태 27:4)" 그러나 결과는 돌이킬 수 없다. 예수가 십자가형의 길로 가게 되자 그는 괴로워하며 은돈 삼십을 성전에 내던지고 스스로 목을 매달아 죽었다. 예수께서는 "너는 차라리 태어나지 않았더라면 네게 좋았을 것이다"라고 했다. 그는 연민을 가지고 유다에 대해 이야기했다.

베드로와 유다는 모두 같은 제자였고 둘 다 신임 받는 제자였다. 그러나 순간의 감정을 어떻게 처리하느냐에 따라 베드로와 유다가 갈린다. 이 둘은 같은 지점에서 시작하였지만 천지차이이다. 베드로는 예수에게 가장 필요한 사람이 되었고, 유다는 가장 큰 해를 입힌 사람이 돼버렸다.

베드로의 입장에서 보면 예수님이 서운한 점이 많았을 것이다. 자기 딴에 아무도 보지 못하는 최고의 고백을 했고 죽음의 자리로 간다기에 벼락 같이 화를 내었다. 사랑하는 사람이 죽으러 간다고 하는 데, 이에 대해 무덤덤한 사람들이 이상한 것이다. 그래서 화를 내었는데 주님은 베드로에게 "사탄아 물러가라"라고 한다. 그가 어찌 나를 사탄이라고 말하는가?

급박한 상황에서 "모두가 당신을 버려도 나는 당신을 따를 것이요"라는 고백은 진정한 베드로의 마음이었다. 불타는 그의 충성심과 각오를 잘 아실 주님께서 "오늘 밤에 닭이 두 번 울기 전에, 네가 나를 세 번 모른다고 할 것이다"(마가 14:30)라고 꼭 집어 말씀한다. 베드로는 "나를 전혀 믿지 못하는 구나"라고 섭섭해 했을 것이다. 베드로가 세 번 부인하고 그 말씀을 떠올리며, 아차 했으니 다행이지, 만약 베드로에게 흠결이 없었다면 예수께 그렇게 충성하진 못했을 것이다. 그날 밤의 부인이 오히려 약이 된 것 아닌가?

살아가면서 완벽하게 옳은 사람도 없고 완벽하게 악한 사람도 없다. 그것은 다 우리의 머리가 그렇게 만들어 간 것이다. 나와 인연이 되어 만났던 사람들을 우리가 어떻게 해석하는가? 그와 좋았던 점, 나빴던 점 여러 가지가 있는데 그 중 어떤 기억을 내가 붙잡느냐는 나의 선택이다. 그것이 내가 베드로가 되느냐 가룟 유다가 되느냐의 차이를 벌린다.

우리 사설 단가 중에는 '녹음방초 승화시(綠陰芳草 勝花時)'란 말이 자주 나온다. 녹음이란 나뭇잎 음영의 농담을 말하는 것이요, 방초란 들에 돋는 향기로운 풀이란 말이다. 그런데 이것이 승화시(勝花時), 곧 꽃을 이기는 때가 있다. 어찌 나뭇잎과 풀이 꽃의 아름다움과 향기를 이길 수 있겠는가? 그러나 일 년에 단 한번 처음 잎이 돋아 나무의 푸르고 연한 기운과 들풀이 돋아 날 때 그 투명한 연두 빛 세상의 아름다움과 향기는 능히 꽃의 아름다움을 이길 때이다. 연 초록 망울들이 나무에서 솟을 때 그 아름다운 색깔은 꽃보다 아름답다. 바로 그 때를 잡아내고 기억하는 우리 조상들의 마음이 담긴 말이다.

우리 주변에 만나는 사람들, 그 사람이 부부라 할지라도 우리가 어떤 것을 잡아내고 기억하는가는 나의 선택이다. 한 때 나뭇잎이 꽃의 아름다움을 능가하던 때의 기억으로 나뭇잎을 마음에 두듯이 우리와 인연 닿는 모든 사람들과 가장 고맙고 아름다웠던 때를 기억하길 … 주님과의 관계에서도 처음 주님을 만나 내 가슴이 널뛰듯 설레었던 그 생동감 넘치는 기억을 놓치지 말길 … 그 감격과 열정으로 살아가길 … '녹음방초 승화시'의 기억으로 '너희는 나를 누구라고 하느냐'는 질문 앞에 답할 수 있길 … 그리고 우리의 모든 삶에서 주님께 대해 고백했던 그 최고의 고백으로 살아갈 수 있기를 ….

> 아침과 봄에 얼마나 감동하는가에 따라 당신의 건강을 체크하라. 당신 속에 자연의 깨어남에 대해 아무 반응이 일어나지 않는다면, 이른 아침 산책의 기대로 마음이 설레어 잠에서 떨쳐 일어나지 않는다면, 첫 파랑새의 지저귐이 전율을 일으키지 않는다면 눈치 채라, 당신의 봄과 아침은 이미 지나가 버렸음을 …. (헨리 소로우)

(강남향린교회 강단 중에서)

02
예수시대의 역사적 배경

예수 탄생 당시 팔레스타인의 통치자는 헤롯(헤롯 대왕)이다. 로마는 이두매[1] 사람 헤롯을 유다의 왕으로 임명하고(주전 37년) 괴뢰정권을 통해서 유대를 통치했다. 헤롯은 역으로 로마를 이용하여 엄청난 재량권을 가진 통치자가 되었다. 원래 유다 왕국은 로마의 시리아 관구에 속해 있었으나 헤롯이 이를 분리시켜 황제의 직속령이 되게 했다. 헤롯은 자치권에 대한 대가로 이곳 로마의 변방을 군사적으로 보호해 주었다.

헤롯왕가

유다사회를 실제로 지배하는 세력은 로마였다. 그러나 로마는 감추어졌고, 민중에게 드러나는 통치자는 로마의 위임 통치자에 불과한 헤롯이다. 헤롯은 적절하게 민족 감정을 이용했다. 그는 모세의 계명을 중시하고 솔로몬의 무너진 성전을 대대적으로 복원하여 민족적 자존심을 북돋았다. 겉으로 보기에 짐짓 로마에 맞서 민족의 자존심을 지키려고

1) 에돔 사람의 땅이다. 창세기는 에돔의 조상을 야곱의 형 '에서'로 소개한다. 유다와 에돔은 매우 적대적인 관계였다.

노력하는 가상한 통치자로 유대민중에게 비춰지기도 했다. 정치는 이미지이고 대중은 쉽게 속기도 한다. 유대민중은 그를 지지하고 세금을 바친다. 그러나 실상 그는 민족주의 허울을 이용할 뿐, 백성에게서 거두어들인 세금을 로마에 바침으로 자신의 대리 통치권한을 부여받는 꼭두각시에 불과했다. 헤롯은 민중의 혈세를 로마에 갖다 바치는 대가로 로마 군대의 보호를 받으며 로마를 대리한 정권으로 자리한다. 로마는 직접 통치가 가져오는 저항의 부담을 줄이고 위장권력으로 유다를 지배할 수 있으니 헤롯이 고마울 뿐이다.

로마는 황제 시이저[2]가 암살당하고 내전에 휩싸이자 유다에 과도한 세금을 부과했다. 이 때 헤롯은 갈릴리에서 재빠르게 자신의 할당량 백 달란트를 채워 보내는 한편, 동방에 세력을 떨치는 로마의 실력자에게 엄청난 뇌물을 바쳐서 마음을 사로잡았다. 이것이 헤롯이 유대 역사에 등장하는 배경이다. 물론 유대 민중은 헤롯을 싫어했다. 그를 반대하는 사절들이 로마로 갔지만 오히려 그 사절들은 모두 죽임을 당했다.

헤롯 치하의 유대는 처음에는 안토니우스에게, 그리고 나중에는 옥타비아누스에게 조공을 바쳤다. 기원전 31년 악티움 전투 이후 일인자가 된 옥타비아누스가 헤롯을 유대 통치자로 인정하자 헤롯은 답례로 팔백 달란트라는 어마어마한 금액을 진상했다.[3]

2) 시이저(Caesar, B.C. 49년-B.C. 44년 집권) 로마 공화정을 제정으로 바꾸고 자신을 명령권자(Imperator Julius Caesar)라고 불렀다. 성서는 이를 가이사라고 하고 케사르, 카이사르라고 부르기도 한다.

3) Ekkehard W. Stegemann and Wolfgang Stegemann, 『초기 그리스도교의 사회사』 동연, 2009. 198.

헤롯의 폭정

헤롯은 팔레스타인 사회를 잘 이해했다. 그래서 성전의 중요한 후원자가 되었다. 그는 예루살렘 성전의 개수 확대, 수로 건설, 도시화 작업, 그리고 극장 등을 건설했다. 팔레스타인뿐만 아니라 외국까지 진출해서 십여 곳의 도시에 웅대한 건물을 건설했다. 또한 미개지를 개간하여 땅 없는 사람들의 정착지를 마련하기도 했다. 그가 벌였던 거창한 성전 건축사업 때문에 유대인들은 어느 정도 헤롯의 정통성을 인정했다. 그러나 이러한 대규모 건설사업은 무수한 노동 대중의 희생을 전제해야 했으며 건설자금 조달을 위해 세금을 쥐어짰다. 민중에게 가해지는 압박은 가중되었다.

헤롯은 로마의 앞잡이로 충성을 다했지만 반대로 유다 농민들에게는 경제에서나 정치에서나 매우 가혹했다. 그는 마카비 혁명[4]으로 확립한 이스라엘의 독립적인 기반을 철저히 망쳤으며, 폭정을 휘둘렀다. 화려한 궁전에는 많은 후궁이 있었으며, 군대, 첩보원 등 자신의 정권안보를 위해 엄청난 비용을 지출했다. 권력유지에 필요한 돈은 백성에게서 빼앗았다. 헤롯의 30여 년 간의 허영과 야욕은 이스라엘의 경제 질서를 완전히 병들게 했다. 그의 오랜 통치 기간 동안에 나라는 거덜이 났다. 헤롯의 세금압박이 너무 심해서 백성들은 죽을 지경이었다. 인구는 백만밖에 안 되는데, 헤롯은 매년 천만 데나리온[5]에 해당하는 천 달란트를 강취하였다. 그밖에 수없이 많은 종류의 세금, 통행료, 양조세 등을 거

4) 희랍의 셀류커스 왕조의 안티오쿠스 4세가 전쟁에서 패하자 그 분풀이로 유대인들을 학살하고 성전을 더럽혔다. 이에 유대인들은 독립투쟁으로 맞섰다. 주전 167년, 제사장 맛다디아가 자기의 다섯 아들과 함께 투쟁을 시작해서 마카비 혁명이 일어났다. 마카비는 망치라는 뜻으로 게릴라 전법의 승리를 의미했다. 형제는 희랍 왕조를 물리치고 주전 164년 성전을 회복했다. 주전 142년에는 유대의 독립왕국 하스몬 왕가를 세우는데 성공했다.

5) 한 데나리온은 노동자 하루의 임금에 해당한다.

두어들였다. 게다가 유대인들은 성전세도 내야 했다. 그런 까닭에 세금에 짓눌린 부자들은 양쪽으로 세금을 내느니, 차라리 직접 로마의 지배를 받는 것이 낫겠다고 불평했다.[6] 한편 헤롯은 예루살렘에는 공연장과 타원형 경기장을, 도시 근교에는 계단식 극장을 건축했다. 그는 심지어 거룩한 법(율법)을 무시했다. 성전 정면에 독수리 금상을 세우기까지 했다.[7] 후에 헤롯이 세운 금독수리를 서기관들이 임의로 철수하였는데, 이에 헤롯은 그들을 잔인하게 학살했다.

헤롯은 건축 대왕이다. 성전, 궁전, 수많은 요새를 지었으며 성전 안에 자기를 위한 탑을 세워놓고 그 탑 밑에 비밀 통로를 만들어 반란 시에 대비했다. 그리고 궁전식 요새들을 만들었다. 그는 헬라식 도시와 경기장을 세워서 로마에 아부했고, 인근 나라들의 건축까지 맡아서 해 주었다. 헤롯은 백성들을 마른 수건 물 짜듯이 착취하여 건축비를 마련하였고, 그 돈을 빼돌려 뇌물로 썼다.

헤롯은 일반 백성에게도 충성서약을 강요했으며 백성을 감시하기 위해 밀고자를 두었다. 곳곳에 비밀경찰을 풀어서 여차하면 잡아 가두고 고문했다. 반란의 기미가 보이면 잔인하게 진압했다. 저항세력은 비밀리에 투옥하고 죽였다. 재판도 없이 무자비하게 민중을 학살했다. 민중은 헤롯이 죽기를 바라며, 수시로 반란을 도모했다. 결국 학정의 결과는 헤롯 자신에게 닥쳤다. 헤롯은 정략결혼을 일삼았다. 그리고 권력에 집착하여 자기 아내와 그에게서 난 자식들, 그리고 장모까지 살해했다. 그가 이스라엘의 어린이를 모조리 학살했다는 이야기(마태 2:16)는 우연이 아니다.

---

6) Michel Clevenot, 『예루살렘에서 로마로』 이오갑 옮김, 한국신학연구소, 1993, 39.

7) Ibid.

그는 권력유지에 몹시 불안해했고 편집증적인 증상을 보였다. 그래서 후계자로 지목한 두 아들을 처형하기도 했다. 그때 아들의 사형을 말리는 충직한 노병들까지도 함께 살해했다. 그래서 "헤롯의 아들이 되느니 차라리 헤롯의 돼지가 되는 것이 낫다."는 속담이 로마까지 퍼졌다. 사람들은 "헤롯은 적어도 돼지는 안 잡아먹을 테니까."라며 헤롯을 비웃었다. 그는 "자신이 죽게 되면 그 지역에서 신망이 높은 사람들을 모조리 경기장에 잡아 놓고 함께 죽이라"고 명령하기도 했다. 이유는 자신이 죽을 때 사람들이 좋아하지 못하도록, 또 모든 사람들이 같이 울게 하기 위해서다. 이처럼 그는 갈수록 고약해졌고 정신병적 증세를 보였다.[8)]

이 모든 것은 괴뢰정권의 운명이다. 헤롯은 로마의 꼭두각시에 불과했다. 로마가 빚어내는 뒤틀림에 유다도, 헤롯도, 그의 가족까지도 모두 심하게 뒤틀려졌다. 결국 승자는 로마뿐이다.

실제로 헤롯은 유대인의 왕관을 쓰고, 로마의 유대 행정관 노릇까지 하므로 백성에게는 이중부담이 되었다. 그래서 헤롯이 죽자 그 폭압적인 조세를 감해달라는 요구가 아주 다양하게 표출되었다. 한편에서는 반란의 화염이 치솟았고, 다른 한편에서는 후계자 아르켈라오를 권좌에서 내리고 차라리 로마가 직영통치를 해달라고 요청했다. 로마로 찾아간 유대 사절단은 황제에게 이스라엘을 헤롯 이전처럼 로마의 속주인 시리아와 통합하고 로마가 직접 행정관을 파견해 달라고 탄원했다. 이렇게 해서 헤롯이 부과한 견딜 수 없는 조세의 짐에서 벗어나려 했다.[9)]

---

8) Richard A. Horsley, *The Liberration of Christmas*, 『크리스마스의 해방』 다산글방, 2000, 97.

9) Ekkehard W. Stegemann and Wolfgang Stegemann, op cit., 198.

이 암울한 시대에 희망을 잃은 민중은 메시아가 나타나기를 갈망했다. 메시아는 이 억압의 시대를 종식시킬 해방자이며, 하나님나라의 정의로운 통치를 가져올 구원자이다. 민중이 어느 시대보다도 간절하게 갈망하는 메시아는 새 질서를 가져올 분으로 그들의 유일한 희망이었다.

헤롯의 아들들

로마는 헤롯이 죽은 후 유대를 삼등분했다. 헤롯의 세 아들-아르켈라오, 안티파스, 필립이 분할 통치하도록 했다. 그래서 예수 당시 유대는 세 지역으로 분화되었다. 아르켈라오는 유다와 사마리아를, 안티파스는 갈릴리와 베레아를, 필립에게는 북쪽 지방을 물려주었다.

▷헤롯(주전37년-주전4년)

▷헤롯의 세 아들에 의한 분할 통치(주전4년부터)

- 아르켈라오(유다, 이두매, 사마리아 지역 : 주후 6년까지)
- 안티파스(갈릴리, 베레아 지역 : 주후 37년까지)
- 필립(북부 트랜스 요르단 지역 : 주후 34년까지)

헤롯 왕가는 봇물처럼 터져 나오는 민중 봉기를 두려워해서 아들들의 통치는 좀 더 부드러운 모습으로 바뀌었다. 헤롯의 아들들은 헤롯의 요새와 비밀경찰, 막강한 군사력으로 이루어진 철권통치를 완화하는 모양으로 위장하고 헤롯왕의 중앙집권적 권력을 지방 분권적인 통치로 바꾸었다. 민중은 환호하였고 투쟁의 성과라고 여겼다.

하지만 겉으로는 이리저리 모양을 바꾸고 있지만 본질이 바뀌지 않는 한 눈가림의 임시방편일 뿐이었다. 여전히 백성을 위한 권력이 아니고 로마의 이익을 위해 봉사하는 괴뢰정권에 불과했다. 그들은 때로는 로마에 대해 거리를 두고 티격태격하는 것 같아 보이지만 뒤에서는 서로 짜고 치는 한판의 위장된 게임에 불과했다.

복음서를 쓸 당시 헤롯왕가는 이미 망했고 로마는 한참 전성기를 누리던 때라 직접적으로 로마를 비판할 수 없는 상황이었다. 만약 그랬다면 성서가 지금까지 전해질 수도 없었을 것이다. 성서는 직접 로마에 대한 비판은 자제한 채, 단지 헤롯왕가에 대해서만 비판한다. 하지만 헤롯왕가는 결국 로마의 충실한 충복이자 대리인이고 로마가 빚어낸 산물이었기에 그에 대한 비판은 로마에 대한 비판이기도 하다.

금독수리상을 철거한 사람들을 아버지 헤롯이 학살한 사건이 있었다. 이것은 아들인 아르켈라오에게 짐이 되었다. 아르켈라오가 성전에서 백성들에게 훈시할 때, 사람들이 "세금을 경감하라! 통행세를 철폐하라! 구속자를 석방하라!"라고 외쳤다. 그리고 금독수리 사건으로 학살당한 사람들의 친구들이 헤롯 측근들의 해임과 대제사장의 해임을 요구했다. 아르켈라오는 대중이 두려워 그들이 원하는 것을 다 들어주겠다고 했으나 이런 결정은 로마 황제의 권한이다. 그는 성전 관리자를 군중에게 보내 조용히 협상하려고 했으나 군중들이 돌팔매질을 하고 린치를 가했다. 분통이 터진 아르켈라오는 제 정신을 잃고 군대를 풀어 보병과 기마대가 사정없이 칼을 휘둘러서 삼천 명을 살해했다.[10] 이런 일로 백성들과 악연을 맺은 아르켈라오는 결국 십 년 만에 폐위되고 그가 다스리던 영토는 로마 총독의 관할이 되었다.

---

10) Michel Clevenot, op cit., 55.

헤롯의 건축 열기는 분명 그 지역의 경제를 활성화했다. 헤롯의 후계자들도 건축 활동을 이어갔다. 건축사업은 많은 사람에게 일자리와 봉급을 제공해 준다. 하지만 이것은 어마어마한 비용을 요구했고 그 비용은 다시 민중에게서 거두어 들였다. 민중에게 지급된 임금이 그들의 생활을 풍요롭게 하는데 쓰이지 못하고 다시 착취의 대상이 되었다. 한편으로 경제가 돌아가는 동력이기도 했으나 너무나도 과도한 건설이 시행되었다. 민중은 끊임없이 노역에 시달려야 했으며 지불한 임금도 막대한 건축비 충당을 위해 도로 빼앗겼다. 예루살렘 성전 건축에서 노동력의 집중은 사회적 갈등을 불러 일으켰다. 아그립바 2세(헤롯대왕의 손자)는 성전 건축 사업이 끝난 뒤 실업자들을 위한 실업대책의 일환으로 성전의 재정 보조를 받아 예루살렘 도로 정비 공사를 벌였다.[11] 대규모 노동력이 투여되는 큰 공사는 또 다른 공사로 이어지지 않으면 사회적으로 급격한 불안 요소가 되는 악순환이었다.

로마는 잔인한 정복을 시도하고 그 후에는 과중한 세금을 부과했다. 그 나라의 경제가 거덜날 정도로 무겁게 부과했으며, 세금을 내지 않으면 반란으로 취급했다. 세금이 늦어지면 벌로 그 도시 전체를 도륙하기도 했다. 로마의 갈레리우스 황제는 세금을 납부하지 못한 사람들을 모두 배에 태우고 바다로 나가 수장시켰다. 그는 그 어떤 사람이라도 재산이 없다는 핑계로 조세 납부를 회피하지 못하도록 했다. 이 과정에서 황제는 인간애와 결부된 모든 계명을 거슬러, 정말로 세금을 낼 수 없는 가난한 사람들을 무수하게 살해했다.[12]

원래 로마의 식민지 정책은 관용이었다. 로마는 식민지의 지배체제를

11) Ekkehard W. Stegemann and Wolfgang Stegemann, op cit., 180.
12) Ibid., 98.

그대로 인정했고 그들의 고유한 종교를 허용했다. 수공업자들의 모임인 길드를 보장했고, 상류 계층끼리의 자율적인 클럽 활동을 용인했다. 유대인들이 각 도시로 흩어졌지만 자기들의 독자적인 공동체를 유지하고 가는 곳마다 시나고그라는 회당을 세워 유다교를 신봉할 수 있었던 것도 로마의 관용정책 덕분이었다. 그러나 돈 문제에서만큼은 가혹했다. 세금을 지체하거나 소홀하면 잔인하게 응징했다.[13)]

납세거부운동

유다 민중은 가혹한 세금에 맞서 대규모 납세 거부 운동을 펼쳤다. 이러한 배경 속에서 바리새인들은 예수를 곤경에 빠뜨리기 위해 공개적으로 로마에 세금을 바쳐야 되느냐, 말아야 하느냐를 질문한다.

> 그들은 말로 예수를 책잡으려고, 바리새파 사람들과 헤롯 당원 가운데서 몇 사람을 예수께로 보냈다. 그들이 와서, 예수께 말하였다. "선생님, 우리는, 선생님이 진실한 분이시고 아무에게도 매이지 않으시는 분이심을 압니다. 선생님은 사람의 겉모습으로 판단하지 않으시고, 하나님의 길을 참되게 가르치십니다. 그런데, 황제에게 세금을 바치는 것이 옳습니까, 옳지 않습니까? 바쳐야 합니까, 바치지 말아야 합니까?" 예수께서 그들의 속임수를 아시고, 그들에게 말씀하셨다. "어찌하여 나를 시험하느냐? 데나리온 한 닢을 가져다가, 나에게 보여라." 그들이 그것을 가져 오니, 예수께서 물으셨다. "이 초상은 누구의 것이며, 적힌

---

13) 시오노 나나미는 모든 면에서 열세였던 로마가 지중해 전역을 제패하고 천년 넘게 경영한 비결이 관용의 정신이라고 보았다. 다 종교, 다 문화, 다신의 로마가 유일신교인 기독교를 국교로 하면서 관용의 정신을 잃게 되어 멸망했다고 본다. 시오노 나나미, 『로마인 이야기』 1-15권, 김석희 역, 한길사, 1995. 참조.

글자는 누구의 것이냐?" 그들은 "황제의 것입니다" 하고 대답하였다. 예수께서 그들에게 말씀하셨다. "황제의 것은 황제에게 돌려주고, 하나님의 것은 하나님께 돌려드려라." 그들은 예수께 경탄하였다.(마가 12:13-17)

세금을 바치라고 하면 유대의 민중이 돌아설 것이요, 바치지 말라고 하면 당장 로마 병정들이 잡아갈 것이기 때문이다. 적대자들은 예수를 납세거부 진술로 유도해서 로마에 저항하는 폭도로 고발하려 했다.[14)]

예수께서 "황제의 것은 황제에게 돌려주고, 하나님의 것은 하나님께 돌려드려라"는 말씀은 신앙이 없는 로마 군인들은 당연히 동전에 새겨진 초상의 주인인 황제에게 바치라는 말씀으로 들었을 것이고, 유대인들은 모든 것이 하나님의 것이 아닌 것이 없으므로 그 말의 의미를 알아차릴 수 있었다. 유대인들은 위기를 지혜롭게 넘기는 예수의 기지에 감탄했다. 그러나 결국 예수는 민족을 이간해 황제에게 세금 내는 것을 가로막았다는 죄명으로 고발당한다.(누가 23:2)

유대의 납세거부운동으로 인해 주후 50-60년대에 유대에는 누적된 세금이 많았다. 이에 헤롯 가문은 "불행을 막는 길은 세금을 납부하는 길뿐"이라고 압박하기도 했지만 결국 유대 민중은 로마와의 항전을 택하였고 그것으로 유대라는 나라는 막을 내렸다(주후 70년).

그 뒤 이스라엘은 나라 잃은 디아스포라로 살다가 20세기에 이르러 히틀러의 박해를 피해 야금야금 팔레스타인으로 쫓겨 와서 자리 잡았다. 이천년 동안 그 땅에서 살아왔고 유대인들에게 삶의 자리를 허용해준 고마운 토박이 팔레스타인 사람들을 무력으로 내쫓았다. 그리고

14) Klaus Wengst, 『로마의 평화』 정지련 역, 한국신학연구소, 1994, 131.

1948년, 미국과 영국의 도움을 받아 이스라엘을 다시 건국한다.

헤롯정권의 역할

헤롯정권의 중요한 역할 중 하나는 로마의 폭력을 위장하는 일이다. 로마는 자신들의 폭력을 역사상 유래가 없는 '평화의 시대'로 선전했다. 그러나 로마 군대가 스스로 평화의 군대라는 것을 내세울 수는 없었다. 누군가가 대신해서, 로마를 평화의 사절이나 구원자로 포장하는 일을 맡아야 했다. 그 중심에 헤롯 왕가와 성전체제가 있다. 그들은 로마의 대리 통치자 역할에 충실했지만, 때로는 민족주의에 호소해서 로마와 맞서는 척하며 유대민중으로부터 지지를 끌어내기도 하였다. 이때 성전체제가 교묘히 한 역할을 했다.

성전 체제는 유대인으로 구성된 산헤드린이라는 지도체제를 가지고 있으며, 그들만의 율법, 종교예식, 고유한 복장과 문화를 간직하고 있었다. 산헤드린의 대제사장들은 유대 고유의 복장을 하고 민중 앞에 나타난다. 이 때 대제사장들은 사라진 민족의 자존심을 한껏 높이는 기회로 삼았다. 그러나 실제로 대제사장은 로마 총독의 관리 아래 있다. 대사제의 권위를 상징하는 대사제복은 로마 총독이 보관하였으며, 필요할 때마다 로마 총독이 허락해야 꺼내 쓸 수 있었다.[15)]

헤롯왕가와 성전 체제는 뒤로 로마와 손을 맞잡고 백성들 앞에서는 짐짓 맞서는 척 하며 민중을 기만하는 한판의 쇼였다. 그들은 로마 통치를 대신하고 가능케 하는 원흉이었다. 그들은 로마에 대한 저항정신을 누그러뜨려 민중을 교란시키는 역할을 했다.

헤롯왕가는 로마야 말로 유대 민중의 안전과 평화를 위해 꼭 필요한

15) 안병무, 『갈릴래아의 예수: 예수의 민중운동』 한국신학연구소, 1990, 375.

존재라고 민중을 세뇌시켰다. 뻔한 거짓말이지만 민중은 쉽게 속기도 한다. 그러나 가끔 자신이 예언자며, 메시아라는 사람들이 나타나 그 허상을 깨어버리기도 한다. 민중을 일깨우고 헤롯도 로마도 우리의 평화와 안전을 위한 존재가 아니라 착취자에 불과하다고 외친다. 그들은 여지없이 십자가형에 처해졌다. 어느 정도의 자유는 허용될지라도 결코 로마는 자신의 허상을 들추어내는 것은 용납하지 않는다.

유대지역에 파병된 로마군대

당시 로마는 유대지역에 5개의 천인대를 파병하였다. 유대인들의 군사행동을 일절 금지하였고 모든 치안은 로마 군인이 담당하였다. 이들은 4개의 천인대를 총독관저가 있는 가이사랴에 주둔시켰다. 1개의 천인대만이 예루살렘에 있는 "안토니아 요새"[16]에 주둔했다. 총독은 평소에는 가이사랴에 머문다. 가이사랴는 갈릴리 호수 북쪽에 위치했고 헤르몬 산에서 흘러내리는 물이 지하에서 솟구쳐 오르는 기름지고 숲이 우거진 땅이다. 그러나 이스라엘에서 유월절과 같은 큰 축제가 벌어질 때에는 총독이 호위병을 거느리고 예루살렘으로 왔다.

헤롯의 아들 헤롯 안티파스는 세례자 요한이나 예수와 직접 관련이 있다. 안티파스는 세금징수에 혈안이었다. 그래서 처음에는 세포리스를 수도로 삼았다. 이유는 그 주변 곡창지대에서 나는 빵이 주 세원이기 때문이다. 다음에는 로마 황제의 이름을 붙인 티베리아스로 수도를 옮겼다. 이는 주변의 갈릴리 바다를 통해 세금을 걷기 위해서다. 그는 배를 소유하는 것, 저인망 그물로 물고기를 잡는 것, 심지어는 해변에서

16) 안토니오 요새는 예루살렘 대성전 북서쪽 성전벽 모퉁이에 세운 요새로 성전이 한 눈에 내려보이는 감시용 요새다.

그물을 던지는 것에도 세금을 부과했다.[17]

예루살렘

나라는 셋으로 나누어 통치했지만 예루살렘은 그 각각의 정권을 통합하는 정치의 중심지이다. 또 예루살렘은 여전히 유대인들의 마음의 고향이며 신앙의 중심이다. 그래서 대축제 때 예루살렘 성전에서 여러 차례 소요가 일어났다. 그때마다 자칭 메시아인 민중의 지도자가 등장했다. 이두매에서는 헤롯이 면직한 이 천 명의 병사들이 왕가의 군대를 공격하였고 베레아에서는 스스로 왕이라고 선포한 헤롯의 한 노예가 여리고 궁을 불 지르고 도시를 약탈했다. 유대에서는 아트롱게스라는 한 목동이 엠마오에서 예루살렘을 향해 밀과 무기들을 나르던 분견대를 전멸시켰다. 갈릴리에서는 에제키아의 아들 유다가 일어났다. 이런 모든 운동은 명백하게 반도시운동이었다. 소수가 부를 독차지하고, 민중의 생활이 비참해지자 헤롯왕가에 대한 미움과 함께 메시아사상이 대중 속으로 파고 들어갔다. 시달리던 농민들과 민족주의자인 서기관들이 연대하여 일체가 되었다.[18]

예수께서 마지막 일주일을 보내신 예루살렘은 장소로 볼 때에도 매우 중요하다. 첫째는, 예루살렘은 팔레스타인의 수도 한복판, 그 사회의 모든 모순이 결집해 있는 곳이다. 그리고 민중의 적, 그 적의 핵심이 있는 곳이다. 둘째는, 그 당시 팔레스타인은 각 지역마다 지역감정, 지방분파 등으로 얽혀 정치적으로 구심점을 가지기가 힘들었지만 가장 중요한 공감대는 유대교 체제를 매개로 하는 것이었다. 이것은 예루살렘

17) John Dominic Crossan,『가장 위대한 기도』한국기독교연구소, 2011, 192.
18) Ibid., 56.

이 예수 일행의 마지막 행보인 이유이기도 하다. 셋째는, 신앙적 이유이다. 민중을 억압하는 일체의 세력을 심판하실 하나님, 또는 하나님의 대리자인 메시아가 나타날 곳이 예루살렘이라는 신앙이 민중에게 있었다.

로마의 평화 시대

예수가 살던 세상은 '로마의 평화(Pax Romana) 시대'라고 부른다. '팍스 로마나'는 로마가 제정으로 넘어간 주전 29년부터 주후 160년까지의 약 200년간을 말한다. 이 시기는 로마의 권력투쟁과 내전이 끝나고 로마의 왕이 아우구스투스(Augustus:황제) 칭호를 부여받은 황금기였다. 많은 사람들이 로마의 평화에 대해서 칭송을 보냈다. 성서에도 유대의 대제사장과 장로들이 바울을 벨릭스 총독에게 고발할 때 다음과 같이 '로마의 평화'에 대해 칭송을 보낸다.

> 우리는 각하의 덕분으로 크게 평화를 누리고 있으며 이 나라는 각하의 앞을 내다보시는 지혜의 덕택으로 개선되고 있습니다(사도 24:2-3).

이때는 로마의 전성기였다. 내전은 끝났고 가끔 변방 확장을 위한 전쟁만 있을 따름이었다. 국내정치는 안정되었고 경제적으로는 부흥기였으며 문화적인 개화기였다. 평화는 계속되었다. 그러나 그것은 피 흘리는 평화였다. 황제는 대중이 원하는 것은 "종교에게는 경외가 바쳐지고, 사람들에게는 안정이 돌려지며, 각자에게는 자기 재산의 확실한 소유권이 돌려지는 것"임을 알았다. 그는 신전들을 다시 열었고 기념물들을 건축했으며 공원과 공공 목욕탕들을 만들었다. 그리고 쓰레기 수거

장을 깨끗이 했으며 식량체계를 재구성했다. 빵을 나누어 주었고, 연극들을 상연시켰다. 그러나 황제는 자신의 통치에 이의를 제기할 수 없도록 하는 장치가 필요했다. 그런 장치는 로마의 종교가 제공했다. 이들은 닫았던 옛 신전을 다시 열어 신들이 승리를 가져온 인물에게 황제의 권위를 내려 주도록 구상했다.[19]

그러나 이들이 자랑하는 로마의 평화는 허구였다. 아우구스투스 황제의 통치기간에 투기장에서 격투를 했던 검객이 1만 명이고, 이 기간에 맹수들과의 싸움을 26회 개최했는데 이것으로 3,500명이 목숨을 잃었다. 또한 실전과 똑같은 해전을 즐기기 위해서 로마시 교외에 인공호수를 만들었다. 그 위에 30척의 전함을 띄워놓고 3,000명의 포로를 동원하여 죽기 살기의 싸움을 관전하며 즐겼다.[20]

이러한 모든 볼거리는 로마인들에게는 그 어느 시대보다도 확실한 시민의 권리를 보장해 주었지만 수많은 사람들이 로마시민의 오락을 위하여 희생되었다. 이것이 '로마의 평화' 중심부에서 일어난 일이다. 그들은 로마의 평화를 유지하기 위해서 지불하는 희생에는 무관심하였다. 지배당하는 민족에게 '로마의 평화시대'는 무자비한 군사적 탄압을 의미한다. 로마의 평화는 민중의 희생 위에 선 경제적 부흥이었고, 억압받는 사람들에게는 피와 눈물로 얼룩진 평화였다. 잔인하고 전시적인 십자가형의 공포와 학살 위에 소위 "로마의 평화"라고 일컫는 쥐 죽은 듯 고요한 죽음의 평화, 로마의 군사적 정복으로 얻은 평화, 아무도 이견을 말하지 못하도록 강요된 평화가 있었다.

---

19) Michel Clevenot, op cit, 18-19.

20) 김창락, "신약성서 안의 평화운동",『새로운 성서해석과 해방의 실천』 한국신학연구소, 1990, 351.

당시의 평화와 군사적 승리는 글자 그대로 동전의 양면이었다. 초기 제국의 화폐 유물들은 이를 잘 증명한다. 대부분의 동전 한쪽에는 평화의 여신 얼굴이, 다른 한 쪽에는 갑옷을 입고 손에는 창을 든 아우구스투스의 모습이다.[21] 아우구스투스의 평화의 제단은 전쟁의 신인 마르스(Mars)의 언덕 위에 놓여있고, 주화에 새겨진 평화의 여신 팍스는 정복한 적들의 무기를 짓밟고 서있다. 그리고 그것은 전 세계를 짓밟는 정복의 여신 빅토리아와 연결되어 있다.[22]

로마의 평화라는 것은 군사적 승리와 정복을 말한다. 로마가 타국을 정복하는 원칙의 하나는 정복당한 민족이 겁에 질리도록 하는 것이다. 정복한 후 지배를 훨씬 쉽게 하기 위해서다. 주후 14년 독일 지역에서 로마의 게르마니쿠스는 "그 나라의 오십 마일 지경을 칼과 화염으로 초토화했다. 노인이나 여자들에 대한 연민도 전혀 없었다. 신성한 곳이건 세속적인 곳이건 상관없이 모든 것이 완전히 파괴되었다."고 전한다.[23]

약 70여 킬로미터에 해당하는 광활한 땅에서 잔인하게 벌어진 도륙, 동서고금을 막론하고 지배자들이 자기의 힘을 과시하는 방법은 항상 그렇다. 그렇게 함으로써 전 세계는 마치 단일한 국가, 하나의 민족인양 아무 소리 없이 복종했다. 정복한 땅에는 무거운 세금을 부과하고 그 세금의 징수가 늦어지면 도시 전체의 주민을 노예로 팔아버렸다. 팔레스타인에서도 고프나, 엠마오, 릿다, 탐나 4개 도시에서 남자들이 모두 노예로 팔려갔다.

21) Richard A. Horsley, op cit, 64

22) Neil Eliott, "십자가의 반 제국적 메시지", 『바울 새로 보기』, 한국신학연구소, 2000, 19.

23) Richard A. Horsley, op cit., 65.

로마의 역사가 타키투스가 전하는 한 브리튼 사람의 연설이다.

> "복종과 굴복을 강요하는 로마의 압제를 벗어나려고 해봐야 소용없어. 그들은 이 세계의 약탈자들… 적이 부유하면 그들은 탐욕스러워지고, 적이 가난하면 지배욕에 사로잡히지. 동쪽도 서쪽도 그들을 충분히 만족시키지 못했어… 그들은 빼앗고 죽이고 수탈해놓고 그것을 '제국'이라고 하지, 황무지를 만들어 놓고서, 그것을 평화라고 부르는 거야…."[24)]

제국의 약탈자들이 아이들과 가족을 징집하여 다른 먼 나라에 노예로 보냈다. 그리고 아내와 자매들은 비록 병사들의 색욕을 모면한다 할지라도, 친구나 손님을 가장한 자들에게 더럽혀지고 말았다.

> "우리의 영토와 재물은 조공이 되고, 땅의 연간 소출은 곡물세가 되고, 우리의 몸뚱이와 양 손은 구타와 모욕을 당하면서 숲과 늪을 길로 만드는데 이용당한다."[25)]

로마가 테러를 통하여 확보한 평화는 더욱 강력한 테러를 통하여 유지하였으며, 정복과 지속적인 협박, 학대, 폭력, 그리고 식민지에서 잡아들인 강력한 노예제도를 통하여 지속하였다. 전쟁포로, 형을 선고받은 죄인, 투기장에 끌려나온 노예는 인습적으로 자행하는 전쟁연습, 정복행위의 예행연습에서 죽임을 당했다. 이들의 생사는 대표자들의 변

24) Agricola 30 Ibid., 66.에서 재인용.

25) Ekkehard W. Stegemann and Wolfgang Stegemann, op cit., 95.

덕에 따라 운명이 좌우되었고, 화려한 군대행진이 이어졌으며, 이 행사는 정복하여 사로잡은 포로들을 처형하는 의식으로 절정에 이르렀다.

로마의 이데올로기를 위해, 지배의 정당함을 암송시키는 교육이 행해졌고, 로마의 승리를 축하하는 웅장한 제국의 제의와 의식, 그리고 순종을 강요하는 법의 질서를 강조하였다. 이런 테러 문명의 한복판에 바로 필수 불가결한 것이 십자가형이었으며, 대규모의 사회 통제를 가능하게 하는 수단이 되었다.

로마, 도시, 문명

로마가 지배하는 곳에는 도시를 건설하였다. 대리석으로 빛나는 도시와 화려한 사원이 그 자리에 서 있었다. 로마당시 도시 생활은 어떠했는가? 주랑 현관, 목욕탕, 수도관, 유리로 치장한 아름다운 건물, 극장과 운동장, 산책길 옆을 흐르는 냄새나는 더러운 강을 복개하는 공사, 연회 이런 것이 로마 도시의 특징이었다. 그들은 스스로 자화자찬하기를 "언제 바다와 내륙에 이렇게 많은 도시들이 존재했었는가?"라며 도시를 건설한 로마인들의 탁월한 우수성을 강조했다. 그들은 세계를 문화국민으로 만든다는 명분 아래 세계지배를 주도해 나갔다. 로마가 세운 도로망, 그것은 도시가 시골을 지배했다는 표현이기도 했다.[26] 이것이 이른바 "모든 길은 로마로 통한다"라고 부르는 로마의 세계 지배 정책이다.

로마시민들은 전 세계에서 거두어들인 세금으로 도에 넘치는 사치와 향락을 누렸다. 주후 79년 8월 로마의 도시 폼페이가 베수비오 화산의 폭발로 당시의 모습 그대로 매몰되었다가 1748년 이후 본격적으로 발

26) Michel Clevenot, op cit., 47.

굴됐다. 폼페이 유적은 정돈된 거리, 수로, 광장, 로마문화의 상징인 목욕탕 시설을 보여준다. 목욕탕은 온탕, 냉탕, 증기탕 등 잘 발달된 목욕문화를 보여주며, 공인된 창녀촌이 있는 번영과 쾌락의 도시였다. 세계에서 손꼽히는 매우 정교하고 세련된 그리스 로마 미술품들이 출토되었는데 이것은 당시 일반 귀족들의 정원을 장식하는 조각 석상에 불과했다. 이들이 평범하게 사용하던 물 컵이나 그릇들도 정교한 조각이 새겨진 예술성 높은 대리석 작품들이었으니 당시 로마인들의 부와 사치의 수준을 짐작케 한다.

그러나 타키투스(Tacitus)는 "그들은 조금씩 우리의 악덕과 회랑의 취향들, 목욕탕, 세련된 연회들의 유혹에 빠져 들게 될 것이다. 경험이 없었던 그들은 자신들의 예속화에 기여하는 것을 문명이라고 불렀다."라고 말한다.[27)]

로마의 군인들

당시 일반 보병의 무장상태를 보자. 창과 방패, 톱과 바구니, 삽과 도끼, 그리고 가죽 끈, 낫, 수갑 등이 로마 군인이 갖는 무기 또는 도구들이다. 아무리 보아도 요즈음 군인하고는 상당히 다른 무장이다. 처음에는 정복하는 무기들이고, 그 다음은 정복지의 경제개발을 하는 도구들이다. 그런데 수갑, 가죽 끈은 또 무엇인가? 이것은 그들이 정복 상태를 어떻게 유지했는가를 잘 보여준다. 왜 수갑, 가죽 끈이 필요했으며 이 경제개발은 누구를 위한 것인가가 명백하게 드러난다.[28)] 당시의 기록들을 보면 로마의 지식인들 중에 이러한 로마의 개발과 발전에 반기를

---

27) Ibid., 45.

28) Klaus Wengst, op cit., 68-69.

든 사람들도 있었다. 로마의 시인인 프로퍼즈(Properz)와 귀족출신의 시인인 티불(Tibull)이라는 사람이다.

> "사람들은 교묘하게 적을 찾으며 전쟁만을 계속한다. 이것은 추악한 금 때문이며. 엄청난 전리품을 탐하기 때문이다."

실제 로마 군인들은 정기적인 봉급 보다는 전쟁에서 얻은 전리품이 탐나는 수입원이었으며 이것이 제도적으로 허용되었다. 그들은 전리품 수입을 얻기 위해 추악한 전쟁을 계속했다. 도시건설도 두 가지 목적으로 진행하였다. 하나는 피정복지에서 로마인들이 문화생활을 누리기 위함이고 다른 하나는 건설과정에서 부를 획득하기 위해서다. 그들은 통행세를 받기 위해 다리를 건설했다.

식사 때 사용하는 그릇을 너도밤나무로 만들었을 때는 전쟁이 없었다. 그러나 화려한 금 그릇이 등장한 후부터 전쟁이 계속되었다. 전쟁 후에 세계 곳곳에 있는 값진 문화유산이 로마 시장으로 흘러 들어왔고 로마인들의 부와 향락은 넘쳐났다.[29)]

북 아프리카의 히포 시 해변에는 한 청년이 돌고래를 길들이면서 돌고래와 함께 수영을 하고 온갖 묘기를 부리고 있었다. 그는 인기를 끌었고 도처에서 이 묘기를 보려고 수많은 로마 관리들이 모여들었다. 그러나 히포 시의 시의원들은 로마인들이 모여드는 것을 좋아하지 않았다. 그래서 이들은 청년의 매력을 비밀리에 제거해 버리기로 결정하였다. 왜냐하면 로마의 관리가 이곳에 와서 머문다면 이 조그만 마을이 엄청난 부담을 안게 될 것이 불 보듯 뻔하다. 히포 시는 당연히 그들의 숙식

---

29) Ibid., 103.

을 책임져야 했기 때문이다. 로마인은 자신들이 지배한 모든 나라에서 거두어들인 부를 토대로 전 세계를 누비며 사치와 향락을 일삼았고 세계는 그들을 위한 희생양이 되었다.[30]

징병, 징용제도도 맘몬을 충족시키는데 악용되었다. 로마의 관리들은 피정복지의 어린이와 노인에게 징병 영장을 보냈고 그것을 면제하는 대가로 고액의 뒷돈을 챙겼다. 재판제도도 붕괴되었다. 로마의 집정관을 지내기도 한 로마의 정치가이며 소설가인 페트로니우스(Gaius Petronius)는 신분이 낮은 사람들이 법정에서 당하는 불이익과 판사의 매수를 시로 묘사하였다.

> 법이 무슨 소용 있는가?
> 맘몬만이 지배하고
> 거리의 빈민들이 소송에서 항상 패배한다면
> 법정은 낡은 헌옷을 파는 가게에 불과하다
> 지위를 가진 자에게 돈을 주어라
> 그렇지 못하면 물건을 얻을 수 없을 것이다.[31]

헌옷 가게에서 물건을 사듯, 재판 결과를 돈으로 마음대로 살 수 있다는 것이다. 맘몬이 판치는 사회, 끝이 보이지 않는 소유욕으로 병들어 가는 사회가 로마였다. 부는 더 큰 부를 요구하고 귀족들의 욕심이 빚은 경쟁은 끝을 모르고 뻗어갔다. 착취하는 자는 자신의 필요를 넘어 끊임없이 모으고 쌓아가는 수집가적 욕망의 노예가 되어버렸다. 한편 착취

---

30) Ibid., 76-77

31) Ibid., 93-94.

당하는 자는 가난과 억울함, 이에 따르는 각종 질병으로 피폐해졌다. 이런 로마 사회의 한 변방에서 예수는 하나님이냐 맘몬이냐를 선택하라고 하신다. 이것은 로마식 소유욕에 노예가 되어 살 것이냐 아니면 이런 맘몬의 흐름을 거스르는 새로운 가치관과 질서로 하나님을 따르는 삶을 살 것이냐를 요구하신다.

왜 로마가 망했냐는 질문에 사람들은 성적 타락이니 게르만의 침입이니 하는 여러 이유를 댄다. 그러나 로마 멸망의 보다 근본적인 이유는 소유욕, 탐욕스런 맘몬 신의 지배가 로마 사회 안에 팽배해 있기 때문이라고 한다.

함께 생각 나누기

* 헤롯과 로마지배시절, 한반도와 중국은 어떤 시대였고, 당시 사람들의 삶은 어땠는지 찾아봅시다.

* 납세 거부운동에 대해 유대민중, 바리새파, 예수는 어떻게 달랐는지 생각을 나누어 봅시다.

* 당시 예루살렘 주민들의 성격을 보고, 유대 사회의 사회구성에 대해 생각을 나누어 봅시다.

* 흔히 '로마의 평화(팍스 로마나)'와 지금 시대의 '미국의 평화(팍스 어메리카나)'와 비교한다. 로마의 평화가 미치는 지역은 당시 지중해 연안이지만 지금 유일한 패권 국가인 미국은 전 지구에 걸쳐 막강한 영향력을 행사하고 있다. 로마시대와 우리 시대에 현격하게 다른 점은 무엇인가? 그리고 유사한 점은 어떤 것들이 있을까? 서로의 생각을 나누어 봅시다.

한반도 통일과 자유

요한 8:31–37

"진리가 너희를 자유케 할 것이다"라는 예수의 말씀에 대해서 유대인들은 "우리는 종이 된 적이 없는데, 당신은 어찌하여 우리가 자유롭게 될 것이라고 말합니까?"(요한 8:33)라고 한다. 그런데 지금 그들은 종이다. 로마라는 제국의 권력 아래 있는 종이다. 식민지 국가의 백성이고 각종 세금에 시달리며 경제적인 착취에 시달리는 종이다.

유대인들이 "우리는 아브라함의 후손"이라며 자유인이라고 말하는 것은, 자기들은 자유로운 여자의 몸에서 난 이삭의 후손이지, 여종 이스마엘의 후손이 아니라는 말이다. 족보를 근거로 한 케케묵은 자존심이 지금 노예로 살아가는 자신들의 현실을 못 보게 하는 독이 되었다. 자신의 노예상태에는 눈감고 공연히 주변 민족을 멸시하는 차별 의식만을 내세웠다.

그러나 당시에도 민중은 상황을 정확하게 인식했다. 그들은 로마에 대항해 투쟁하고 반란을 일으켰다. 유대 성전체제는 우리가 언제 종이었냐며 자신들의 노예상태를 부인했다. 겉으로 "평화롭지 않은가?"라는 주장에 대해 예수는 그들이 아브라함의 행위를 하지 않는다고 나무랐다.

아브라함은 75세에 고향을 벗어나 새로운 세상을 향해 나아갔다. 새 민족, 새 나라를 향한 종말론적인 투쟁이야말로 아브라함의 삶에서 계속 이어지는 그의 순례와 삶의 본질이다. 그러나 저들은 아브라함의 행위와 그의 꿈과 이상은 저버린 채 혈통적인 특권만을 주장하고 있다.

오늘 우리들의 현실은 어떠한가?

미국이 우리에게 어떤 나라인가? 다른 것은 고사하고 국방예산으로만 살펴보자.

한 해에 주한미군에게 지원하는 현금만 연간 1조원에 해당한다.[32)]미군이 우리나라에 2만 5천 명 정도 있다하니 일인당 사천만 원이 훨씬 넘는다. 미군 봉급을 우리가 주는 셈이다.

오마이뉴스는 "주한미군은 2013년 말 기준 방위비 분담금 미집행분 1조 3,523억 원을 쌓아놓고 이자놀이를 하고 있다"고 밝혔다.[33)] 트럼프는 방위비 분담금이 모자란다고 2019년은 2018년에 비해 두 배인, 약 2조원을 현금으로 지원하라고 한다. 그런데 실상은 모자라기는커녕 엄청난 액수가 매년 남는다. 남는 돈은 한국의 시중은행에 예치해 놓고 한국 국민의 혈세로 이자놀이를 하고 있다. 이는 양국 협정을 명백하게 위반한 것이다. 게다가 미국이 외국에서는 기지 사용료를 내지만 우리나라에서는 공짜로 이용하고 있다. 토지 무상공여, 전기료 감면, 전시 물품지원, 미군 관리 비행장 이용비 지불 등으로 연간 약 2조 5천억 원을 지원하는 셈이다.[34)]

주한미군을 지원하는 비용과는 별도로 무기 구입비용에 대해 생각해보자. 국방개혁 2020에 따르면, 2006년부터 2020년까지 15년간 국방개혁에 무려 621조원이 들어간다. 그중에 새로운 무기를 구입하는 비용만도 53.9조원이다. 이는 매년 10%씩 국방비 증액을 고려한 숫자이다. 약 54조원에 해당하는 막대한 무기 구입비는 거의 미국의 군수업체에

---

32) 한미당국은 2019년 방위비 분담금을 1조 389억원으로 합의했다.

33) 오마이뉴스 2014.12.12.

34) 박기학 저, 『트럼프시대 방위비 분담금 바로알기-한미동맹의 현주소』 서울: 한울, 2017. 참조.

지불하는 돈이다. 이는 경제 밖 영역이며 무역외 수치이다. 15년간의 비용이니 매년 4조 가까이 되는 비용을 미국 무기 도입비로 지불하는 형편이다.

얼마 전 공군력 강화를 위해 4조 295억원을 들여 차세대 전투기 40대를 구입하는 계획에도 잡음이 그치지 않았다. 공군 평가단이었던 공군의 조모대령은 국방부에 외압이 있었다고 폭로했다. 당시 F15 전투기는 미국에서 잦은 사고 등으로 폐기 수순이었고, 공군도 이를 우려해 그보다 싼 가격에 성능이 뛰어난 프랑스 라팔 전투기를 도입하기로 의견을 냈다. 공군이 운용하는 전투기이므로 공군의 의견은 절대적이다. 그런데 국방부에서 공군의 의견은 묵살하고 단종직전에 있는 미국 비행기로 결정이 바뀌었다. 이를 계기로 문 닫기 직전의 보잉사 등이 다시 회생했다. 그 이후 F15 전투기에서 크고 작은 사고들이 자주 일어나고 있다. 2006년 6월 7일 동해안에서 추락하여 베테랑 조종사 두 명이 순직했고 2018년 4월 5일 칠곡 유학산에서 또 추락 사고가 일어나 두 명이 순직하여 조종사 4명이 순직했다. 모두가 조종사 과실로 공식 발표되어 한 대에 천 억원 이상이 들어간 혈세는 고스란히 공중에서 사라졌지만 처음부터 공군의 반대에도 불구하고 들여온 비행기에 대한 의문은 커졌다. 하지만 미군이 주둔하고 있는 한 '울며 겨자 먹기' 식으로 미국 무기를 도입하지 않을 수 없는 것이 우리의 불행한 현실이다.

그동안 군사적 충돌이 일어나면 대규모 규탄 대회가 열렸다. 그러나 그 귀결은 무엇인가? 예를 들어 천안함과 연평도 폭격의 흥분이 남긴 것은 무엇인가? 이명박 정부가 세운 국방개혁 '307 계획'을 통해 글로벌 호크, 스텔스 전투기, 공중조기경보기를 들여오기로 했는데 이런 것들은 한반도 지형에서는 모두 불필요한 과잉 전력으로 한반도 군비증강과 국방예산 증액으로 귀결될 뿐이다. 우리들의 흥분 뒤에 남은 것은 막대한 새로운 무기체계 도입과 부대 및 병력 증강으로 이어졌다.

연평도 포격 직후 국회 국방위원회가 의결한 2011년도 국방예산안에는 당초 정부 안에서 빠졌던 공군 차세대 전투기 F-15K의 2차 사업 예산 2000억 원, 공중조기경보통제기 예산 767억 원, KF-16 전투기 성능개량 예산 303억 원, K-9 자주포 추가도입 866억 원, 스웨덴제 신형 대(對)포병레이더 '아처' 371억 원, 위성위치확인시스템(GPS)과 적외선 등의 유도를 받아 해안포 등이 설치된 동굴, 갱도를 정밀 타격할 수 있는 소형 중거리 유도폭탄과 이스라엘제 스파이크 미사일 130억 원, 구형 K-55 자주포보다 사거리 등이 개선된 K-55A1 자주포 115억 원, 해군 정보함인 신세기함에 배치된 무인정찰기(UAV) 성능개량 90억 원, 음향표적탐지장비 89억 원, 전술비행선 50억 원. 무선인식 라이프재킷 26억 원, 추가·신규 구매비용도 포함됐다. 우리가 흥분해 돌아가는 뒤에는 모두 4807억 원이 추경 예산으로 무기구입에 추가 지출되었다.

게다가 미군기지 이전 비용, 건설비, 유지비 등을 우리 국민 세금으로 진행하지만 여기 소요되는 모든 자재는 미국에서 직접 공수해서 사용한다. 그러느라고 국내에서 같은 수준의 건설비보다 열배 가량이 든다. 평택의 경우, 처음 한국과 미국이 반반씩 내서 미군기지를 세운다고 협정을 맺었는데 미군 기지를 우리가 반 낸다는 것도 시민단체들이 반대했지만 이명박 정부는 비용 전부를 한국이 감당하도록 했다.

주한 미군 기지이전 비용은 당초 예상액인 9조 8,000억 원보다 무려 3조 5,000억 원이 늘어난 13조 3,000억 원이 되었다. 이중 한국 측 부담은 5조 8,000억 원, 미국 측은 7조 5,000억 원을 부담하기로 했다. 그러나 국방부는 미국 측 부담 중 50%를 방위비분담금으로 충당한다는 입장이라고 발표했다. 이렇게 되면 우리 측 부담은 9조 5,500억 원으로 늘어나며 여기에 평택특별지원비, 반환 기지 환경오염 치유비등 간접비용을 합하면 한국의 부담액은 모두 11조 9,073억 원에 이른다.

또한 미국은 주한미군의 전략적 유연성을 뒷받침하기 위해 주한미군이 가족을 동반해서 3년을 근무하는 정책을 시행한다. 한미양국은 이를 위해 대규모 미군가족주택을 민간투자로 짓고 그 임차료를 미국이 지불하기로 합의한 바 있다. 그런데 한미당국은 주한미군 가족주택에 대해 미군이 조기에 철수할 경우 민간업자에게 '정지조건부' 사용허가라는 국제적으로 전례가 없는 방식으로 그 이익을 보장하기로 사실상 합의했다. 정지조건부 사용허가는 투자금 회수기간인 45년 이전에 주한미군이 철수하더라도 잔여기간의 토지사용권을 보장해주는 방식을 말한다.

국유재산법에 의하면 국유재산 관리, 처분의 기본 목적은 국가 전체의 이익에 부합(3조)되어야 하며, 공공가치와 활용가치를 고려(3조 3호)해야 한다. 그러나 이에 대한 판단은 반환 시점에서 여러 가지 상황을 고려해야 할 것인데 사업 착수시점에 민간업자의 임대사업을 보장하는 것으로 고정하는 것은 국가 전체 이익보다는 민간사업자의 이익에 부합되게 국유재산의 사용을 허가하는 것이다. 정지조건부 사용허가는 임대사업에 대한 불법 특혜에 이어 민간업자에 대한 이익보장으로까지 이어질 수 있다는 점에서 심각한 문제다. 이렇게 되면 이는 주한미군 뿐만 아니라 삼성물산, 메릴린치, 뱅크오브아메리카, 스미토모미쓰이은행 등의 재벌과 미일 자본에게도 특혜를 베푸는 것이다.

문제는 이 모든 일들이 미국의 강요로 이뤄지고 있다는 점이다. 정부 각 부처는 법적 근거가 없고 상식에도 맞지 않는 불법 특혜가 명백하기 때문에 미국 측의 집요한 임대보증 요구에 대해 불가 입장을 고수해왔다. 그런데 로버트 게이츠 미 국방장관이, 2009년 6월 미국을 방문한 이명박 당시 대통령에게 직접 임대보증 문제 해결을 요구한 뒤 정부가 당초의 불가 입장을 뒤집었다. 뿐만 아니라 지금 강정 제주해군기지는 같이 쓴다는 명분으로 주민이 결사반대하는데도 불구하고 백 퍼센트 우리 돈으로 기지를 건설했다.

또 다른 문제 사례는 WRSA(와사)이다. 와사는 미국이 한국의 전시비축물자(WRSA-K)로 가져다 놓은 낡은 탄약이다. 탄약은 우리나라 기업 한화에서 만드는 탄약이 훨씬 좋지만, 20-30년 된 폐기 직전에 있는 미국의 낡은 탄약을 들여온다. 미국은 자국에서 폐기하려면 비용도 들고 공해도 유발하므로 한국에 비축물자로 쟁여 놓고 관리는 우리에게 떠넘겼다. 그리고 일정 기간 지나면 한국이 구입하도록 강매한다. 한국은 일부는 정비해서 쓰지만 대부분은 바로 폐기장에 가서 터뜨려 폐기한다. 이런 탄약을 관리하는 곳이 여의도 면적의 20배에 달한다. 이 광활한 면적이 전쟁예비탄약(와사탄)을 관리하는 창고로 쓰이는데 그 관리비만도 매년 3,000억 원 이상이다. 쓸모없는 탄약을 구입하고 터뜨리고 버리고 관리하는 모든 비용을 우리나라 세금으로 부담한다.

M48A5 전차는 미국에서 1950년대에 개발한 구형전차로 미국 주 방위군의 예비비축용으로 저장되어 있었다. 이런 전차가 1990년에 WRSA-K로 지정되어 한국에 281대를 배치하였다. 이중 275대를 한국이 인수하였는데, 임복진 의원(당시 민주당, 광주 서구)이 1995년 9월 25일 국정감사 때 폭로한 바에 따르면, 미국은 동종의 전차를 바다의 물고기 집으로 쓰려고 계획하고 있다고 했다. 한국은 이런 쓸 수 없는 전차를 사들여서 143억 원을 들여서 정비하기도 하였다.[35)]

---

35) 박기학, "미국의 방위비 분담 요구의 본질과 미국 주둔비 지원 폐지의 당위성" 『전환기 한

군사 주권 없는 한국이 이렇게 '천하의 호구'가 돼서 사들이는 쓸데없는 무기들은 한반도를 고철 폐기탄의 무덤으로 만들고 있으며 이를 폐기하는 과정에서 나오는 환경 파괴 또한 심각하다. 이는 미국으로 하여금 자국 내에서 폐기비용, 운송비용을 절감할 뿐만 아니라 수출 효과까지 누리게 한다. 주권 없는 국가가 당하는 설움이다. '키 리졸브'니 '독수리훈련'이니 하는 전쟁 연습에 동원한 무기들도 그냥 놓고 가면 다 사들여야 하는 실정이다. 그러니 고가의 무기 비즈니스를 위해서 한미연합훈련은 점점 자극적이고 한반도 위기를 고조시킬 수밖에 없다. 미국이 괜히 한국에 군대를 주둔시키겠는가?

매해 이런저런 구실로 엄청난 한국 돈이 미국으로 흘러 들어가고 있다. 군대 작전권도 없고, 나라의 주권마저 행사하기 어려운 구조에서 아무리 우리 경제가 발전하더라도 이런 '밑 빠진 독' 모양의 구조를 그대로 놔두고는 우리 사회가 발전할 가능성은 없다. 경제성장이 되더라도 그야말로 남에게 좋은 일만 시키는 꼴이다.

여기 자료는 단지 미군이 우리를 위해 희생하기 위해 있는 것이 아니라는 것을 보여준다. 그들이 한국 국민에게 자선하기 위해 국제사회의 비난을 받아가며 이 땅에 남아 있는 것이 아니다. 미국을 특별히 미워하거나 사랑해서가 아니다. 그들이 우리에게 진정한 우방과 친구로 역할하기를 바라며, 어느 누구도 명백히 밝히기를 두려워하는 자료를 전문가 아닌 목사가 여기 저기 스크랩해 가며 모은 것들이다. 말로는 설명하기 어렵지만 숫자로 분명하게 보이는 이러한 관계는 무엇을 말해주는가? 과연 우리는 자주국가인가? 유대인 앞에서 문제제기 하셨던 예수님의 질문 앞에 억장이 무너지는 심정으로 우리에게 되묻는다.

미관계의 새판짜기 2』 한울, 2007, 107.

북한에 퍼주기를 말하는데 김영삼 정부부터 김대중, 노무현 정부 15년간 북과 교류하며 지불한 남북협력기금은 모두 5조원 정도이다. 그러나 매년 우리가 주한미군에게 지불해야하는 비용은 적게는 6조 5천억에서부터 약 9조에 이른다. 퍼주기를 말한다면 미국 퍼주기를 말해야 정상이다. 그러나 이는 금기어이며 미국에 들어가는 비용과 비교하면 1/20도 안 되는 북에 대한 퍼주기 만을 말한다. 이렇게 미국 퍼주기 같은 모순된 현실 때문에 우리나라 경제규모는 세계 10위이나 복지 수준은 70위 정도에 머무는 이유이다.

서로 죽이자고 하는 데는 수십 배의 비용을 들인다. 이는 소모적인 분단 비용이다. 그러나 통일 비용은 서해안 평화지대, 백두산 공동개발, 경의선 철도복원, 환동해 경제지구 등등, 통일된 남북을 생각하면 언젠가는 지불해야 될 꼭 필요한 미래를 위한 투자비용이다. 연간 국가예산의 7-8%를 미국의 뒷주머니에 찔러 바쳐야 정권 안보가 유지되는 이 나라는 도대체 누구의 나라이며 매년 계속되었던 전쟁위협의 악순환은 도대체 누구를 위한 것이었나?

우리나라 대통령에게 군 통수권이 없다. 한 나라의 대통령이 자기 나라의 국민과 자기 나라의 예산을 들여 운용하는 군인들을 통제할 능력이 없고 남의 나라 국방부의 지휘를 받는 형태는 세계 역사에 유래가 없는 수치스러운 일이다. 미국 내에서도 "경이로운 주권의 양도"라며 한국인들의 충성심에 감탄하기도 한다. 2011년에 우리에게 넘겨주기로 했던 군사작전권은 이명박 정부의 요청으로 연기 되었다. 어느 나라가 자기 돈, 자기 국민으로 운영하는 군대를 남의 나라 사람들이 지휘하게 한단 말인가? 우리는 미국도 북도 일본도 모두가 더불어 서로 존중하며 살아가는 세계를 꿈꾼다. 누가 누구를 일방으로 위협하여 주머니를 짜

내게 만드는 사회, 왜곡된 증오를 확대시켜서 결국 스스로 자기 흥분의 희생물이 되게 하는 사회는 이제 끝내야 한다. 만들어진 증오심으로 우리를 깊이 병들게 만들었던 과거를 청산하고 이제는 남북 협력의 큰 시대를 열어가야 한다.

* 2013년 '통일을 준비하는 사람들' 회보에 실은 글을 현 시점에 맞추어 일부 수정했다.

03
예수시대의 사회상

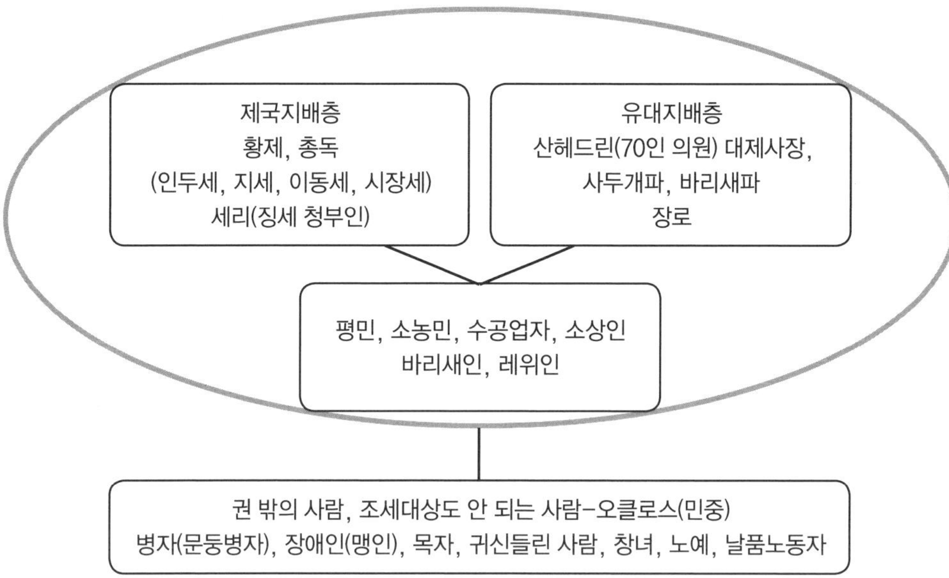

유대의 지배세력들

희랍(그리이스)가 전세계를 지배할 때, 유다는 독립왕국을 이루었다. 마카비형제에 의해서 이루어진 혁명이 성공하여 희랍을 물리치고 유다 독자적으로 하스몬 왕가를 이루었다. 이에 유대인들은 높은 긍지를 가졌다. 그러나 패권이 로마로 넘어가자 유대는 다시 속국으로 전락했고 민중은 도탄에 빠졌다.

예수 당시 팔레스타인 유대 민중은 두 상전을 섬겨야 했다. 로마 지배층과 유대 지배층이다. 중심은 로마의 지배세력이다. 황제와 이를 대리한 총독이다. 로마가 직접 통치할 때는 총독이 다스리지만 유대인 중 유력한 가문에 권한을 주어 간접 통치를 하기도 한다. 일이 잘못되었을 때는 그들에게 모든 책임을 씌우고 로마는 빠져나갈 수 있기 때문이다. 간접통치자로 로마가 낙점한 가문이 헤롯 왕과 그의 아들들이다. 정치와 경제는 로마가 직접 챙겼다. 그러나 종교에서는 자치적 영역을 인정했다. 이들 최상위 지배층은 전체 인구의 12%밖에 안 되지만, 전 국토의 50%에 해당하는 땅을 차지했다.[1)]

현대와는 달리 예수 당시 이스라엘 사회에는 중산층이 없다. 단지 상층계급과 하층계급으로 나눌 수 있다. 중산층 이란 개념은 근대 산업혁명 이후에 생긴 새로운 계층을 말한다. 고대 사회는 사회를 지배하는 상층계급이 있고 그들의 뒤를 돌보아주는 후견인 관계를 맺은 사람들이 그 체계에 편입된다. 영향력을 갖는 인물을 중심으로 작은 피라미드가 형성되고, 권력을 가진 사람을 추종하는 사람 역시 권력을 행사하게 되는 체계이다.[2)]

평민들은 로마와 유대 지배층으로 이루어진 이중 착취구조에 시달려야 했다. 그들이 매기는 세금들은 가난한 사람을 더욱 가난하게 만들었다. 어느 사회든지 경제를 이루는 중심은 평민계층이다. 이들이 견고해야 건강한 사회를 이룰 수 있다. 고대 농경 사회에서 지배층은 노동도,

1) John Dominic Crossan,『예수는 누구인가』한인철 역, 한국기독교연구소, 1998, 67.
2) John Dominic Crossan,『역사적 예수』송기득 역, 대한기독교서회, 2009, 134-135.

생산도 하지 않는다. 이들은 평민들이 생산한 잉여물로 살아갈 뿐이다.

사회의 중심이 되는 평민층은 소농민, 수공업자, 소상인으로 이루어지며 그 중에 대다수는 농민이다. 이들은 전체 인구의 90% 정도를 차지하는데 각종 세금과 소작료 등으로 수확물의 2/3정도를 착취당해야 했다.[3] 바리새인과 레위인도 율법이나 제의를 위해 특화된 사람들이지만 사회적으로는 평민계층에 속하여 생산 활동에 참여하였다.

농민의 생활

농민들은 글을 쓰는 법을 배울 수 있는 시간이 별로 없고 그럴 여유도 없다. 농민들의 가장 큰 문제는 먹고 사는 일이고 자급자족이다. 농민들의 먹거리는 보잘 것 없었으며 주된 음식은 빵과 올리브, 올리브유, 포도주였다. 때로는 제 철에 나는 야채, 콩 등을 빵과 더불어 먹었으며, 견과류, 과일, 치즈, 요구르트 등은 환영받는 별식이었다. 소금에 절인 생선은 특별한 음식이었고 육류는 귀한 것으로 특별히 축하할 날에나 먹을 수 있었다. 발견된 유골들은 대부분 철분과 단백질 결핍 증상을 보여주고 있다. 대체로 심한 관절염을 앓았던 흔적을 가지고 있었다. 인플루엔자로 인한 질병, 즉 심한 독감이나 치아의 염증으로도 사람이 죽을 수 있었다. 평균 수명은 대략 30대였는데, 이것도 어린 시절을 무사히 넘긴 절반밖에 되지 않는 운 좋은 사람들의 경우다. 50대나 60대까지 산 사람은 훨씬 더 드물었다.[4]

유다 사회 대다수를 차지했던 자유 소농과 그 가족들은 그리스(헬라)

---

3) John Dominic Crossan, 『예수는 누구인가』 op cit., 134-135.

4) Jonathan L. Reed and John Dominic Crossan, 『예수의 역사』 김기철 역, 한국기독교연구소, 2010, 43-44.

왕조의 통치 이래로 그 사정이 계속해서 악화되어 급기야는 땅을 잃게 되는 상황에 처했다. 그와 동시에 자립능력까지 상실하여 예속과 빈곤의 늪으로 추락했다. 마카비 가문의 해방운동과 하스몬 왕가의 통치기에 자유 소농의 처지는 개선되는 듯 했다. 그러나 로마와 헤롯의 통치가 시작하면서 다시금 현격하게 악화되었다. 수공업자나 장사꾼, 사업자들의 상황은 그나마 좀 나은 편이었다. 물론 이것도 그 업종이나 분야에 따라 차이가 있었다.[5)]

세금징수와 세리들

당시 민중은 로마에 바치는 국세와 유다의 지배층에 바치는 종교세를 냈다. 양쪽으로 힘겨운 세금을 감당했다. 헤롯에게 주어진 역할은 이스라엘 민중으로부터 각종 세금을 원활하게 거두어 들여 로마에 상납하는 일이다. 로마는 각종 국세를 부과했다. 지배층이 로마 황제에게 바치는 조공, 직접세로 사람 개개인에게 부과되는 인두세, 땅에 부과하는 지세가 있고, 간접세로는 관세, 소금세, 판매세 등이 있는데 관세 중에는 수출입관세, 항구관세, 통행세 등이 있다. 그리고 각종 수수료와 강제 부역(마태 5:41참조) 모두 조세(Taxes)라는 개념으로 포괄한다. 유대 지도층인 산헤드린에 바치는 세는 종교세인데, 성전세, 십일조, 첫 열매 제물 등이 있다.[6)]

로마인들은 식민지 사정을 잘 모르기에 현지 주민들을 세리로 뽑아 세금징수의 임무를 맡겼다. 그리고 세리들이 적극적으로 징수할 수 있도록 하는 미끼로 일정 비율을 할당해서 세리 자신의 몫이 되도록 하였

5) Ekkehard W. Stegemann and Wolfgang Stegemann, op cit., 213.

6) Ibid., 192.

다. 또는 일반적으로 일 년마다 최고금액을 제안하는 사람에게 조세징수권을 입찰하였다.

입찰된 조세 징수권자는 개인 또는 집단이다. 그들은 '세리'나 '세관원'으로 불렸다. 이들은 왕실 재정부에서 일하는 세금징수 관리와 납세자 사이에 있는 중간자였으며 할당된 양을 징수하지 못할 때는 최종적으로 채워 넣어야 하는 위험부담을 지고 있었다. 하지만 정해진 것 이상을 획득했을 경우에는 이익을 챙겼다. 이들은 조세 징수권자가 되기 위해 경매를 해서 자격을 따내기도 했다.[7)]

로마의 세금 징수는 젤롯파(Zelot) 운동을 촉발시켰다. 이 운동은 로마에 저항하는 무장 봉기를 일으켰으며 드디어 유대전쟁(주후 66-70)으로 발전했다.[8)] 세리들은 로마 군인들의 보호를 받으며 가혹한 세금을 매겨 착취했다. 이들은 유다 민중이 볼 때, 민족 반역자이며 로마의 앞잡이였다. 더군다나 민중은 납세 거부 운동을 하고 있으므로 세금 징수자는 위험부담이 컸다.

'세리'나 '세관원'은 로마제국이나 국내의 지배자들에게 협력하는 사람들이다. 민중은 이들에 대한 감정이 좋지 않았기에, '세리'나 '세관원'은 지나친 폭력이나 뇌물수수, 부패를 저지르는 사람들을 일컫는 말로 쓰이기도 했다. 복음서에는 '세리와 죄인'이라는 말이 하나로 묶여있다. 예수께서 이들에게 긍정적이었기에 우리는 이 말의 심각성을 간과하기도 하지만 당시 '죄인'이라는 말도 평범한 죄인이 아니라 고의적이면서 집요하게 악을 저지르는 사람을 가리킨다. 따라서 '세리와 죄인'은 윤리와 업무로 보아 패악한 사람들, 돌이킬 수 없을 정도로 사악한 사람을

7) Ibid., 193.

8) Klaus Wengst, op cit., 130.

뜻했다.[9]

이런 상황에서 고급 세리들에게 고용되어 기꺼이 하급 세리라도 되고자 하는 사람들은 그 사회에서 가장 밑바닥 삶을 사는 소외된 사람들이었다. 이들은 분명 민족적으로 자각하지 못한 민중이었지만 예수께서는 그들을 맞아 들이셨다. 자신을 '세리와 죄인의 친구'라고 하셨고 일부는 제자로 맞아들였다. 레위, 마태가 바로 그들이다.(마가 2:13이하, 마태 9:9-13) 그리고 세리 집단의 수장 격인 부유한 '세리장 삭개오'에 대해서도 언급한다.(누가 19:1 이하)[10]

사회적 층위들

예수 시대 사회적 계층을 살펴보면 최상층부에는 대토지 소유자가 있다. 이들은 전통적 귀족인 사두개인과 제사장 등 산헤드린의 지도자들과 로마의 비호를 받는 헤롯왕가나 그에 속한 집단들이다.

그 다음 계층은 소자산가 농민이다 이들은 자기 토지(생산수단)를 소유한 집단이다. 이들이 몰락하여 땅을 잃어버리면 토지소유농민에서 토지점유농민으로 하향분화 한다. 땅의 점유농민이란 낮은 수준의 토지소유 상태를 말한다. 즉, 토지 경작권은 갖지만 매매하거나 처분할 권한은 갖지 않는 소유형태이다. 오늘의 경우로 예를 들면, 소작농이나 전, 월세자들에 비교할 수 있다. 토지점유농민이 더욱 몰락하게 되면 오클로스(οχλος, 민중)가 된다. 이들은 자기의 생산수단을 상실한 사람들이다.

대자산가들은 자신의 권력욕을 불태우기 위해서 무분별한 권력투쟁

9) Jonathan L. Reed and John Dominic Crossan, op cit., 188.

10) Ekkehard W. Stegemann and Wolfgang Stegemann, op cit., 201.

을 벌인다. 로마의 환심을 사기 위해 치열한 상납경쟁을 했다. 이러한 상납경쟁으로 외국으로 유출된 잉여생산물의 부족분을 채우기 위해 농민에 대한 착취는 가중된다. 그렇게 되면 농민은 자신의 점유지를 떠날 수밖에 없다. 이들의 사회적 신분은 하향 분화되고 오클로스가 출현하게 된다.

희랍의 프톨레미 왕조시대에는 농업 생산력이 크게 향상하였다. 이들은 이집트지역을 거점으로 주전 4세기에 일어났던 희랍 정부이다. 이 시기에 관개시설, 종자, 농기구 등을 개량, 보급하였고 이를 기반으로 생산력이 비약적으로 발전하였다. 이때 여유를 가진 농민들이 생겨났다. 이들은 자신의 신분상승을 위해 교육에 몰두하였다. 예나 지금이나 신분 상승에 지름길은 교육이었고, 그것은 율법을 연구하는 일이었다. 여유가 생긴 농민층은 그들의 여가를 율법연구에 전념하여 율법을 다루는 전문가 집단이 된다. 이렇게 농민의 신분이 상향분화하면서 생긴 계층이 바리새파, 율법학자들이다. 이들은 예수의 대표적인 적대자가 된다.(마가 2:16, 3:6, 7:1, 8:31, 10:33 참조)

그러나 예수 시대에는 산헤드린 체제가 존재하므로 바리새인들의 활동이 그다지 강력하지 못했다. 이들은 유대전쟁(66-70년) 이후 성전이 무너진 다음에 유다 사회에서 중심세력이 되었다. 산헤드린 체제가 붕괴된 다음에 예루살렘 성전체제는 무주공산(無主空山)이 되었다. 바리새인은 유대교를 옹호하는 세력이고 새롭게 등장한 유태계 기독교인 공동체도 세력을 확장하였기에 서로 간 갈등이 심각했다. 복음서를 이 시기에 쓴 까닭에 예수와 바리새인의 갈등이 실제보다 과장된 측면이 있다. 이는 복음서를 썼던 시대의 갈등을 예수의 이야기 속으로 거슬러 올

라가 과거에 투사한 것으로 보인다.[11]

몰락하는 사회-평민들의 붕괴

마카비 형제의 항전으로 그리스(헬라)로부터 독립을 쟁취했던 하스몬 왕가 시절에 유대의 소농들은 비교적 괜찮았다. 그들은 헬라의 지배자들이 부과했던 조세부담에서 벗어날 수 있었다. 이들은 땅 자체를 자신들의 재산으로 여기지 않았다. 농부들을 자신의 왕실 토지에서 일하는 소작인으로 대하지 않았다. 심지어는 자신들이 정복한 지역에 땅 없는 소농들을 이주시키고 거기서 다수의 농민들이 그 땅에 주인이 되게 했다.[12]

그러나 팔레스타인이 로마의 지배 아래 들어간 후에 상황은 다시 과거 헬라 통치기로 되돌아갔다. 로마는 방대한 지역을 유대의 영토에서 제외함으로 땅을 빼앗았다. 그리고 어마어마한 조공 의무를 지게 했다. 로마로부터 통치권을 이어받은 헤롯은 막대한 조세를 징수했고 다른 한편으로 전통적인 상위계층을 해체하는 과정에서 엄청난 토지를 압류했다. 그리고 압류한 땅을 왕실 영지와 자신의 충복들에게 나누어 주었다. 그 땅은 점점 더 많은 소작인이나 날품팔이나 노예들이 경작하였다. 자유농민들이 경작하던 땅은 축소되었다.[13]

애플바움(S. Applebaum)은 로마가 패권을 장악한 이후 팔레스타인의 경제적 변동은 '심각한 토지부족', 즉 주민 한 사람이 농사짓는데 사용할 수 있는 면적이 절대적으로 부족했다고 한다. 그 결과로 전통적인

---

11) Jack Nelson-Pallmeyer, *Jesus Against Chistianity*, 『예수를 배반한 기독교』 한성수 역, 한국기독교연구소, 2012, 316-317.

12) Ekkehard W. Stegemann and Wolfgang Stegemann, op cit., 186.

13) Ibid., 187.

주거형태는 해체되었다. 경작지의 면적은 점점 확장되었지만 더 많은 소농이 더 작은 땅덩어리를 경작했다. 이와 동시에 재산의 강제 압류와 강압적인 조세 부담은 지급 가능성을 더욱 축소시켰고 그 결과 허다한 소농이 자기 땅을 잃어 버렸다. 이렇게 소농들이 땅을 빼앗기고 부채를 떠안게 된 상황은 로마 통치기의 특색이다. 이것은 규칙적인 빈곤화의 과정이었다. 자유로운 소농이 소작인으로, 다시 날품팔이로, 심지어 걸인으로 추락하는 일은 그리 특이한 경우가 아니었다. 한편에서는 제 땅을 갖지 못하고 소작인으로, 심지어는 날품팔이로 일을 하는 사람들의 숫자가 늘어나고 있었지만 다른 한편에서는 대규모의 토지가 소수에게 집중되었다. 이런 식으로 모든 마을은 대토지 소유자들에게 예속되었다.[14)]

위에서 오클로스를 자기 생산 기반을 상실한 사람들로 규정했는데 개념을 정확하게 하기 위해서 그 범위를 좁게 잡아 정의한 것이다. 그러나 광의로는 당시 유대인 인구의 대다수를 차지하는 소농, 소상인, 수공업자 등 평민계층도 여기에 포함해야 할 것이다. 더욱이 예수 시대는 경제적 여건이 좋지 않아서 몰락하는 평민들이 늘어나는 시기였기에 오클로스를 보다 광범위하게 잡을 필요가 있다.

산헤드린의 지배

종교 분야에서는 유다가 자치권을 행사하였다. 종교를 관장하는 권력기구는 산헤드린이었다. 산헤드린은 70인 의회로 구성하였는데 최고의 수장은 대제사장 가문이고 최고 상위 계층 가문인 사두개인과 평민 출신의 대표자인 바리새인과 지방의 장로들로 구성하였다. 사두개인

14) Ibid.

들은 최상위 계층으로 '체제 내적인 영향력'을 추구했으나 바리새인들은 다소 개혁적인 입장이었다. 하지만 예루살렘 산헤드린의 자리도 헤롯의 추종자들과 부하들이 차지하고 있었기 때문에 산헤드린은 왕이 제 맘대로 좌지우지할 수 있는 도구에 불과했다.[15]

당시 종교권력은 형식상 분리되었지만 사실상 긴밀하게 제국 세력과 연결되었고 공고한 지배연합을 형성했다. 총독은 보통 대제사장직 후보를 천거할 수 있는 권한을 갖고 있었다. 때문에 대제사장들은 직접적으로 총독의 은혜를 입고 있었다.[16] 예수가 안식일에 병자를 고친 일로 인해 그를 죽이려는 무서운 음모가 뒤따른 것은 당시의 지배체제가 얼마나 서로 깊이 연결되었는가를 보여준다. 회당 안에서 벌어진 논쟁으로 인해 바로 헤롯당들이 예수를 죽이려고 했다.(마가 3:6)

로마제국의 필요와 제사장들의 특권은 상호 긴밀한 체제였다. 성전은 하나님이 거하는 곳으로 여겨졌지만 로마로 올라가는 과도한 공물과 세금의 물자 집배소가 되었다. 그리고 대제사장은 제국세를 걷는 책임을 담당했다. 최고의 제국세 수납을 약속하는 권력자가 조세 징수권자로 선정되었는데, 대개 대제사장이나 재산이 많은 산헤드린 의원이 이를 맡았다. 그들은 조세징수권을 따내려고 서로 경쟁하였다.

당시 조세 징수권자로 선정되는 것은 일종의 큰 특혜였다. 이들은 상납할 제국세보다 훨씬 많은 세금을 거둬, 자신의 부를 축적했다. 이런 점에서 대제사장은 성전세 수익보다도 제국세를 걷는 과정에서 챙길 수 있는 부가 훨씬 많았다.

---

15) Ibid., 220.

16) Richar A, Horsiey, *Jesus and Empire*: *The Kingdom of God and World Disorder*, 『예수와 제국』 김준우 옮김, 한국기독교연구소, 2004, 64.

제사장 엘리트와 바리새파 사람들을 수하에 둔 권세자들은 또한 성전세와 십일조를 거두어서 부와 권력을 누렸다. 성전 지도자들과 그 밑에 고용된 자들은 도둑들이며, 성전 그 자체는 그들의 안전한 보호처가 되었다. 그곳은 종교 지도자들이 조직적으로 불의의 열매들을 보관하는 저장소가 되었다.[17)]

예루살렘은 부재지주들의 집합소다. 예루살렘에는 권력의 핵심, 대지주들이 거주한다. 이들은 식민지 지배세력과 제휴하기 위해 충성경쟁을 벌인다. 고대사회에서 특별히 제국에 예속된 상태에서 그들이 계속 귀족의 특권을 누리기 위해서는 제국과의 관계 변화에 민감하게 대처하고 반응해야 한다. 이러한 정보를 가장 잘 얻을 수 있는 곳은 수도인 예루살렘이기에 이들은 수도에 밀집해서 살 수 밖에 없다. 예수는 유월절을 맞이하여 예루살렘으로 올라갈 결심을 하게 된다. 그러나 그의 예루살렘 행에는 갈릴리부터 그를 따르는 수많은 민중이 함께 하였다.(마가 11:18, 32, 12:12, 37, 41) 민중은 먹고 사는 일 외에는 어떤 것에도 신경을 쓸 여유가 없었다. 이렇게 열악한 경제상황은 오히려 불의한 권력이 효과적으로 민중을 통치하는 수단이 되었다.

바리새인

우리는 바리새인들에 주목할 필요가 있다. 그들은 원래는 농민 계층이었으나 후에 여유를 갖게 되자 신분 상승을 위해 율법을 공부하고 전문가가 되었다. 그 후 도시로 진출해 도시 소시민층으로 자리 잡고 율법 교사의 역할을 담당했다. 또는 산헤드린까지 진출해서 사회지도층이 되기도 했다.

17) Jack Nelson-Pallmeyer, op cit., 314-315.

바리새인들은 대제사장 그룹에 속했고 대 토지를 소유한 대 가문들에는 적대적이었으며 로마의 점령세력에 대해서도 비판적이었다. 이들은 무력을 행사하던 열심당은 아니지만 헤롯왕은 그들을 두려워했다. 이들이 민중에 대해 영향력을 가졌기 때문이었다.[18)]

바리새인들은 제사장이 추구하는 정결, 그 이상을 주장했다. 정결은 원래 성전에서 요구하던 것이지만 바리새인들은 정결례를 자기들의 일상과 집으로 가져왔다. 이것은 성전체제에 대해 개혁적인 자세로 보여 백성들의 지지를 받았다. 바리새인들은 이를 기반으로 영향력을 행사했다.

이들은 비록 사두개파들은 인정하지 않지만, 부활신앙, 심판신앙, 천사신앙 같은, 자기들만의 특별한 종교적 확신이 있었다. 이는 새로운 세상을 희망하는 묵시문학에서 영향을 받은 것으로 보인다. 바래새인들은 새로운 종교적 경향에 개방적이었다. 이것은 바리새파가 보수적인 운동이라기보다는 개혁적인 운동이었다는 것을 암시한다.[19)]

바리새인들은 자기 확신을 밀고 나가는 용기가 있었다. 기원전 88년에 알렉산더 얀네우스가 왕과 대제사장의 역할을 겸할 때, 농민 출신의 바리새인들이 발언권 갖는 것을 잔혹하게 억압했다. 이때 팔백 명의 바리새인들이 예루살렘에서 십자가형에 처해졌는데, 처형되기에 앞서 그들 면전에서 아내와 자녀들이 참수 당했다. 헤롯도 이방 땅 이두매(에돔)의 후손이라 유대인의 왕이 될 수 없는 처지였다. 헤롯은 바리새인들에게 자기 입맛에 맞는 성서해석을 요구했다. 그러나 바리새인은 헤롯의 요구를 거절하고, 그 자리에서 사형에 처해졌다.

18) Michel Clevenot, op cit, 33.

19) Ekkehard W. Stegemann and Wolfgang Stegemann, op cit., 255.

이들은 출신성분과 경제적인 소유에서는 민중에 가까웠으나 배운 지식으로는 민중과 분리되었으며, 로마에는 반대했으나 폭력은 거부했다. 이들은 사제 귀족에게는 적대적이지만 율법과 성전을 수호한다는 열정에서는 그들과 연결되어 있었다.[20]

사회적 상황

민중이 피곤하고 지쳐있을 때는 조그만 자연재해도 더욱 그 여파가 커져서 엄청난 재앙으로 확대되기 마련이다. 민중이 그만한 충격을 흡수할 만한 완충장치가 없기 때문이다. 예수시대에는 천재지변이 기승을 부렸다. 계속되는 기근과 가뭄, 홍수, 지진 등으로 인해 민중의 생활은 완전히 망가졌다, 전염병이 창궐했으나 각종 의약품은 로마가 매점매석을 했다. 그들은 지위를 이용해 약을 독점했고 비싼 가격으로 폭리를 취했다. 병에 감염된 민중은 운명을 하늘에 맡기고 그냥 죽음을 기다릴 수밖에 없었다.

게다가 계속되는 전쟁과 도시건설로 과중한 세금이 부과되었고 농민의 땅은 로마와 유대지도자들의 수중에 넘어갔다. 농민들은 소작농으로 전락했다. 이들이 부담해야 하는 소작료는 살인적인 수준이었다. 더 이상 짜낼 데가 없는 상황에서도 앞뒤 가리지 않고 너도나도 민중을 쥐어짜 아무도 통제할 수 없는 판이 되어 버렸다. 가혹한 착취에 시달리다 못한 농민들은 아예 농사를 포기하고 일용노동자로, 그 다음은 떠돌이층으로 전락하였다. 이러한 떠돌이 층은 파악이 곤란해 조세대상에서 제외되었다. 당연히 이들은 종교적인 의무를 수행하지 못했기에 죄인으로 취급받았다. 우리가 IMF 경제위기 때 경험하였던 것과 같이 대규

20) Michel Clevenot, op cit, 35.

모 노숙자들이 생겨나 정상적인 사회권 밖으로 밀려났다.

무릇 사회는 세금을 낼 수 있는 주체들, 즉 생산 활동 인구가 주류를 이루어야 건강하다. 이들은 농민, 수공업자, 상인이다. 당시의 생산 인구들이 살아가는 모습을 가늠하기 위해 벤-다비드는 1세기 팔레스타인의 일인당 연간 총생산을 이론적으로 계산했다. 당시 인구를 125만 명으로 추정할 경우, 일인당 총생산이 49.6 데나리온에 달한다고 보았다. 이 액수에서 조세와 공납금 명목으로 최하비율을 상정해서 20퍼센트를 빼면 한 사람이 삶을 영위하는데 사용할 수 있는 금액은 대략 40 데나리온에 불과하다. 이는 극심한 부의 집중화 현상을 감안하지 않은 평균적 숫자이며 한 데나리온이 노동자 하루치 임금에 해당한다고 보면 40일분의 임금으로 한 해를 살아가야 하는 상황이다. 당시 주민의 절대다수가 빈곤 한계선 이하였다.[21]

하다못해 소농의 경우 때로는 족쇄를 차고 논밭에서 일하는 노예들을 부러워하기도 했다. 힘든 노동을 해야 한다는 점에서는 노예나 마찬가지였으나 그래도 노예들은 규칙적으로 음식과 옷을 받을 수 있었다.[22] 가난에 시달리다 차라리 노예가 되는 편이 낫겠다고 생각하고 자유인의 삶을 포기하는 사람들도 생겼다.

벤-다비드의 계산을 토대로 추정한다면, 팔레스타인에서 한 사람의 자유농민이 일곱 식구를 먹여 살리기 위해서 최소한으로 필요한 땅의 면적은 8-10 헥타르 정도이다. 그러나 땅을 그만큼 소유한 사람은 극소수에 불과했다. 많은 사람들이 최저생계수준을 넘지 못했다.[23]

21) Ekkehard W. Stegemann and Wolfgang Stegemann, op cit., 157.
22) Ibid., 152.
23) Ibid., 224.

사회의 생산 계층이 급격히 붕괴되면서 정상적인 경제생활을 하지 않는 계층, 사회권 밖의 사람들이 생겨나게 되었으며 이들은 떠돌이로 노숙자가 되었다. 성서는 이들을 단순히 무리, 군중 등으로 번역하고 있으나 안병무는 특별한 의미의 민중(오클로스)이라고 불렀다.

예수와 민중

갈릴리 호숫가는 안티파스 영지에서 경제활동의 중심지이다. 갈릴리 호수는 주전 4년에 헤롯이 죽은 후 그의 아들 안티파스와 필립에 의해 양분 되었는데 양쪽의 수도가 모두 호수 주변에 배치되어있을 만큼 경제와 정치 활동의 중심지였다. 안티파스는 주후 6년부터 나사렛 근방의 세포리스를 수도로 재건하였다. 그러나 안티파스는 곡창지대 복판에 위치한 세포리스를 버리고 호숫가 티베리아로 수도를 이전(주후26년)하였다. 필립 역시 자신의 수도를 호숫가의 율리아스(벳세다)에 두고 있었다. 호숫가는 수탈한 농산물의 집산지이며, 풍부한 어획량이 있는 곳이다. 이 지역은 동방과 지중해 지역을 잇는 중개무역지이기도 하며 안티파스의 영지와 필립 영지의 물류가 값싼 해상운송을 바탕으로 집대성되고 교환이 이루어지는 활발한 상업 지구였다.

이러한 경제적 이점을 충분히 활용하여 로마는 호숫가 주변에 열 개의 도시를 건설했다. 이 도시들의 연합을 '데카폴리스'라고 부른다. 예수 당시에는 이러한 도시 건설이 활발히 이루어졌다. 대규모 도시건설은 주변 농촌지역의 붕괴를 수반한다. 도시 건설에 소요되는 비용을 농민들의 조세로 확보해야 하기 때문에 착취는 가중되었을 뿐만 아니라 도시 건설에 소요되는 노동력도 제공해야 했다. 이런 상황에서 몰락한 농민들은 도시 노동자로 흡수된다. 그들은 도시 주변부에 모여 그 도시에서 떨어지는 부스러기들로 연명하며 살 수 밖에 없었다. 성서는 이들 역시 오클로스라고 부른다.

풍자가 루키아누스(Lucian of Samosata)에 따르면, 가난한 사람들의 생활은 엄청난 공납금, 부채, 겨울 추위, 질병, 힘 있는 자들에게 얻어맞는 경험으로 점철되었다. 이러한 폭력과 재산 갈취는 가난한 사람들이 아무런 권력이나 권리도 갖지 못했음을 보여준다. 루키아누스는 수공업자들이 "이른 아침부터 저녁까지 허리를 펴지 못할 정도로 수고하고 노력하는데도 그런 고된 노동을 통해서 얻는 것은 거의 없다"라고 말한다. 성서도 이러한 사실을 증거한다. 장막을 만드는 사람이었던 바울은 일반적인 작업시간인 일출부터 일몰까지의 시간에 많은 일을 했지만 궁색하게나마 생계를 이어가기 위해서는 여전히 다른 사람들의 도움을 받아야만 했다.[24)]

민중은 예수가 특별한 애정을 가지고 함께했던 사람들이며, 예수 자신도 민중이었다. 예수는 민중을 위해서 민중 속에서 활동하였다. 예수는 기존 체제에서 버림받고, 늘 죄인 취급받는 민중을 가리켜 자신의 친구임을 선언했다. 예수는 그들을 위해서 보냄 받았다는 사실을 명백히 했다. 그리고 예수는 그들을 하나님나라의 주역으로 초청한다. 예수 주변에 함께 하고 예수의 청중이 되었던 사람들은 농촌에서 밀려난 농민, 촌락회당체제 밖으로 밀려난 사람, 천민, 농업노동자, 대 자산가의 사병, 강도, 구걸자, 병자들이다. 그들은 집단적으로 도시 주변에 유리하고 있었다. 그들은 촌락회당에서 물러났지만 도시에 편입될 수 있는 물적 근거를 전혀 갖지 못한 버림받은 사람들이었다.

차별이 심한 사회에서는 소요와 갈등, 심지어는 폭동이 있게 마련이

---

24) Ibid., 160.

다. 노예들, 신분상 자유로운 도시 빈민들, 명목상으로는 자유로우나 실제로는 아무 권리도 갖지 못한 채 지독한 가난 속에 사는 지방 농민들은 이런 사회적 소요의 단골들이다. 이런 반란은 남부 이탈리아에서도 일어났고 이스라엘이 벌인 대 로마 항쟁(66-70년)도 마찬가지이다. 때로는 로마를 비롯한 도시에서 이런 소요가 일어나기도 한다. 그럼에도 불구하고 전체적으로 보아 하위 계층의 가난한 사람들은 비교적 온순했다. 루키아누스는 가난한 사람들이 부자들의 사치스러운 생활을 목도하면서도 그들에게 거의 저항하지 않았다는 사실에 놀라고 있다.[25]

농민 봉기를 연구한 학자들은 농민의 토지이탈이 봉기의 주요한 현상적 지표라고 본다. 토지에서 이탈한 민중은 봉기의 초기 동력으로 나타나며 토지를 소유하거나 점유한 농민들은 봉기가 전면화 할 때라야 주요 동력으로 나타나는 특징을 가진다. 민중은 자신의 사회적 의식을 행동으로 옮기기 쉽다. 예수가 이러한 민중과 결합한다는 것은 그 사회에서 매우 위험한 불안요인이 될 수 있었다. 자칫하면 민중은 집단으로 사회의 소요를 가져올 수 있었다. 예수가 배를 탄 채 대중활동을 벌이고, 이 기간 세 번의 이방행(막 4,35이하; 6,45이하; 7,31이하)을 한 것은 이방선교와는 구별된다. 예수는 안티파스의 영역과 필립의 영역을 오고가면서 긴장이 고조될 위험이 있을 때는 양쪽의 치안력을 교묘하게 넘나들며 위기를 넘겼다.

이들 아웃사이더들, 즉 오클로스는 메시아적 열망에 가득 차서 자발적으로 예수를 따라다녔다. 그들은 딱히 머물 곳도 없는 민중이었기 때문에 쉽게 예수를 따라나설 수 있기도 했다. 그런 의미에서 "가난한 자는 복이 있다"고 할 수 있을 것이다. 이들이 가진 떠돌이의 특징, 유동성

25) Ibid., 166-167.

은 예수의 은둔성과 결합하여 예수가 메시아라는 기대를 빠른 속도로 전파해 나갔다.[26)]

오클로스 중에 대표적인 사회권 밖의 존재로 환자, 장애인, 목자, 귀신들린 사람, 창녀, 노예, 날품노동자, 고아, 과부, 거지 등을 살펴보자.

환자, 장애인

베데스다 못가에 38년 된 환자 이야기도 이러한 사회적 단면을 잘 보여 준다. "물이 동할 때 먼저 들어가는 사람이 낫는다"라는 신화를 가진 베데스다 못가는 치료될 가능성도 없고, 남은 식구들에게 항상 짐스럽기 만한 오래된 병자들을 유기하는 장소이다. 당시 병이나 장애를 입었다는 것은 본인뿐만 아니라 가족 전체를 생존할 수 없게 만들었다. 그러나 어찌 가족이 병들었다고 유기할 수 있으랴! 그러나 '물이 동하면 낫는다.'는 신화는 터무니없어 보일지 몰라도 버림받은 민중을 한 가닥의 가능성으로 달래가며 격리시킬 수 있는 곳이었다. 가족이나 쫓겨나는 환자나 다 연못 신화에 대해서 별다른 기대를 걸지 않았을 수도 있다. 그러나 가족들이 살아가기 위해서는 어쩔 수 없는 선택이라는 것을 받아들일 수밖에 없다. 성서에서 문둥병자 열 명이 한꺼번에 예수께 나아와 고침을 받았다든가 맹인들이 함께 고침을 받았다는 구절들을 보면서 왜 이들이 한꺼번에 다니는지 우리는 의아해 한다. 그러나 버림받은 처지의 사람들로서는 같은 처지에서 서로 위로해 가며 집단으로 응집하는 것이 그나마 한계 상황에 내몰린 이들이 생존할 수 있는 유일한 방식이

---

26) 김진호, "예수운동과 그 참여자들", 『함께읽는 신약성서』 한국신학연구소, 1992, 66.

었다.[27)]

목자

목자들도 오클로스였다. 목자라고해서 광활한 소떼를 몰고 가는 카우보이나 목축 업자를 연상해서는 안 된다. 물론 목자들이 키우는 양떼나 소떼의 주인은 성안에 거주하는 부자일 것이다. 그러나 그들이 직접 양떼나 소떼를 키우지는 않는다. 목자는 양떼나 소떼와 함께 먹고 자야 하기 때문에 항상 몸에서는 짐승의 똥냄새가 나고 짐승과 함께 노숙해야 했다. 그들은 당시 사회에서 가장 궂은 일을 하는 사람들이었고, 가장 기피하는 직종 중에 하나였다. 그들은 사람취급을 받지 못했으며 맹수 등이 들이닥치면 목숨을 걸고 물리쳐야 했다. 당연히 짐승들을 키우는 곳은 성에서 격리된 지역이기에 이들은 사회권 밖에 거주하는 천민이다. 예수께서 탄생할 때, 목자들이 첫 경배자였다는 메시지는 이러한 배경 속에서 가장 낮은 자를 위해 오신 메시아의 역할을 강조한 것이다. 다윗이 물맷돌의 명수였다는 것도 이런 목자의 삶을 말해준다.

귀신들린 사람, 창녀

귀신들린 사람도 물론 사회권 밖에 있다. 그들은 스스로 무덤가를 배회하며 격리된 환자들과 함께 생활한다.[28)] 창녀는 사회권 안의 사람들의 필요에 따라 있지만, 종교적 죄인으로 더러운 자로 여기는 기피대상이다. 그들은 사람들이 사는 곳에서 멀리 떨어진 별도의 마을에 격리된다.

27) 제9장 기적이야기 참조

28) 제10장 악령추방이야기 참조

날품 노동자

실제로 날품 노동자들의 생활은 주인의 보호 아래 있는 노예만도 못했다. 기원전 11년생인 바로(Varro)는 자신의 독자들에게 건강에 해롭고 위험한 농사일에는 노예보다는 날품팔이 노동자를 투입할 것을 권한다. 그것은 만일에라도 사망사고가 발생할 경우 노예가 죽는 것보다 날품팔이 노동자가 죽는 것이 경제적으로 손해가 덜하기 때문이다. 물론 품삯 노동자를 필요로 하는 것은 대규모 농업 단위뿐이었다.[29]

노예

노예 중에는 전문성을 가진 노예도 있었다. 사비누스라는 귀족에게는 당시 그리스 시인의 작품을 다 외울 수 있는 노예가 11명 있었는데 이들 한 명의 값은 2만 5천 데나리온이지만 로마에 있는 노예 요리사 한 명의 값은 675 데나리온 정도였다. 그러나 노예나 날품노동자는 사회권 안에서 생활하지만 조세 대상은 아니다.[30]

당시 특별한 전문가적 기능을 갖춘 노예도 있었지만 그들도 역시 노예에 불과했고 대부분의 노예들은 아주 야박한 처우에 시달렸다. 아풀레이우스는 빵 만드는 집에서 일하는 노예의 상태를 이렇게 기록했다.

> 온몸에 채찍 자국이 나 있으며 등에는 피 멍이 들고, 옷을 입었다기보다는 누더기로 간신히 몸을 가리고 있는 사람들이 얼마나 많은가! 몇 사람은 그나마 손바닥만 한 천 조각으로 수치스러운 부분은 가려 놓았으나, 대부분은 거의 알몸이나 다름없는 상태였다. 낙인이 찍힌 사람이며 반

29) Ekkehard W. Stegemann and Wolfgang Stegemann, op cit., 63.

30) Ibid., 82.

쯤 털이 깎인 사람, 발에 고리 모양의 사슬이 감긴 사람을 거기서 다 보지 않았던가! 그들은 마치 그림자처럼 창백한 모습으로 돌아다녔다. 그들의 눈썹은 빵 굽는 솥에서 나온 연기와 수증기로 그슬려 있었다. 제대로 눈을 떠서 볼 수도 없는 실정이었다. 먼지로 뒤덮인 전투를 치룬 군인처럼 그들은 머리끝에서 발끝까지 밀가루와 재로 범벅이 되어 있었으며, 그것 때문에 더러워진 그들의 모습은 거의 분간할 수 없을 정도였다.[31]

프톨레마이오스 2세는 필라델포스 칙령(기원전 284-246)을 통해 자유농민을 노예로 만드는 것에 대해 반대의지를 표명했다. 왕은 자유농민이 많아야 조세를 많이 거둘 수 있었다. 자유민이 노예가 되면 조세 대상이 줄어드는 반면 귀족이나 호족 세력들은 노예 때문에 자신의 사업이 늘어나므로 서로의 이해가 충돌했다.[32]

예수 자신은 소농민으로서 목수 일을 겸해서 하는 수공업자다. 그러나 그는 그 땅에서 소외된 삶을 사는 떠돌이였다. 예수는 민중과 함께 했고 그들 속에서 그들과 더불어 살아갔다. 예수는 "인자는 머리 둘 곳도 없다"며 탄식하기도 하셨다.

그 당시 사람들은 무엇을 먹을까 무엇을 마실까 무엇을 입을까를 염려하는 사람들이었다. 고깃배가 드나들고, 해변가에 로마가 세우는 도시 건설이 한참 진행 중인 갈릴리 호숫가는 이런 몰락한 농민들이 노숙 상태로 지내기에 적합한 장소였다. 예수는 이들에게 오병이어의 기적으로 오천 명 또는 사천 명을 먹이기도 했다. 그들은 예수의 말씀을 듣

31) Ibid., 100.

32) Ibid., 184-185.

기 위해 모인 사람이 아니다. 무슨 마이크가 있는 것도 아니고 어찌 그 많은 무리들이 육성으로 말하는 것을 다 듣는단 말인가? 기껏해야 일 이백 명의 사람들이 예수 주변에서 말씀을 들을 수 있었을 것이다. 나머지는 경제적으로 몰락한 사람들, 원래 거기 들판에 나와 사는 사람들이다. 그들은 예수 뒤를 쫓아 다녔다. 예수 자신이 한탄하듯이 그들 중 대부분은 예수께서 전하는 하나님 나라에 대해서 관심을 가진 것이 아니라, 혹시 빵을 얻을 수 있지 않을까 해서였다.

고대사회에서 시골 인구 대다수는 언제라도 굶주림의 늪에 빠져들 수밖에 없을 만큼 삶이 불안했다. 보잘 것 없는 토지, 흉작으로 인한 비참한 추수, 무엇보다도 소농에게 강요된 과도한 조세와 부채가 그 원인이었다. 특히 인구의 대부분이었던 힘없는 농촌 주민들은 항상 최저생계비 염려로 시달렸다. '염려함'에 대한 예수의 유명한 가르침(마태 6:25 이하, 누가 12:22 이하)도 이러한 배경에서 이해해야 한다.[33] "하늘 나는 새를 보라, 들에 핀 꽃을 보라"는 목가적인 말씀이 아니다. 당장 먹을 것, 입을 것 없는 사람에게 주시는 이야기이며 오늘 생계를 이어가기 위해서 인간의 모든 것을 내려놓을 수밖에 없는 절박한 상황에 처한 사람들의 이야기이다.

> 너희는 먼저 하나님의 나라와 그의 의를 구하여라. 그리하면 이 모든 것을 너희에게 더하여 주실 것이다.(마태 6:33, 병행구 누가12:31)

하나님의 의는 무엇인가? 그것은 모자라더라도 서로 평등하게 나누고 함께 하고자 하는 사회를 말한다. 만약 우리가 서로 평등하게 나누기

33) Ibid., 98.

만 하면, 오직 그럴 때만, 땅은 우리가 필요로 하는 모든 것을 산출하도록 되어 있다. 그래서 예수를 따르는 사람들은 새로운 질서가 이미 도래한 것처럼 살기를 지금 시작해야 한다.[34]

34) Walter Wink, *Engaging the Power*, 『사탄의 체제와 예수의 비폭력』 한성수 역, 한국기독교연구소, 2009, 223.

함께 생각나누기

* 제3장 맨 앞의 도표를 보고, 당시 사회의 계급 계층 구성에 대해 정리해봅시다. 각 계급 계층은 어떤 이해관계로 인해 대립했는지 생각을 나누어 봅시다.

* 예수는 어떤 계층과 함께 움직였고, 예수와 대립한 사람들은 어떤 이유로 대립했는지 생각을 이야기해 봅시다.

* 지배를 받는 사람들, 가난한 사람들은 왜 실제적으로 자신들에게 해로운 정책을 일삼는 보수 정당을 지지하며 그들 자신이 보수적인 성향을 가지는가에 대해서 이야기해 봅시다.

* 마태 6장 25–34절을 읽어보고 예수 주변의 민중이 그렇게 가난하다면, 예수께서 그들을 위로하기 위해 "하늘 나는 새를 보라, 들에 핀 꽃을 보라"고 하신 말씀은 무슨 의미가 있는지, 또 그들에게 "너희는 먼저 하나님의 나라와 하나님의 의를 구하여라. 그리하면 이 모든 것을 너희에게 더하여 주실 것이다."는 말씀은 무슨 뜻일지, 먼저 그 나라의 의를 구하는 삶에 대해서 생각을 나누어 봅시다.

하늘 나는 새를 보라

"그러므로 내가 너희에게 말한다. 목숨을 부지하려고 무엇을 먹을까 또는 무엇을 마실까 걱정하지 말고, 몸을 보호하려고 무엇을 입을까 걱정하지 말아라. 목숨이 음식보다 소중하지 않으냐? 몸이 옷보다 소중하지 않으냐? 공중의 새를 보아라. 씨를 뿌리지도 않고, 거두지도 않고, 곳간에 모아들이지도 않으나, 너희의 하늘 아버지께서 그것들을 먹이신다. 너희는 새보다 귀하지 않으냐? 너희 가운데서 누가, 걱정한다고 해서, 제 수명을 한 순간인들 늘일 수 있느냐? 어찌하여 너희는 옷 걱정을 하느냐? 들의 백합꽃이 어떻게 자라는가 살펴보아라. 수고도 하지 않고, 길쌈도 하지 않는다. 그러나 내가 너희에게 말한다. 온갖 영화를 누린 솔로몬도 이 꽃 하나만큼 차려 입지 못하였다. 믿음이 적은 사람들아, 오늘 있다가 내일 아궁이에 들어갈 들풀도, 하나님께서 이와 같이 입히시거든, 하물며 너희들을 입히시지 않겠느냐? 그러므로 무엇을 먹을까, 무엇을 마실까, 무엇을 입을까, 하고 걱정하지 말아라. 이 모든 것은 이방 사람들이 구하는 것이요, 너희의 하늘 아버지께서는 이 모든 것이 너희에게 필요하다는 것을 아신다. 너희는 먼저 하나님의 나라와 그의 의를 구하여라. 그리하면 이 모든 것을 너희에게 더하여 주실 것이다. 그러므로 내일 일을 걱정하지 말아라. 내일 걱정은 내일이 맡아서 할 것이다. 한 날의 괴로움은 그 날로 족하다." (마태 6:25-34)

본문 말씀은 생활 속에서 염려하는 사람들, 늘 걱정을 몸에 달고 다니는 가운데 살 수 밖에 없는 현실의 사람들에게 주시는 말씀이다. 오늘 우리들의 고민은 좀 사치스러워 졌을지 모르나 예수 당시의 사람들은 무엇을 먹을까, 무엇을 마실까, 무엇을 입을까 아주 원초적인 것들을 염려하는 사람들이었다. 주님은 그들에게 "목숨이 음식보다 소중하고 몸이 의복보다 소중하지 않느냐?"라고 하신다. 이 말씀은 삶의 목적과 수단을 혼동하며 사는 우리들의 허를 날카롭게 찔러온다.

"음식은 목숨을 위해 있고, 의복은 몸을 위해 있다."

이 당연한 말씀으로 주님은 보다 맛있는 음식을 먹기 위해 삶을 허비하는 사람들, 보다 아름다운 옷으로 치장하기 위해서 사는 사람들, 보다 넓은 집에 살기 위해서 인생을 낭비하는 사람들, 그들의 삶을 헤집고 들어오신다. 삶의 본래 목적을 벗어나 그 과정과 수단이 되는 것들에 온통 매달려 살아가는 우리들을 꿰뚫어 버린다.

우리들이 갖기 쉬운 가짜 믿음들이 있다. 첫째, 내가 소중하다고 여기는 조건들이 없으면 나는 행복하지 않다고 믿는 것이다. 둘째, 행복은 미래에 있다는 믿음이다. 셋째, 행복은 우리가 처한 상황을 바꿀 수 있다면, 주변 사람들을 바꿀 수 있다면, 찾아올 것이라고 믿는 것이다. 넷째, 나의 모든 욕구들이 채워졌을 때 행복하리라는 믿음이다.

항상 우리는 이미 지금 가지고 있는 것보다는 지금 가지고 있지 않은 것에 초점을 맞춘다. 그런 사람은 영원히 행복을 찾기 어렵다. 우리가 어려서부터 배우는 것이 있다. 울고 요구하면 어떤 욕구가 채워진다는 것을 익힌다. '이런 욕구가 채워지면 행복하다', '이런 조건이 만족되면 행복하다'는 것을 본능적으로 익혀 왔다. 그렇게 함으로써 우리 내부의 프로그램이 만들어진다. 우리는 '무엇이 채워지면 행복하다'고 생각한다. 그러나 그것은 오류이다.

왜 그런가? 우리의 욕심은 끝이 없고, 그것이 채워지는 순간 우리는 잠깐 환희의 섬광을 맛볼 뿐이다. 문제는 그것이 채워져야 한다는 그 인과관계다. 당연한 조건으로 생각하는 것들로부터 행복이 온다는 것, 그것으로 인해 사람은 무언가에 집착하게 되고 그것을 얻으려는 노력이 마치 자신의 삶을 영위해 나가는 목표처럼 생각한다.

그러나 그것은 아직 이루지 않았기 때문에 매력이 있고 힘이 있는 것이지 이루고 나면 또 다른 걱정을 불러온다. 이런 조건들에 매달리는 한, 우리는 두려움, 불안, 걱정, 불안정, 의심, 긴장에서 벗어날 수가 없다. 수조원대의 재산가 재벌 총수도 12층 창문을 열고 뛰어내려 자살했다. 우리가 할 일은 한번 눈을 크게 뜨고 우리가 매달리는 이것들이 우리에게 행복을 주는 조건인가를 생각해 보아야 한다.

예수는 하늘 나는 새를 보게 하신다. 그들은 아무것도 없으나 참으로 자유하며 삶의 강한 의지로 날개 짓하며 날아간다. 들에 핀 들꽃을 보게 하신다. '솔로몬의 영광' 대단하지 않은가? 그런데 실상 그것도 이 들꽃의 영광만 못하다고 하신다. 대부분의 사람들이 솔로몬의 영광, 그런 류의 권력이 가지는 그 기세에 눌려 버린다. 적어도 예수는 소박하기 그지없는 들에 핀 꽃의 빛깔에 감탄할 수 있는 분이시다. 아무리 솔로몬의 옷이 화려한 빛으로 치장했다고 하더라도 이 들꽃의 영롱함에 비교 조차할 수 없다는 것을 알아 차리셨다. 인공으로 치장한 빛이 어찌 생명을 머금은 빛의 생동감을 따르겠는가? 아무리 금빛, 은빛의 옷감으로 치장했더라도 아침햇살과 그 햇살을 받아 반짝이는 들꽃의 영롱함만 하겠는가?

"너희는 새보다 귀하지 않느냐?"

이제 이 모든 비유를 들어 말씀하신 본 뜻이 나온다. 들꽃이나 새가 주인공이 아니다. 그것은 엑스트라다. 우리들을 그것들보다 더 귀하게 여기신다는 것을 밝히기 위한 디딤돌일 뿐이다. 왕의 기세와 권위의 상징인 용포를 두른 솔로몬을 한 낮 들판의 꽃송이 옆에 납작 엎드려 놓는 주님, 솔로몬과는 비교도 안 될 영광이 매일 우리 발에 밟히는 들풀 속에 있다. 그런데 우리들은 무엇을 추구하면서 살아가는가? 우리가 찾아야 할 들꽃은 어디에 있는가? 진정 우리가 찾아야 할 것들은 우리들 사이에 흐르고 있는 하나님 사랑의 본질 아닌가? 이 둘의 차이를 이미 아시는 예수에게는 "이 세상의 모든 권세를 네게 줄 테니 내 앞에 절하라"는 사탄의 시험이 얼마나 우스웠겠는가? 우리가 걱정 하는 것들에 대해서 주님은 이렇게 말씀하신다.

> "너희 하늘 아버지께서는 이 모든 것이 너희에게 필요하다는 것을 아신다." (마태 6:32)

우리가 말해야 주님께서 아실까? 우리의 모든 것을 낱낱이 파악하고 계신 주님이신데, 그러니 …

> "너희는 먼저 하나님 나라와 그의 의를 구하라 그리하면 이 모든 것을 너희에게 더하여 주실 것이다." (마태 6:33)

우리에게 밀려오는 고독함, 끊이지 않는 삶의 염려들, 그것들로부터 우리가 자유로울 수 있는 것은 한 차원 넘는 세계, 하나님 나라와 그 나라의 의를 추구하는 것이다.

우리는 거짓말 교향곡을 듣는다. "이것이나 저것이 없으면, 이 사람이나 저 사람이 없으면 당신은 행복할 수 없다는 거짓말을 우리는 매일 듣는다." 우리는 그것들에 집착한다. 우리에게 주어진 여유들로 즐겁고 편리한 삶의 조건들을 채우려고, 우리는 하나님마저도 내 던진다. 하나님이 귀찮아진다. 그분이 안 계시다면 마음 가볍게 훨훨 내 목표를 향하여 나갈 수 있을 것 같다. 시간도 더욱 확보하고, 비용 면에서도 그렇고 … "지금 그 분은 내게 방해꾼뿐이 되질 않는다."라고 생각할지 모른다.

우리는 선택할 수 있다. 하나님을 내 생애에 도움이 되지 않는 방해꾼으로 만들 수도 있고 또 그분이 내 생을 전적으로 역동적으로 만들어 주시는 주인으로 만들 수도 있다. 오현명씨가 굵은 베이스의 음색으로 부르는 가곡이 있다.

> 이 겨울 내 고향 뒷산에
> 눈이 몇 자나 쌓였노
> 겨우내 쌓일 대로 쌓여도 쓸 이 없는
> 어머니 무덤의 차디찬 눈
> 이 겨울 내 고향 어머니 무덤엔
> 눈이 얼마나 쌓였노(양주동의 시 '눈')

고인이 되신 어머니가 추위를 느낄 리 없다. 하지만 눈이 오면 어머님 무덤에 눈이 쌓여 얼마나 추우실까를 염려한다고 해서 이를 비과학적이라고 비난할 사람은 없다. 광주 망월동 묘지나 국립묘지에 가면 수많은 사연들이 적혀 있고 언제나 방금 누가 다녀간 듯, 싱그런 꽃들이 쌓여 있다. 이미 고인이 그 향기를 맡을 리 없지만 … 항상 그 앞에 찾아와 이야기 하듯 속삭이는 연인들의 노래가 있다. 이런 것이 우리 삶이다. 우리 삶은 사실-팩트의 세계를 넘어서 존재한다. 없는 것에서 믿음을 보고 사랑을 만들어 내는 것이 우리 삶의 멋이요, 신앙이다. 손에 쥔 것들로만 살아간다는 생각은 잘 못된 것이다. 차원을 달리하면 정말 소중한 것들이 보인다. 훨씬 소중한 보석들이 주변에 널려 있다. 우리 주변에 믿음과 사랑의 세계는 도처에 존재한다. 이것은 우리 생활 가운데 깊이 자리 잡고 우리 삶을 풍요하게 해준다. 바로 이런 믿음과 사랑이야 말로 우리의 평범한 이야기들을 시가 되게 하고 사랑이 되게 한다.

하나님을 안다는 것이 무엇인가? 메마르고 건조하고 아무런 의미 없이 진행되는 일상사 속에서 믿음을 찾고 사랑을 찾는 것, 그 광맥을 찾아내어 세상 안에 정말 소중한 것이 무엇인가를 보여주는 것 아니겠는가?

연주홀에서 감미로운 음악을 듣고 있다고 생각하자. 그런데 갑자기 자동차 잠그는 것을 잊어버린 것이 생각난다. 그 사람은 차 걱정으로 불안해진다. 당장 나가고 싶지만 맨 앞자리고 연주 중이다. 그는 앉아 있어도 음악이 들어오질 않는다. 이것이 대부분의 사람들이 살고 있는 전형적인 모습이다. 지금 무대에선 하나님과 더불어 사는 삶의 놀라운 환희의 교향곡을 연주하고 있다. 여러분의 마음을 비우고 그 연주에 귀와 느낌과 몸을 맡겨 보길 바란다.

(강남향린교회 강단 중에서)

04
예수 탄생과 어린 시절 이야기

미리 살펴 보기

마태복음 1.2장과 누가복음 1.2장의 예수의 탄생과 어린시절 이야기를 읽고 각각의 차이점과 공통점에 유의하여 주의 깊게 읽어 봅시다.

예수 탄생과 어린 시절 이야기들을 넓은 시선으로 살피면, 예수가 당시의 중첩된 사회적 모순들을 온 몸으로 체험하며 성장하였음을 짐작할 수 있다. 예수 뿐 만 아니라 팔레스타인 지역의 가난하고 힘없는 이들의 삶도 발견할 수 있다. 그들이 모순된 사회의 억압에 어떻게 저항 했고 얼마나 깊은 절망에 빠졌는지, 그리하여 왜 메시아를 갈망하며 하나님 나라의 새 질서를 소망했는지를 말이다.

예수의 탄생 이야기

복음서 중 가장 이른 시기인 70년 경 완성된 것으로 알려진 마가복음은 예수 이야기를 공생애부터 시작한다. 하지만 마가복음보다 약 10~20년 후에 기록한 마태복음과 누가복음은 예수의 어린 시절과 탄생

이야기를 추가했다. 그리고 주후 90-100년경에 기록한 요한복음은 아예 예수께서 태초부터 계셨다고 말한다. 이는 초대교회의 신앙 안에서 역사 속의 인간 예수가 신앙의 대상이 되어가는 과정을 나타내기도 한다.

예수의 탄생과 어린 시절 이야기는 마태와 누가복음에만 나오는데 서로 다른 줄거리, 모순된 내용을 가지고 있다. 이것은 단순한 사실묘사라고 볼 수는 없다. 이 이야기들은 객관적인 사건들을 기록한 기사라기보다는 "예수의 의미"를 밝힌 이야기이다. 입에서 입으로 전해져 내려오다가 주후 80년경 마태공동체와 누가공동체가 채집하고 기록했다. 이것은 예수의 사생활을 화려하게 각색한 전설들을 소재로 한 것이며, 예수에 대한 믿음을 서술한 것이다. 이 이야기들을 읽으며 객관성이나 사실을 밝히는데 집중한다면 그것은 진실에 닿을 수 있는 방법이 아니다. 예수의 탄생과 어린 시절에 관한 이야기들은 초기 예수를 따르던 사람들이 예수라는 존재의 의미를 밝히고 자신들의 신앙을 드러내는 데 천착한 결과이기 때문이다.

그러나 "따라서 이 모든 이야기는 허구이며 소설이다"라고 결론짓는다면 성서 안에서 진리를 찾아 길을 나서기도 전에 문을 닫고 주저앉아 버리는 것과 같다. 역설적으로 역사적 사실을 찾아나갈 때에 우리의 신앙은 더 깊은 곳으로 인도받기도 한다. 예수의 어린 시절 이야기들은 수많은 사실들을 알려준다. 예수의 어머니가 마리아이고 아버지가 요셉이라는 것, 특히 예수를 마리아의 아들이라고 불렀으며, 장인(匠人)이었다는 것, 그분이 갈릴리 나사렛에서 성장했고, 가난하게 살았다는 것 등이다. 그런 이런 맥락 속에서 예수의 생애와 말씀을 이해할 때 신앙은 더 넓은 지평으로 나아갈 수 있다.

예수의 탄생시기

예수가 태어난 해는 서력기원의 시작이다. 실제 시기는 정확하지 않다. 성탄절인 12월 25일은 본래 로마의 농신제(農神祭)인 브루말리아 축제에 맞춘 것인데, 이 축제는 동지절과 관련이 있다. 이날을 기점으로 밤보다 낮이, 어둠의 시간보다 빛의 시간이 길어지는 것이다.

로마의 극심했던 내전은 예수 탄생 이전에 평정되었다. 당시 내전은 단지 로마 내의 전투라기보다 이집트와 연결된 지중해 국가들이 치른 일종의 세계 대전이었다. 로마는 혼란스럽던 전쟁이 평정되고 아우구스투스가 황제로 등극하면서 세계는 평화를 누리게 되었다고 대대적으로 선전했다. 황제는 말했다.

> "오 그대 로마인이여, 힘으로 나라들을 다스려야 한다는 것을 잊지 말라. 평화의 길을 부과하고, 정복된 자들을 살려주고 거만한 자들을 짓밟는 것이 그대에게 맡겨진 일이다."[1)]

일명 '팍스 로마나'는 진짜가 아니었다. 로마제국의 지배를 받던 식민지 민중들은 지배계급의 평화와 안정을 위해 억압당하고 착취당했으므로 사실 로마의 평화라기보다는 로마 제국주의 시대라고 말해야 할 것이다. 성탄이면 가장 널리 이야기하는 "하늘에는 영광, 땅에는 평화"라는 인사는 당시 평화 시대를 연 황제 탄생을 칭송하는 축문이었다. 로마는 자신들이 가져온 평화에 대한 대가로 로마에 충성하고 황제를 신으로 섬길 것을 요구했다. 이러한 강요는 고집스러운 유대인들에게 통하

1) Richard A. Horsley, *The Liberation of Christmas*, 『크리스마스의 해방』 손성현 옮김, 다산글방, 2000, 64.

지 않았다.

유대 민중은 주전 4년, 주후 6년, 주후 66-70년, 주후 132-135년 네 차례나 로마에 큰 저항을 했다. 항거는 거룩했지만 단 한 건도 성공하지 못했다.

그 중 주후 66년의 대(對) 로마 항쟁은 유대의 멸망을 불러왔다. 지금도 이탈리아 로마시 한 복판에 서 있는 개선문은 티투스장군의 유대 점령을 기념하는 건축물이다. 수십만 명의 유대인을 로마 노예로 잡아갔고 그 공으로 티투스는 평민 출신이 최초로 황제에 올라 플라비우스 왕조[2]를 열었다. 유대는 나라를 잃고 전 유럽과 아프리카 지역으로 흩어져 떠돌이가 되었다. 그러나 그 후 60여 년이 지난 다음, 주후 132년에도 바 코흐바라는 인물이 나타나 유대인들을 규합하여 자신이 유대인의 왕이라며 로마에 저항했다. 그러나 당시의 황제 하드리아누스는 이를 진압하고 이후 폭동을 막기 위해 예루살렘에서 모든 유대인들을 추방했다. 그런데 이 중 두 번은 예수의 탄생과 관련된다.

예수 탄생 시기에 대해서는 마태와 누가가 서로 다른 진술을 한다. 마태복음에 따르면, 예수는 헤롯 치하(주전 37-주전 4년)에 베들레헴에서 태어났다(마태 2:1). 이 헤롯은 분명히 헤롯 대왕이다. 예수의 양친이 헤롯이 죽은 직후(주전 4년) 그의 후계자 아르켈라오 시대(주전 4년-주후 6년)에 이집트에서 돌아왔기 때문이다(마태 2:19-23). 그러므로 예수는 늦어도 주전 4년에 태어난 셈이 된다. 누가도 그의 복음서 첫 장에 위

2) 플라비우스 왕조는 유다-로마간의 전쟁이 끝나갈 무렵인 69년에 시작하여 96년까지 3명의 황제로 이어갔다. 티투스 플라비우스 베스파시아누스(69-79년), 그의 큰 아들 티투스 플라비우스 베스파시아누스(79-81년), 그리고 둘째아들 티투스 플라비우스 도미티아누스(81-96년)로 이어갔다. 도미티아누스는 밧모섬에 요한을 유배시키고 유대인에게 박해를 가한 황제인데 그가 암살당함으로 플라비우스 왕조는 막을 내린다.

와 똑같은 사실을 전제하고 있다. 즉 세례 요한이 헤롯(헤롯 대왕)치하에 태어났고(누가 1:5), 예수는 그보다 여섯 달 늦게 태어났다고 한다.

그러나 누가는 2장에서 예수 탄생과 아우구스투스의 명령을 퀴리노(구레뇨-개역) 시대에 실시한 "호구조사", 즉 납세자 등록과 서로 연결시킨다. 이 호구조사는 주후 6년에 실시한 것이기에 누가는 예수 탄생일을 마태보다 최소한 10년 늦게 잡은 것으로 보인다. 예수의 거룩한 탄생이 왜 이렇게 피로 물들여진 대 로마 항쟁과 관련된 주전 4년과 주후 6년, 각각 십년이나 차이가 나는 시기로 이야기하고 있을까?

주전 4년 탄생설의 정치적 배경

주전 4년에 악명 높은 유대의 폭군 헤롯왕이 사망하였다. 왕이 죽은 후 유대의 왕실은 후계권 장악 분쟁에 여념이 없었다. 여기에 예루살렘 성전세력인 귀족들마저 가세해 정부는 이루 말할 수 없는 혼란에 빠져들었다. 이때 팔레스타인은 로마황제인 아우구스투스의 명령으로 세 조각으로 나누어졌다. 팔레스타인의 권력은 공백이 생겼고, 막강한 군대 지휘권에도 혼란이 생겨 정부의 치안유지능력은 땅에 떨어졌다.

민중의 분노는 폭발했고 봉기는 헤롯의 모든 통치 영역에서 일어났다. 헤롯 생전에는 상상도 하기 어려운 일이었다. 헤롯은 전국 각처에 요새를 건설하여 민중의 저항을 원천봉쇄했다. 대규모의 호위군도 있었다. 헤롯이 취한 수단들은 극도로 빈틈이 없어서 민중 가운데 어떤 중대한 저항이 일어날 기회를 주지 않았다. 대중적 분노는 그의 통치가 끝날 무렵에야 분출했다. 이 시기 백성은 억눌려 있던 새로운 정치에 대한 희망을 분출했다. 즉 이들은 마카비 시대와 하스몬 왕가를 통해 거둔 정치적 성과가 다시 나타나기를 희망했다. 백성의 분노가 로마의 점령기간과 헤롯의 폭정기간 동안에는 눌려 있었기 때문에 폭발할 때는 더욱 더 커다란 힘으로 폭발했다.

권력 공백기에 임시로 임명된 로마 총독 사비누스는 이 공백상태를 이용했다. 그는 헤롯왕실에 속했던 예루살렘 성전과 왕궁 재산을 몰수해서 황제 소유로 하고자 했다. 총독이 헤롯의 재산을 몰수하려고 하자 예루살렘 주민들은 폭력으로 맞섰다. 예루살렘 주민들은 혈전을 벌인 끝에 총독을 헤롯 궁전에 감금했다. 이 일로 인해 성전 일부가 불에 타 버렸다. 이 소요는 메시아 대망을 이룬다는 민중의 열망과 결합하여 전국으로 확산되었다. 눌려있던 민중의 힘이 일시에 터져 나왔고 오랫동안 다양한 형태로 반복되었다.

갈릴리 반란군 지도자인 히즈키아의 아들 '유다'가 갈릴리 농민을 이끌고 세포리스(나사렛 부근)에 있는 헤롯 요새를 공격했다. 그들은 왕궁 무기고를 탈취하여 무장하고 저항했다. 그들은 자신들의 행위를 본래 빼앗긴 농민의 것을 되찾는 일로 간주했다.[3)]

그리고 유다의 구릉지역에서는 양치기 아쓰롱게스가 3년 동안 게릴라 전쟁을 이끌었다. 그들은 예루살렘 서쪽의 구릉지역인 엠마오 근처에서 심지어 로마 군단이 싣고 가던 양식과 무기를 탈취하기 위해 호송대를 공격하였다.[4)] 이런 일들이 주전4년에 전국에서 일어난 일들이다.

소요가 일어나자 시리아의 로마 총독 바루스는 3개 군단(1개 군단은 약 6,000명 정도)과 2,000명의 기병대, 15,000명의 보조 보병대를 이끌고 쳐들어와 민중 소요를 진압했다.[5)] 바루스 군단은 가장 강력한 저

---

3) Richar A, Horsiey, 『예수와 제국』 op.cit., 68-69

4) ibid., 69.

5) Marcus J. Borg & John Dominic Crossan, *The First Christmas: What the Gospels Really Teach About Jesus' Birth*, 『첫 번째 크리스마스』 김준우 옮김, 한국기독교연구소, 2011.

항 본거지 세포리스를 초토화시켰다. 세포리스는 예수의 고향인 나사렛에서 북쪽으로 6.4Km 밖에 떨어져 있지 않은 곳이다. 살인, 방화, 폭력, 어린이들이 노예로 팔려가는 참화가 예수의 탄생을 기다리고 있었다. 바루스는 세포리스를 완전히 불태우고 그곳 주민을 노예로 팔아버렸다.[6)]

바루스의 진압군은 사마리아를 거쳐 예루살렘으로 진격하여 소요를 일으키는 민중을 분산시켰다. 이로 인해 유다의 북서부는 그 지역 전체가 불바다, 피바다가 되었다. 예루살렘 서쪽 마을인 엠마오에서 살던 주민은 모두 다 도망갔고 마을은 완전히 타 없어졌다. 로마인들은 반란에 관여한 지역을 모두 소탕하고 많은 사람을 가두었다. 이 지역 곳곳에서 약 2,000명가량의 유대인들이 십자가형으로 죽었다.[7)]

주전 4년의 이러한 열광적인 봉기는 산더미 같은 시체들을 남긴 채 사라졌다. 하지만 그 어느 때 보다 강한 민중의 염원이 분출한 시기였다. 후에 유사한 봉기들의 불씨가 되었다. 신기한 것은 봉기의 중심지인 갈릴리와 유대 구릉지역의 엠마오는 부활한 예수가 현현하는 장소이기도 하다.

주후 6년 탄생설의 정치적 배경

> "그 때에 아우구스투스 황제가 칙령을 내려서 온 세계가 호적등록을 하게 되었는데, 이 첫 번째 호적등록은 구레뇨가 시리아의 총독으로 있을 때에 시행한 것이다." (누가 2:1-2)

106-107.

6) Jonathan L. Reed and John Dominic Crossan, op. cit., 110.

7) Richard A. Horsley, 『크리스마스의 해방』 op.cit., 68-69

구레뇨(퀴리노)의 호구조사는 주후 6년에 일어난 일이다. 이 해에, 또 다시 민중 봉기가 일어났다. 주후 6년 유다 귀족들은 아르켈라오를 반대하는 사절단을 로마로 파송했다. 그래서 아르켈라오는 로마로 소환되었으며, 마침내 무능하고 사악했던 학살자 아르켈라오가 폐위 당했다. 아르켈라오 영지는 로마의 직영 통치로 넘어갔다. 팔레스타인의 핵심지역인 사마리아와 유다와 이두매가 제국의 총독관구인 유다 총독관구로 넘어가 로마가 직접 통치했다.

황제는 아르켈라오의 재산을 즉각 몰수했으며, 제국의 금고를 위해 조세와 관세를 요구했다. 이를 위해 퀴리노는 주후 6년 유다와 사마리아의 호구조사, 즉 세금부과 업무를 시작했다. 민중은 이 호구조사에 격렬히 반발했다. 이 인구조사 목적이 세금을 더욱 치밀하게 거두기 위한 것이었기 때문이다.

호구조사는 통상 잔인한 심문을 동반했다. 그 과정에서 폭동이 일어나기도 했다. 갈릴리의 유다가 호구조사에 반대해 일으킨 반란이 대표적이다.[8] 로마는 정복지의 성전과 궁전을 약탈하고 피정복민을 노예로 끌고 갔으며 정복지에 세금을 매겼다. 세금은 제국의 재원조달이 일차 목적이지만 피정복 국가의 자존감을 깎아내리고 삶의 질을 저하시키려는 목적도 있었다. 이런 조세납부를 위한 호적등록은 지배와 착취 구조의 전모를 드러내는 일이었다.

때문에 저항의 분위기가 점차 고조되었는데, 특히 갈릴리 지역에서 반란의 열기가 거셌다. 갈릴리의 랍비 유다와 바리새파 사람 사독은 유대신앙에 근거해 납세거부를 호소했다. 그들은 유대 민족을 향해 "로마에게 조세를 바치지 말며, 언젠가는 멸망할 지배자들을 따르지 말라, 하

---

8) Ekkehard W. Stegemann and Wolfgang Stegemann, op cit., 199.

나님만이 지도자이며 주인이니, 인간을 주인으로 섬기지 말라. 차라리 고문을 당하거나 죽겠다는 신념을 가지고 임하라"고 외쳤다. 이들의 종교적 신념은 사회운동으로 나타났다. 역사학자 요세푸스는 이 납세 거부 운동을 제4의 철학운동이라고 불렀다.[9)]

이후 갈릴리 출신이라는 말은 무정부주의자란 뜻을 의미했다. 마가복음 14장에는 예수가 잡혀간 뒤 대제사장의 안뜰에 몰래 불을 쬐던 베드로에게 "당신이 갈릴리 사람이니까 틀림없이 그들과 한패일 거요."(70절)라고 말하는 장면이 나온다. 요세푸스의 증언에 따르면, 갈릴리의 바리새파 민족주의자들의 운동은 그 후 유다에서 강력한 세력을 형성했던 민중당으로 발전한다. 이 민중당은 젤롯당(열심당)원들 중심으로 로마에 대항하는 무력투쟁을 벌인다. 호구조사는 이방인의 갈릴리를 젤롯당의 발상지가 되게 했으며. 납세거부 운동은 광범위하게 이어졌다.

복음서에서 서로 다른 예수의 출생연대인 주전 4년과 주후 6년은 모두 팔레스타인 민중의 해방 열기가 최고조로 분출한 시기이다. 정치적 변혁의 가능성이 어느 때 보다 가시화되었고, 민중은 새 시대를 향한 희망에 들떠있었다. 복음서가 이런 민중의 격동기를 각각 예수의 탄생시기로 제시하는 것은 당시 민중이 예수에게 걸고 있던 기대를 반영한다. 물론 봉기들은 실패했다. 무수한 주검과 전쟁의 참화만을 남긴 채 민중은 좌절의 늪으로 빠져들어 갔다.

마가복음은 십자가를 중심으로 예수를 기록한 책이다. 그러나 마가

9) Richard A. Horsley, 『크리스마스의 해방』 op.cit., 80.

복음이 쓰여진 주후 70년대에는 없었던 예수 탄생과 어린 시절 이야기가 약 10-20년 후에 쓴 마태와 누가에는 동시에 나타난다. 탄생이야기는 오히려 예수의 십자가 이후에 사람들 사이에 회자된 이야기이다. 예수를 따르며 그의 죽음을 지켜보았던 민중은 진리 안에서 순수했던 예수의 열정을 떠올렸다. 예수의 죽음은 민중의 마음을 움직였다. 죽음이라는 큰 댓가를 치른 후에야 새로운 만남이 이루어졌다. 민중은 비로소 예수를 참다운 해방자로 인식했다. 그들은 예수를 새 세상, 즉 하나님 나라 정치를 펼칠 메시아, 영원한 해방자의 전형으로 여겼다. 이런 기억은 민중의 입에서 회자되는 여러 전승의 출생 이야기로 재구성됐다.

두 번의 저항 열기는 실패로 끝나 역사 속에 묻혔다. 그러나 예수를 따르던 초기 교회는 예수의 탄생 이야기로 당시를 의미화 했다. 이 역사적 사건과 예수의 탄생을 연결시킨 것은 복음서를 기록할 당시 민중의 기대가 반영한 결과다. 예수의 말씀과 삶을 경험하고 배운 이들은 그들이 사랑했던 구원자 예수의 탄생을 이렇게 말하고자 했던 것이다.

예수가 태어날 무렵 혹독했던 참화 속에서 민중은 이사야의 예언을 생각했다. 한 아기가 태어나 새롭게 하리라는 예언은 예수라는 한 아기의 출생으로 이어졌다. 그리고 민중의 희망이 작렬했던 결정적인 두 시점에서 예수 탄생이 회자되었다.

하나님의 뒤집기 한 판-임마누엘 예언

"처녀가 잉태하여 아들을 낳을 것이며 그 이름을 임마누엘이라고 하리라"(이사야 7:14)는 이사야의 예언으로부터 교회는 동정녀 탄생 교리를 만들었다. 처녀가 잉태한다. 아들을 낳는다. 있을 수 없는 일이다. 불가능한 일이기에 사도신경에 넣어놓고 그것을 부정하면 제거했다.

살아남고 싶으면 받아들여야 했다. 이런 중세 폭력은 정죄 받았다. 그렇다면 동정녀 탄생 교리는 무의미한가? 그렇지 않다. 그 교리를 문자대로 믿는 것이 아니라 교리가 생성된 본디 자리, 처녀 탄생이나 동정녀 탄생이어야 했던 시대의 중요한 의미는 우리가 새겨야 한다.

동정녀 탄생의 근거로 쓰이는 마태 1:23은 이사야 7:14 인용이다. 새번역 성경에는 '처녀' 라는 단어에 각주를 달았다. 각주에는 "칠십인역을 따랐다"는 말을 툭 던져 놓았다. 칠십인 역본은 구약도 희랍어(그리스어)로 번역한 성서다. 가톨릭은 이를 텍스트로 삼는다. 그러나 개신교의 구약은 히브리어로 된 성경을 텍스트로 삼지만 이 부분만 칠십인역을 따라서 처녀로 번역했다. 이것은 다분히 처녀탄생을 당연하게 생각하는 신자들을 의식한 번역이다. 처녀로 번역한 단어는 히브리어로는 알마('alma)인데 이는 '젊은 여인'이라는 뜻이다. 마리아라는 한 인간은 '동정녀', '처녀' 라는 범주에 들어가면서 제한돼 버렸다. 처녀라는 말 자체가 잘못된 말이다. 지극히 남성중심의 판단으로 여성을 구분하는 말이다.

사람을 어떤 범주로 판단하는 것은 매우 그릇된 판단이기 쉽다. 한 사람, 한 사람이 모두 하나님의 형상, 하나의 우주다. 특별하고 고귀한 사람들이다. 한 명 한 명을 범주로 분류하는 순간, 그 모든 소중함이 사라진다. 대부분의 범주가 포용과 사랑이 아니라 배제와 비판을 위해 만들어진다. 한 영혼을 존중하고 소중하게 생각한다면, 사랑의 눈으로 바라본다면, 그 순간 판단은 사라지고 존재만 남는다. 마리아가 예수를 낳은 것이지, 처녀나 하물며 동정녀가 예수를 낳은 것이 아니다.

젊은 여인이 아기를 낳았다는 것은 상식이다. 그러나 처녀(동정녀)가 아기를 낳았다는 것은 있을 수 없다. 왜 성경본문 자체를 바꿔가면서까지 예수를 특별한 인물로 묘사하려 했을까? 단순하게 보면, 그 이유는 육체를 정죄하고, 몸과 성(性)을 불경한 것으로 여기기 때문이다. 그래서 거룩한 아기는 몸이나 성을 통하지 않아야 한다는 나름 경건의 표현이리라. 이런 표현은 잘못하면 평범한 인간을 소외시키고 천시한다. 육체를 불신하고 몸의 사랑은 더러운 것으로 여길 수 있다.

이사야가 살던 당대에 임마누엘 예언은 무슨 뜻이었을까? 주전 730년경, 남 왕국과 북 왕국이 전쟁 중이었다. 북 왕국 이스라엘이 시리아와 연합군을 형성하여 남 왕국에 쳐들어왔다. 이사야 예언자는 남 왕국 왕실에 속한 예언자다. 전쟁과 공포의 혼란 속에서 사람들 마음은 갈대와 같이 흔들렸다. 이들은 무언가 자기들 마음을 잡아줄 희망의 근거를 원했다. 메시야가 오시는 새로운 표징을 내어 놓으라고 한다. 그들은 희망을 붙잡을 수 있는 표적을 원했다. 백성들은 하나님이 자기들과 함께 하신다는 증거를 달라고 떼쓴다. 이에 이사야는 말한다.

> "주님께서 친히 다윗 왕실에 한 징조를 주실 것입니다. 보십시오. 젊은 여인이 잉태하여 아들을 낳을 것이며, 그가 그의 이름을 임마누엘이라고 할 것입니다. 그 아이가 잘못된 것을 거절하고 옳은 것을 선택할 나이가 될 때에, 그 아이는 버터와 꿀을 먹을 것입니다." (이사야 7:14–15)

당장 표징을 달라고 하는 사람들에게, 누가 우리 앞에 나타나서 문제를 해결해 주기를 바라는 사람들에게 이사야는 말한다. "평화를 가져올 새 시대를 원하는 사람들은 누가 당장 나타나 새 시대를 열어 줄 것을 바라지 마시오. 지금 당신들 옆에 있는 젊은 여인들을 잘 지키시오. 그 여인들이 아기를 낳고, 그 아기들이 자라서 세상을 판별할 수 있을 때는 새로운 세상이 될 것이오."

일찍이 이사야는 임마누엘 예언으로 희망을 표현했다. 남 왕국 유다와 북 왕국 이스라엘이 서로 외세를 불러들여 동족 간 전쟁으로 망해가는 때에 미래를 예언했다. 비록 나라는 망하지만 그 참화를 겪어낸 한 젊은 여인이 아기를 가질 것이다. 그 아기가 태어나 사리를 분별하게 될 때, 새로운 나라가 도래하리라고 한 예언이 임마누엘 예언이다. 이것은 죽음의 참화가 휩쓸고 간 땅에 새 희망의 그루터기를 세우는 담론이다.

지금 그들의 눈앞에는 수많은 학살과 패배로 끝난 사건들이 현실로 닥쳐 있지만, 그러나 좌절하지 않아야 한다. 전쟁의 참화 가운데도 새로운 희망의 싹들을 간직해야 한다. 희망을 놓으면 끝이기 때문이다. 지금의 기성세대들은 서로 증오심으로 불타 전쟁으로 서로를 찢고 유린했다. 증오의 화신이 되어 전쟁도 불사하는 기성세대에는 희망이 없다. 그러나 젊은 세대들은 절망을 딛고 일어서야 한다. 새로운 마음으로 아기를 낳아야 한다. 그리고 다시는 증오를 대물림하지 않고 한 명 한 명을 구김살 없이 키워야 한다. 그러면 그 아기들이 자라서 세상 이치를 분별하게 될 때는 새로운 세상이 열릴 것이다. 그것이 바로 하나님께서 우리와 함께 하시는 증거인 임마누엘 예언이다.

마태는 이사야의 예언을 예수 탄생과 연결했다. 우리는 이 말씀을 오해해서는 안 된다. 성탄 이야기를 어느 특정 인물(예수)의 거룩한 탄생으로 한정해 버리면, 우리는 하나님이 인간이 되신 예수 사건을 단지 한 번만 쓰고 버리는 일회용품으로 만들어 버린다. 이미 까마득한 옛날에 끝나버린 일로 치부하는 것이다. 이는 성육신을 '하나님의 나들이 사건'으로 만드는 것이며, 하나님을 시간 안에 가두고 그의 영원성을 제거하는 것이다.

예수께서 거룩한 몸으로 오셨다는 사건은 우리 모두에게 해당하는 사건이다. 세상의 모든 생명이 성령으로 잉태하였다. 보잘 것 없는 집안에서, 아무리 형편없는 조건에서 태어난 생명이라도 모두, 어머니가 누구건 아버지가 어떤 사람이건 그것은 다 그 부모의 복잡한 사연일 뿐, 그것이 하나님으로부터 오는 빛의 존재를 해치거나 망가뜨릴 수 없다.

한 아이는 전적으로 새로운 생명으로, 때 묻지 않은 보물로 이 땅에 왔다. 그 아기가 아름다운 빛을 잃지 않도록 보호하고 돕는 것이 세상의 책무다. 아이가 부모의 한 많은 사연을 그대로 짊어지고 살게 해서는 안 된다. 그들 하나 하나가 예수처럼 하나님의 아들, 딸이다.

"예수께서 동정녀에게서 나셨다"는 말씀은 어떤 의미를 갖는 것일까? 성과 속이 분명하게 구분되어 있는 세계에서는 속된 것에서 속된 것이 나오고, 거룩한 것에서 거룩한 것이 나올 뿐이다. 예수께서 그냥 평범한 사람들이 태어나듯이 태어났다고 하면, 이분법적 세계에서 사는 사람들은 어떤 특별한 의미를 부여하지 못했을 것이다. 그들에게는 모든 성스러운 것은 세속과 섞일 수 없기 때문이다. 경계는 분명하고 그 경계는 건널 수 없는 절대이다. 그런데 성스러운 존재가 그 경계를 넘어서 몸으로 오셨다. '동정녀 탄생' 담론의 목적은 그 경계를 허물기 위함이다. 모든 속된 것들을 거룩한 존재로 삼기 위해서, 그 엄혹한 경계를 허물고 오시는 존재가 필요했다.

그리고 '그가 몸뚱어리로 오심'은 모든 몸을 가진 사람들을 거룩한 세계로 초청하는 복음이다. 이는 모든 육체를 거룩한 성전으로 전환하는 한판의 혁명이다. 하늘에서 일어나는 대변혁이며 땅을 갈아엎는 가치관의 전도이다. 그것은 더럽고 추하고 기피의 대상이던 몸과 육체를 수단으로 먹고 사는 그런 저런 민초들, 자기 몸과 마음을 깔끔하게 가꾸는 생활과는 거리가 먼 속세 인간들을, 하나님의 아들로, 딸로, 거룩한 동정녀로, 성령의 잉태로 구별하여 세우는 우주와 역사의 뒤집기 한판이다. 불가사의한 방법으로 처녀의 몸을 통해서 인간으로 오셨다는 메시지는 성과 속의 이원론적 구분 속에 갇혀 인간을 차별하고 나누는 인간의 천박한 상식을 뒤집는 하나님의 거룩한 판갈이다. 그 한 분의 오심으로 인해 젊은 여인들이 낳은 평범한 아기, 우리 앞에 있는 이 아기들이 하나님께서 우리와 함께 하시는 증거이다. 젊은 여인이 낳은 한 아기 앞에서 "임마누엘, 하나님께서 우리와 함께 계시다"라고 외치는 것은 이사야가 뒤집었든, 예수가 뒤집었든 하나님의 한 판 뒤집기이다.

베들레헴 출생의 의미

> "너 베들레헴 에브라다야, 너는 유다의 여러 족속 가운데서 작은 족속이지만, 이스라엘을 다스릴 자가 네게서 내게로 나올 것이다. 그의 기원은 아득한 옛날, 태초에까지 거슬러 올라간다." (미가 5:2)

베들레헴은 다윗의 고향이다. 예수는 나사렛(갈릴리) 사람이지만 여행 중 베들레헴에서 출생한다. 일찍이 예언자 나단은 다윗에게 신탁을 내려 영원히 다윗의 후손에서 왕이 나오리라는 다윗왕조 신학의 기틀을 놓았다.

> "내가 네 몸에서 나올 자식을 후계자로 세워서, 그의 나라를 튼튼하게 하겠다. … 네 집과 네 나라가 내 앞에서 영원히 이어 갈 것이며, 네 왕위가 영원히 튼튼하게 서 있을 것이다." (삼하 7:11-16)

예수 당시 민중은 다윗의 후손에서 끊어진 왕위를 계승할 기름부음 받을 왕이 나올 것이며, 이 분은 '유대인의 왕'으로 다윗 왕국을 다시 복원할 것이라는 기대를 가지고 있었다. 이것이 민간에 널리 퍼진 메시아 대망(大望)이다. 예수가 베들레헴에서 출생했다는 전승은 예수가 다윗의 계보를 잇는 유대인의 왕, 메시아라는 메시지이다. 다윗 왕가를 잇는다면 당연히 시온(예루살렘)이 기틀이 돼야 한다. 다윗왕조 신학은 다윗성이 있는 수도 예루살렘이 기초가 되고 대대로 왕들이 나온 예루살렘이어야 한다. 그러나 예수를 베들레헴 출신이라고 하는 것은 다윗 왕조와는 거리두기를 시도하는 담론이다.

베들레헴은 예루살렘 근처의 작은 마을이다. Beth(집)이라는 말과 Lehem(고기, 빵)이라는 말이 합쳐진 지명이다. 문자 그대로 예루살렘 주민들을 위해 고기와 빵, 젖을 공급하는 농촌마을이며 소와 말, 양을 키우던 목동들의 마을이다. 다윗이 아버지인 이새를 따라 목동으로 성장하던 고향이다. 몸에 항상 소똥, 말똥 묻히고 냄새에 쩔어 살던 목동은 가장 천한 직업이다. 그런데 개천에서 용이 나왔다, 이 허름하고 사람 취급 받지 못하던 목동 집안에서 왕이 나왔다. 바로 다윗이다.

이사야가 "다윗의 그루터기에서, 이새의 뿌리에서 한 가지가 나서 열매를 맺을 것이라"(이사야 11:1)는 예언도 다윗 왕조에 대한 비판이다. 그루터기, 그 뿌리에서 새 싹이 난다는 것은 그 왕조가 잘려 나가야 새로워 질 수 있다는 말이다. 같은 의미로 베들레헴 에브라다(에브랏 사람의 땅)의 이야기, 다윗의 조상들 이야기가 있다. 바로 룻기다. 필자는 룻기를 다윗 왕조에 대한 또 다른 비판이라고 본다. 사무엘상으로부터 열왕기하까지 이어지는 왕조의 대하(大河) 역사드라마 바로 전에, 본격적인 왕조사와는 전혀 어울리지 않는 과부들의 이야기가 자리 잡고 있다.

소박한 과부들이 어렵게 살아가는 이야기를 왕조사 앞에 배치한 까닭은 무엇일까? 이는 다윗의 혈통을 자랑하는 왕조의 뿌리가 어떠해야 하는지를 암시한다. 이 가난한 여인들의 삶이 없었다면 다윗 왕조도 없다. 생존을 위해 남의 집에서 이삭을 주워 연명하는 과부들의 이야기인 룻기는 '왕조의 근원을 생각하라, 네 시작의 뿌리를 생각하라'는 메시지를 준다.[10)]

예수가 단지 다윗의 후손임을 입증하려고 한다면 굳이 베들레헴을 끌어들일 필요가 없다. 대대로 왕들이 태어난 예루살렘이면 충분하다. 그러나 굳이 베들레헴을 언급하는 것은 다윗 왕조에 대한 비판을 담고 있는 것이다. 다윗은 목동의 소박함을 잃어 버렸다. 그에게 공도 있지만 다윗 왕이 범한 죄악들을 그 후손인 다윗 왕조가 계승했다. 초심을 잃었기에 왕국은 멸망했다. 새롭게 오시는 유대인의 왕은 다윗 왕가의 초심인 이새의 뿌리로 돌아가야 하며 농부의 땅, 목동의 마을로 돌아가야 한다. 새롭게 오시는 메시아는 여인들이 생존을 위해 처절하게 살아갔던 삶의 자리(룻기 1:1, 4:11)에서 오신다는 메시지이다.

목동들에게 가장 소중한 것이 짐승들을 먹이는 구유다. 소와 말, 양을 먹이던 먹이통에서 구세주가 나셨다. 이 구유는 단지 말, 소, 양을 먹이는 구유가 아니라 거대한 도시 예루살렘을 먹여 살리는 구유였으며 온 백성을 먹이고 품는 통이다. 바로 그 천한 자리, 하지만 위대한 말 먹이통에서 새 역사는 시작하였다. 가슴 벅찬 새 세상이 밝아오는 밤에, 첫 번째 증인은 몸에 똥 냄새가 가득 배어있는 목자들이다. 이것이 베들레헴 출생의 숨은 뜻이다.

당시 소위 의롭다고 하는 사람들에게 목자는 불결한 자, 정직하지 못

10) 김경호, 『지혜문학-새로운 신앙의 패러다임』 대장간, 2017, 33-41. 참조

한 자, 이방인 노예보다 나을 것이 없는 천한 존재였다. 목자는 재판에서 증언도 할 수 없었다. 또한 유대인들에게 복음을 전한 마태는 유대인들이 가장 터부시하는 이방인 동방박사를 예수 탄생 증인으로 등장시킨다. 예수 탄생 증인들이나 부활 증인 여인들은 모두 당시 유대 종교에서는 증인을 할 수 없는 소외된 사람들이다.[11]

예수의 족보이야기

가난한 목수의 아들이 족보를 가졌을 리 없다. 더군다나 이스라엘의 조상, 왕, 제사장 가문으로 이어지는 초호화판 족보를 가졌을 리는 더더욱 없다. 아마도 후대에 이러한 족보가 예수에게 덧붙여졌을 것이다. 복음서는 예수 족보를 다윗 왕통으로 이어지는 화려한 족보로 소개한다. 누가는 예수부터 아담까지 77대를 거슬러 올라가고, 마태는 아브라함부터 예수까지 42대를 내려간다.

마태복음의 족보는 아브라함부터 다윗까지 족장 14대, 다윗부터 바벨론으로 잡혀갈 때 까지 왕 14대, 바벨론으로부터 예수 그리스도까지 제사장 14대로 이어지는 초호화판 족보이다. 하나님께서 수학 선생님처럼 역사를 14(7x2)라는 완전 숫자의 틀에 맞추어 진행하는 것으로 읽힌다. 14대에 맞추려니 어느 곳은 할아버지가 손자를 낳고(요시아가 여고냐를 낳았다, 마태 1:11), 3대를 건너뛰기도 한다.(요람은 웃시아를 낳고, 1:8) 시대 구분의 척도가 되는 인물은 다윗이다. 그리고 그 정점에 다윗의 후손 예수 그리스도가 자리한다.

왜 이렇게 다윗이 모든 역사의 중심이 되었을까? 우리가 IMF 경제위기를 겪으면서 가장 득을 본 사람은 박정희라고 한다. 그가 경제적 부흥

---

11) Walter Wink, 『사탄의 체제와 예수의 비폭력』 op. cit., 221.

을 일으켰다(?)고 해서 인기가 급상승했다. 그랬듯이 이스라엘 민족이 나라를 잃은 후에 역사상 가장 강력한 국가를 세웠던 다윗에게 민족적 기대가 모아졌다. 예수를 다윗의 후손, 잃어버린 나라를 회복할 왕, 메시아로 기대한다.

그러나 예수의 족보를 화려한 왕가로 묘사했지만 족보에 어울리지 않는 네 여인의 이름이 나온다.(마태 1:2–17) 원래 여인은 족보에 싣지도 않는 시대였고, 게다가 이 여인들이 가문을 빛낼 지체가 높거나 역사에 남을 위대한 일을 한 여인들도 아니다.

다말은 시아버지를 유혹해서 시아버지의 아들을 낳은 여자이고 라합은 직업적인 창녀이다. 그러나 라합은 예수의 거룩한 족보에 이름이 올랐다. 룻은 모압 여자로 떠돌이 과부다. 그녀는 남편의 친척 보아스의 발밑에서 자면서 그를 유혹해서 결혼한다.

이렇게 한결같이 이상한 행적의 여인들이 예수의 족보 속에 끼어들어 왔다. 경건한 사람들이 보기에는 눈에 가시처럼 보였다. 일본 성서학자 구로사끼, 흑기행길의 주석을 보면 "두 사람의 불길한 여인과 두 사람의 이방여인에 의해서 신성한 예수의 전기가 더럽혀졌다"라고 흥분한다. 성서는 이 이상한 행적의 네 여인들을 특공대처럼 파견해서 그 당시 유대인들이 가지고 있는 가치관을 뒤흔든다.[12)]

첫째, 이 여인들은 경건과 불경건, 순결과 더럽힘, 선과 악–이런 가치들을 뒤집어 놓고 그 당시 사회가 죄인으로 규정한 이들을 전부 친구로 받아들인 예수의 행적과 일치시킨다.

둘째, 이들은 모두가 이방인이다. 유대인과 이방인, 종족과 혈통, 종

---

12) 최영실, "예수 족보에 오른 문제의 여인들", 『기독교사상』 441호(1995년 9월호), 169–176.

교, 사회적 관습, 법 등은 이스라엘 사회의 중요한 구분이다. 그러나 이 방여인들은 이스라엘 안에 축적되어 왔던 인간에 대한 모든 편견을 무너뜨린다.

셋째, 이들은 한결같이 여자들이다. 히브리 사회에서 족보는 당연히 남자만 들어가고, 여자나 어린아이들은 인정도 하지 않았다. 그러나 이 여인들의 등장으로 예수의 족보는 남과 여의 성 차이를 극복한다. 이미 이런 혁명들은 예수에게서 시작하였고 초대교회 안에 제도로 자리 잡았다. 이러한 사상의 변화가 이제는 족보로 나타난 것이다.

이들은 감히 여성이 나설 수 없는 사회 속에서도 능동적으로 적극적으로 자신들의 운명을 바꾸어 놓았다. 마태는 이들의 적극성을 결과적으로는 '약속의 아들 : 메시야'로 향하는 역사의 맥이 계속 이어온 행위로 부각시켰다. 메시야의 가계, 다윗의 가계가 끊어지려는 순간에도 하나님께서는 불가사의한 방법으로 가계를 유지하셨다고 풀이하며 마침내 그 불가사의의 극치로 마리아는 처녀의 몸으로 예수를 잉태하고 낳는다(마태 1:18-25).

예수는 전적으로 새로운 가능성으로 제시된다. 마태복음의 예수 족보는 다윗이라는 틀로 역사를 보지만 또 한편으로는 다윗을 뛰어넘는다. 다윗을 이상화하면서도 다윗을 비판한다. '우리야의 아내'의 구약 이름은 '밧세바'이다. 우리아의 아내 말고 족보에 나오는 여자는 모두 실명으로 나온다. 그런데 유독 밧세바라는 이름을 놓아두고 '우리야의 아내'라고 하는 이유는 무엇인가?

삼하 12:10에도 밧세바 이름 대신 우리야의 아내라고 말한다. 그것은 하나님께서 다윗이 우리야를 죽이고 그의 아내를 빼앗은 범죄를 꼬집어 말할 때 쓰는 표현이다. 다윗은 여자를 빼앗기 위해 자기에게 가장 충실한 충신, 우리야를 교활하게 죽였다. 다윗의 부도덕함을 보여주는 표상이 바로 "우리야"이고 "우리야의 아내"의 사건이다.

하나님께서는 "네가 나를 업신여기고 헷 사람 우리야의 처를 빼앗아 네 처를 삼았은즉 칼이 네 집에서 영영 떠나지 아니하리라"(삼하 12:10)라고 하시며, 예레미야도 "그 자손 중 형통하여 다윗의 위에 앉아 유다를 다스릴 사람이 다시는 없을 것"(렘 22:30)이라고 했다. 실제로 왕실은 포로로 끌려가고 다윗 왕가는 끝장나고 말았다. 그리고 이후 족보에 나오는 왕들은 히스기야와 요시아를 빼고 하나같이 시원치 않았다. 다윗 후손들의 역사는 불의한 역사이며, 남자들의 역사다. 그런데 세상이 부정하다고 비웃는 이 네 여인이 실패한 왕들의 역사를 종횡무진 비웃고 조롱하며 거룩한 위엄을 자랑하는 족보를 휘젓고 뒤집어 놓는다. 마태는 다윗을 역사의 틀로 보면서도 다윗을 뛰어넘는다. 복음서 기자는 다윗의 결정적인 범죄를 들어 다윗가문에 칼이 떠나지 않는 비극의 역사, 실패의 역사를 넘어서려고 한다. 그것은 새로운 다윗, 새로운 아브라함의 출현을 기다린다.

성령으로 잉태되었다

결정적으로 마지막에 등장하는 마리아는 이제까지의 모든 족보를 허무하게 무너뜨린다. 예수가 누구에게 잉태되셨다고 하는가? 성령이다. 그러면 이 족보가 성령의 족보인가? 성령의 족보가 있을 리 만무하다. 그러면 성령이 아니라면 마리아의 족보인가? 그러나 이 족보는 요셉의 족보이고 실상 주인공 예수는 요셉과는 아무런 관계없이 태어나셨다고 하니, 기껏 14대, 14대, 언급해 나간 것은 무슨 소용이 있나? 아브라함에서 모든 역사를 거쳐 요셉까지 와놓고 이제 막판에 와서 요셉과는 아무 상관없이 성령으로 잉태하여 마리아의 몸에서 예수가 나온다니 도대체 족보는 왜 설명한 것일까?

최종 결론에서 예수는 성령으로 잉태되었다고 한다. 나는 동정녀 탄생과 성령으로 잉태되었다는 것은 구분되어야 한다고 생각한다. 동정녀, 처녀에게 낳은 아이는 없지만 이 세상에 태어나는 모든 아이는 성령을 통해서 잉태되고, 낳게 된다. 인간은 혈통을 중시하지만 성령 잉태는 그것을 넘어선다.

"성령으로 잉태되었다"의 의미는 무엇인가? 족보 이야기의 최종 결론, 허무한 반전은 예수를 이 역사와 철저한 단절로 소개한다. 성령으로 잉태되었다는 불가사의한 언술에서 역사적 진실을 따지는 것은 어리석다. 성령으로 잉태되었다는 것은 기껏 혈통을 따라 제시해온 인간사의 모든 흔적들을 뒤집는 언술이기 때문이다. 메시아는 역사의 우여곡절, 인간사의 업적과 인과관계를 초월하여 전혀 새로운 인간, 새로운 판에 오신다는 의미다. 메시아는 인간이 중시하는 과거에 너절한 흔적들의 연장으로 오시지 않는다. 성령의 역사는 인간의 역사를 뒤집고 이제까지 전혀 나타난 적이 없는 새로운 역사를 시작하신다. 성령 잉태는 인간사의 불의한 계보를 끊어버리는 단절 선언이며, 새로운 역사 시작을 알리는 나팔소리이다.

족보가 제시하는 아브라함과 다윗은 그들 자체가 의미 있는 것이 아니라 그들이 받은 약속이 예수에게 성취될 때 의미 있다. 아브라함, 다윗이 받은 약속은 새로운 세상을 향해있으며 예수에게 모든 의미가 응축된다. 한 분 예수 그리스도, 온전한 사랑을 가지신 그분의 구김 없는 사람됨이 우리 앞에 나타날 때 인간사의 과거 모든 흔적들은 영향력을 잃는다. 이런 저런 혈통이나 가문을 따지는 것, 지연이나 학연을 중시하는 모든 것은 한 인간에게 드러나는 여러 가능성의 확률을 셈하기 위해서거나 서로 안과 밖의 경계를 세우고 우리의 영역 안으로 침투해 들어오는 낯선 것들을 배제하기 위해서다. 그래서 알량한 인간의 흔적들을 신주단지처럼 떠받들고 여전히 우리와 다른 것들을 밀어내는 카르텔을 형성하고는 그것들을 지켜가기 위해 나름 가상한 몸부림으로 삶을 채우며 환호한다. 그런데 참 인간이 우리에게 나타나셨고 그분은 단번에 우리들의 모든 얽히고 꼬인 관계를 풀어낸다. 새로운 인간을 대하는 것이다. 그 한 분 참되신 분이 오심으로 인해 우리는 이 세상 전체를 전혀 새로운 눈으로 받아들인다. 그분께서 나타나실 때에 비로소 우리가 가지고 있던 것들은 보석과 같이 빛나게 될 것이고 과거에 불완전하고 미처 채워지지 않았던 의미의 조각들, 부분의 진리로 만족할 수밖에 없었던 사건들이 마침내 완전한 의미를 부여받아 살아 움직인다. 그것이 성령으로 오신 예수의 의미다.

마리아 찬가

"내 마음이 주님을 찬양하며 내 영혼이 내 구주 하나님을 높임은 주께서 이 여종의 비천함을 돌보셨기 때문입니다. 이제부터는 모든 세대가 나를 행복하다 할 것입니다. 힘센 분이 내게 큰일을 하셨기 때문입니다. 주의 이름은 거룩하고, 그의 자비하심은, 그를 두려워하는 사람들에게 대대로 있을 것입니다. 주께서는 그 팔로 권능을 행하시고, 마음이 교만한 사람들을 흩으셨으니, 제왕들을 왕좌에서 끌어 내리시고 비천한 사람들을 높이셨습니다. 주린 사람들을 좋은 것으로 배부르게 하시고, 부한 사람들을 빈손으로 떠나보내셨습니다. 주께서 자비를 기억하셔서, 당신의 종 이스라엘을 도우셨습니다. 우리 조상에게 말씀하신 대로 그

자비는 아브라함과 그 자손에게 영원토록 있을 것입니다." (누가 1:46-55)

마리아는 예수에게 위대한 정신을 심어준 어머니이다. 마리아는 자신의 뱃속에 있는 아기를 보고 '마리아의 찬가'(누가1:46-55)를 불렀다. 이 노래에는 그 당시 민중이 열망하던 메시아 상과 새로운 세계에 대한 열망이 잘 나타나 있다.

메시아는 "권세 있는 자, 교만한 자, 부유한 자를 내치시고 비천한 자, 배고픈 자를 구원하실" 분이다. 이것이 '마니피캇(Magnifikat)'이라고 불리는 이 노래의 주제이다. 전하는 말로는 러시아의 짜르(러시아 혁명으로 무너진 러시아 황제)가 이 노래를 무서워했다고 한다. 또 남미의 독재자들도 이 노래에는 '혁명을 일으키는 세균'이 들어 있다고 했다. 반면에 민중은 이 노래를 매우 즐겨 암송했다. 이 노래는 가난한 자들이 특히 좋아하는 기도이다. 우리는 이 노래 속에서 제3세계 민중의 눈에 비친 투쟁하는 마리아의 상을 본다. 통속 전통의 마리아, 우리의 마음을 편하게 하는 가냘프고 얌전한 마리아 상과는 거리가 멀다.

하나님께서 그 여종의 비천한 신세를 돌보아주셨다고 한다. 한나의 기도(삼상 1장)에 비견되는 이 노래는 가난하고 한 많은 여인 마리아를 통해서 당시 메시아를 기다리는 민중의 희망이 드러난다. 비천한 여인 마리아를 메시아의 어머니로 삼으신 사건은 종말의 때에 일어날 반전되는 역사의 표상이다.

비슷한 시기를 다루는 위경 〈솔로몬의 시편〉을 보면, '교만한 사람'은 당시 백성을 억압하고 지배 권력을 휘두르는 로마와 유대 지도자들을 일컫는다(17:8, 15, 26). 또한 쿰란 공동체의 두루마리는 "당신은 사방의 원수들을 가난한 사람들의 손에 넘겨주실 것이며, 힘 있는 자들을 낮추시되 그 백성의 손이 그 자들을 눌러 먼지로 만들어 버릴 것이다."라고 한다.[13] 이 노래에는 하나님께서 기존 지배 권력을 타도하는 혁명의 꿈이 담겨있다.

예수는 권력자를 내치면서 가난한 사람이 주인으로 서는 사회를 말한다. 민중이 주인이 되는 세상에 대한 사회적 혁명의 이상을 담고 있다. 마리아는 "여종의 비천함을 돌보시고, 모든 세대가 나를 행복하다 할 것이다. 그것은 힘센 분이 내게 큰일을 하셨기 때문"이라고 한다. 그 때 비로소 "주의 이름은 거룩하고, 그의 자비하심은, 그를 두려워하는 사람들에게 대대로 있게 될 것"이다. 주님은 "비천한 사람들을 높이시고, 주린 사람들을 좋은 것으로 배부르게 하신다." 비천한 여인, 가난한 여인으로 대표되는 마리아는 당시 민중을 대표하며 이들은 드디어 그들을 구원할 메시아의 기쁜 소식을 듣는다.

예수 탄생 시 마리아가 "비둘기 한 쌍 혹은 어린 산비둘기 둘로 제사하려 예루살렘 성전에 올라갔다"(누가 2:24)는 것은 마리아의 제물이 가난한 여인의 제물이었음을 말한다. 레위기에는 해산한 여인의 제물을 법률로 규정하고 있지만 특별히 가난한 사람의 경우에만 비둘기 두 마리로 대치하도록 하고 있다.(레위 12:8) 이것은 예수 가정이 지극히 가난해서 특례법으로 보호받는 대상이었음을 말한다.

예수 운동을 사회학적으로 연구한 종교학자 호슬리(Horsle)는 누가가 자신의 복음서 제일 앞에 이 노래를 가져다 놓은 것은 구원을 영적으로 이해하는 바울식의 해석과 구별하고, 먼 종말의 때에나 이루어질 이야기로 역사 안에서 몰아내는 행위와 구별하기 위해서라고 한다. 마리

13) Richard A. Horsley, 『크리스마스의 해방』 op.cit., 212.

아 찬가에 나타난 하나님의 결정적인 행위는 예수의 죽음과 부활이 아니라 예수의 전면적인 활동에 담겨 있는 뜻이, 이미 예수 탄생에서 시작하는 것을 의미한다.[14)]

교회 전통은 마리아가 영적인 겸손함을 가진 어머니로 남아있기를 원하지만, 진짜 마리아는 정치, 경제, 사회적인 혁명가로 이러한 전통을 뚫고 나온다. 아마 예수는 어머니로부터 이러한 교육을 받으면서 자랐고 어머니의 위대한 정신을 이어받았을 것이다. 마리아와 같은 어머니가 있기에 예수와 같은 인격의 인물이 나오는 것이다.

14) Ibid., 215.

함께 생각나누기

* 예수가 동정녀 탄생이 아니고, 성령으로 잉태되었다고 하는 것이 우리의 신앙생활에 대해 어떤 영향이 있을지 생각을 나누어 봅시다.

* 마태와 누가는 예수의 출생지를 베들레헴이라고 한다. 그러나 마가와 요한은 예수를 나사렛 사람이라고 부른다. 나사렛 주변에서 벌어진 사건들과 관련하여 나사렛 사람 예수라는 말이 가진 의미가 무엇일까 이야기해 봅시다.

* 오늘 우리들의 경험 속에서 가장 희망에 찼던 시기를 떠올려보고, 우리들의 공동체(교회 또는 사회)에서 어떤 희망을 만들어 갈 수 있는지 이야기해 봅시다. 단지 과거의 기억을 회상하며 기뻐하는 기억의 성탄절을 넘어서 우리들의 희망을 만들어가며 예수탄생의 의미를 오늘에 살리려면 어떤 성탄절을 만들 수 있을까 이야기해 봅시다.

나사렛 예수

예수가 나사렛 사람이라고 불린 것은 그가 나사렛 출신이지만 나사렛에 살지 않았다는 것을 말한다. 우리가 순천에 살고 있는 사람을 순천댁이라고 부르지는 않는다. 그녀의 고향이 순천이지만 외지 생활을 한다는 뜻이 그 명칭 속에 있다. 나사렛 예수도 그가 사람들에게 주목받기 시작했을 때는 이미 고향을 떠나서 떠돌이 생활을 했기 때문이다.

마태와 누가는 예수가 베들레헴에서 출생했다고 한다. 그러나 마가와 요한은 아예 그러한 소식은 전하지도 않을 뿐 아니라 예수가 어디서 태어났든지 간에 예수는 여전히 '나사렛 사람'(마가 1:24, 10:47, 요한 18:5,7, 사도 2:22, 3:6)이라고 부른다. 적어도 그분이 어렸을 적부터 요한에게 세례 받으러 갈 때(마가 1:9)까지는 나사렛과 관련을 맺고 있었다.

나사렛 마을은 갈릴리 지방의 한 촌읍으로 도시 세포리스에서 남동쪽으로 6Km 떨어진 지점에 위치하고 있다. 세포리스는 과거 헤롯 왕의 군사 요지 중의 하나로, 주전 4년 그가 죽자 갈릴리의 민중 지도자 '헤제키야의 아들 유다'가 민중과 더불어 이 도시를 점령하여 봉기의 거점으로 삼았었다. 이 봉기는 로마가 곧 진압하는데, 이 때 세포리스는 초토화되었고 그 주민들은 노예로 팔려가는 비운을 겪어야 했다.

예수가 주전 4년에 일어난 봉기 당시에 태어나셨다면 여기서 어린 시절을 보냈을 가능성이 있다. 나사렛의 많은 젊은이들도 이 봉기에 가담했을 것이며, 봉기의 참여여부와는 상관없이 상당히 많은 사람들이 이 전쟁의 와중에서 생명을 잃거나 노예로 팔려갔을 것이다. 이렇게 반역의 고향으로 점 찍힌 나사렛은 멸시와 천대의 대상이었고 한(恨) 많은 고장이었다. 나다나엘이 빌립에게 "나사렛에서 무슨 신통한 것이 나올 수 있겠소?"(요한 1:46)라고 반문 했듯이, 반역이 끊이지 않는 문제의 고장이었다. 후에 나사렛과는 아무런 관계가 없는 바울까지도 '나사렛 도당의 괴수'로 고발당한다. 나사렛은 지배자들에게는 골치 덩어리일 뿐인 반역의 고장을 가리키는 대명사였다.

"우리가 알아 본 결과 이 자는 몹쓸 전염병 같은 놈으로서 온 천하에 있는 모든 유대인들을 선동하여 반란을 일으키려는 자이며 나사렛 도당의 괴수입니다." (사도행전 24:5)

마리아의 아들 목수 예수

"이 사람은 마리아의 아들 목수가 아닌가? 그는 야고보와 요셉과 유다와 시몬의 형이 아닌가? 또 그의 누이들은 모두 우리와 같이 여기에 살고 있지 않은가? 그러면서 그들은 예수를 달갑지 않게 여겼다." (마가 6:3)

예수가 고향사람들에게 배척받는 이야기이다. 예수는 목수요, 장인이었다. 팔레스타인은 나무가 매우 부족했기 때문에 건축에 쓰이는 재료는 주로 석회암같은 돌이었다. 귀한 목재는 창문이나 문의 윗부분에 돌들이 떨어지지 않도록 받쳐 주는 정도로만 쓰였다. 그러니 예수는 목수보다는 석공에 가까운 건축 노동자였다.

헤롯 대왕의 아들 헤롯 안티파스가 갈릴리의 새로운 통치자로 부임하자 세포리스를 자신의 영지의 수도로 삼기 위해 대도시로 재건했다. 이것은 세포리스에서 봉기가 일어난 지 10년 후인 주후 6년의 일이다. 이후에 세포리스는 주후 26년 디베랴로 수도를 옮길 때까지 안티파스 영지의 수도였다.

나사렛 근처인 세포리스에 도시를 건설한다는 소식이 전해졌다. 새로운 도시 건설은 곧 농토 잠식을 의미하며, 농민들의 분해를 촉진한다. 많은 사람들이 조상이 살던 고향을 떠날 준비를 했다. 새롭게 건설되는 도시는 이들 이농민(離農民)들이 필요했다. 그들을 도시 건설을 위한 노동력으로 충당했다.

주변에서 농사짓던 노동력이 도시로 몰려들었다. 도시에 몰려든 건축노동자들은 농촌에서도 생활 기반을 확고하게 잡을 수 없던 사람들이다. 비교적 여유가 있는 사람들은 농촌에 남았다. 그들은 도시에 모여든 건축노동자들로 인하여 급증하는 생활용품을 조달했다. 반면에 몸뚱어리 밖에는 아무 것도 가진 것이 없는 사람들은 짐꾼이나, 건축노동자, 걸인 등으로 도시 하층민을 형성하게 된다. 그러나 식민지에서의 일반적 현상은 이들이 결국 기술노동자로 상승하지 못한다는 것이다. 이들은 항상 미숙련 육체노동자로 머무르게 되며, 심지어 범죄나 과실을 통해 노예로 전락하기도 한다.

만일 예수가 도시건설을 위해 동원 되었다면 오랫동안 집을 떠나서 생활하는데 익숙하였을 것이다. 복음서에 나오는 예수의 일상은 떠돌이 생활이었다. 또 예수의 비유 속에는 건축노동자의 관점에서 본 이야기들(마태 7:24-27, 누가 6:46-49 등)이 많다. 이것은 예수가 도시건축 노동자였던 때의 경험이 반영된 것으로 보인다.

예수를 '마리아의 아들'(마가 6:3)이라고 부른 것은 아버지 요셉이 가족과 함께 있지 않았기 때문일 것이다. 요셉이 그 당시에 잦았던 로마에 대항한 봉기에 가담하여 싸우다가 죽었거나, 포로로 끌려갔거나, 아니면 직업적인 혁명가가 되어 떠돌이 생활을 했을 수도 있다. 전쟁의 참화를 겪은 지역에서 민중의 생활은 비참했다. 짓밟힌 농경지를 다시 개간해야 했고 불타버린 집을 다시 세워야 했다. 장정이라곤 거의 죽거나 노예로 붙들려갔고 노인과 여인, 어린이들만 남았다. 이런 환경에서 예수는 '마리아의 아들'이라고 불렸을 것이다.

콘스탄틴 황제 이후 기독교는 지배자의 종교가 되어버리고 말았지만 민중의 메시아 대망에 부응하였던 예수의 모습은 지워버릴 수가 없었다. 예수가 인간으로 오셨다는 것, 그 중에서도 가난한 민중으로 오셨다는 사실은 지배자들에게는 걸림돌이 되는 것이지만 포기할 수 없는 기독교의 전통이다. 이러한 헌신 속에서 아기 예수로 오신 평화의 소식은 눈에 드러나지는 않지만 결국은 온갖 새가 깃들고(마태 13:32), 서 말 떡을 온통 부풀게 하는(마태 13:33) '평화의 기쁜 소식'이 될 것이다.

(함께 생각나누기를 돕기 위한 저자의 추가설명)

05
예수 운동과 세례자 요한의 운동

미리 살펴 보기

요한복음 1:1-34, 3:22-30, 마가복음 1:1-15, 누가복음 1:5-25, 1:57-80, 3:1-20, 마태복음 3:1-17을 읽어보고 세례요한과 예수의 관계에 대해 생각해봅시다.

> 내가 진정으로 너희에게 말한다. 여자가 낳은 사람 가운데서 세례자 요한보다 더 큰 인물은 없었다. 그러나 하늘나라에서는 아무리 작은이라도 요한보다 더 크다.(마태 11:11)

예수 탄생 약 6개월 전에 유다의 한 작은 마을에서 태어난 세례요한은 예수의 제자도 아니었고 바울 같은 선교사도 아니었지만, 예수의 삶에서 누구보다 중요한 인물이다. 세례 요한은 당시 성서에 기록한 것보다 더 많이 알려지고 영향력 있는 인물이었을 것으로 추정한다. 역사 관점에서 보면, 성서는 비교적 주관적인 자료다. 보다 기록에 충실한 동시대의 역사자료로 『유대고대사』가 있다. 이 책은 친 로마 성향의 유대 역사학자 요세푸스가 쓴 책으로서, 성서와는 또 다른 유대역사를 발견할 수 있다. 이 책에는 예수에 관한 언급은 없고, 오히려 세례 요한에 대해서 말한다. 그런데 요한복음에서 세례요한에 관한 정의(定意)는 겸손하기만 하다. 요한복음 1장을 보자.

> 그 사람 자신은 빛이 아니었다. 그는 그 빛을 증언하러 온 것뿐이다.(8절)

> 요한은 그를 증언하여 외쳤다. "이분이 내가 말씀드린 바로 그분입니다. 내 뒤에 오시는 분을 나보다 앞선 분이라고 말씀드린 것은, 이분을 두고 말한 것입니다. 그분은 나보다 먼저 계신 분이기 때문입니다." (15절)

> 그(세례 요한)는 거절하지 않고 고백하였다. "나는 그리스도가 아니오." 하고 고백하였다.(20절)

> 내가 전에 말하기를 '내 뒤에 한 분이 오실 터인데, 그분은 나보다 먼저 계시기에, 나보다 앞서신 분이다' 한 적이 있습니다. 그것은 이분을 두고 한 말입니다.(30절)

> 그런데 나는 그것을 보았습니다. 그래서 나는, 이분이 하나님의 아들이라고 증언하였습니다.(34절)

그는 사람들의 시선을 자신이 아니라 예수에게 향하게 한다. 심지어 자신을 따르던 제자들이 "선생님, 보세요. 요단 강 건너편에서 선생님과 함께 계시던 분, 곧 선생님께서 증언하신 그가 세례를 주고 있습니다. 사람들이 모두 그에게로 모여듭니다."(요한 3: 26)하며 속상해 하자 담담하게 "그는 흥하여야 하고, 나는 쇠하여야 한다."(요한 3:30)라고 답한다. 예수에게 향하는 사람들을 보며 질투나 패배감에 사로잡히기는커녕 "그는 주인공이고, 나는 그저 도구다"라니, 참으로 욕심 없고 자유로운 사람이다.

그런데 이런 구절들은 조금 다른 시선으로 보면, 요한복음을 기록할 당시를 엿볼 수 있다. 세례 요한도 하나님께서 보내신 사람(요한 1:6)이고, 그는 단지 예수를 위한 증언자일 뿐이라는 말에서 보듯이, 요한복음은 세례 요한을 끊임없이 의식한다. 이는 세례 요한과 예수가 권력에 희생 당한지 70여년이 지난 후(요한복음은 주후 100년경에 쓴 책이다)에도 예수의 추종자들만큼 세례 요한의 추종자들도 적지 않았음을 의미한다. 요한복음이 예수에 대해 증언하는 이면에는 세례 요한의 추종자들을 의식하고 견제하는 경향이 있다. 이와 비슷한 말씀이 사도행전에도 있다.

> 그런데 알렉산드리아 태생으로, 아볼로라는 유대 사람이 에베소에 왔다. 그는 말을 잘하고, 성경에 능통한 사람이었다. 그는 이미 주의 '도'를 배워서 알고 있었고, 열심히 예수에 관한 일을 말하며, 정확하게 가르쳤다. 그러나 그는 요한의 세례밖에 알지 못하였다. (사도행전 18:24-25)

아볼로를 설명하면서 "요한의 세례밖에는 알지 못하였다"고 한다. 예수를 따르는 이들은 "요한의 세례는 부족하다"고 여긴 듯하다. 다음 절에서 브리스길라와 아굴라는 아볼로가 회당에서 담대하게 말하는 것을 듣고, 따로 그를 데려다가, 하나님의 '도'를 더 자세히 설명해 준다. 그런 다음 아볼로는 사람들 앞에서 예수께서 그리스도이심을 증언한다.

예수와 세례 요한의 관계가 이렇게 오랫동안 거론되었다는 것은 그만큼 두 사람의 관계가 떼려야 뗄 수 없을 만큼 뿌리가 깊다는 것을 반영한다. 예수는 요한 앞에서 무릎을 꿇고 세례를 받음으로 자신의 사명을 본격적으로 자각한다. 또한 요한복음 1장에는 처음으로 예수를 따르는 두 사람의 이야기가 나온다. 그들은 원래 세례 요한의 추종자들이었다. 그런데 요한이 예수를 보고 "보아라, 하나님의 어린 양이다"하고 말하자 그들은 바로 예수를 따라간다. 그 두 사람 중 한 명이 베드로의 동생 안드레다.

또한 예수는 요단강에서 세례 요한에게 물로 세례를 받았다. 이는 당시 유대교의 전통인 정결례나 이방인들의 개종식과는 다른, 완전히 새로운 의식이었다. 예수는 이 세례에서 하늘로부터 "이는 내 사랑하는 아들이다. 내가 그를 좋아한다."라는 소리를 듣는다. 또한 예수가 전파한 메시지의 중심인 '하나님 나라'도 세례 요한의 설교 주제였다. 이는 예수가 일정 기간 그와 함께 하며 영향을 받았음을 뜻한다. 이 관계는 상하관계라기 보다 세례를 받은 수행자 동아리에 가까웠다. 예수를 나사렛 사람(the name Nazarene)이라고 부르는 명칭에는 이것이 반영되어 있을지 모른다. 왜냐하면 이 명칭은 예수가 '수호자들'(아람어 nazaren)이라고 부르는 '세례자 종파'에 속했음을 의미하기 때문이다.[1] 아무튼 예

1) Ekkehard W. Stegemann and Wolfgang Stegemann, op cit., 316.

수가 독자적인 운동을 전개하기 전부터 이미 카리스마–예언자적 환경 속에서 살았으며, 세례 요한의 종말론 메시지에 깊은 영향을 받았다.

요한의 탄생 이야기를 살펴보자. 누가복음에는 세례 요한의 탄생에 대한 예언이 담겨 있다.

> 천사가 그에게 말하였다. "사가랴야, 두려워하지 말아라. 네 간구를 주께서 들어주셨다. 네 아내 엘리사벳이 네 아들을 낳을 것이니, 그 이름을 요한이라고 하여라. 그 아들은 네게 기쁨과 즐거움이 되고, 많은 사람이 그의 출생을 기뻐할 것이다. 그는 주께서 보시기에 큰 인물이 될 것이다. 그는 포도주와 독한 술을 입에 대지 않을 것이요, 어머니 태에 있을 때부터, 성령의 충만함을 입어서, 이스라엘 자손 가운데서 많은 사람을 그들의 주 하나님께로 **돌아오게** 할 것이다. 그는 또한 엘리야의 심령과 능력을 가지고 주의 선구자로 먼저 와서, 부모의 마음을 자녀에게로 **돌아오게** 하고, 거역하는 자들을 의인의 지혜의 길로 **돌아서게** 해서, 백성으로 하여금 주님을 맞이할 준비를 갖추게 할 것이다." (누가 1:13–17)

요한의 부모는 자녀가 없었다. 엘리사벳은 늙고 임신할 수 없었는데 출산했고 마리아는 젊고 처녀인데 출산했다. 누가복음 1–2장은 둘 다 불가능한 출생이지만 동정녀에게 이루어진 예수의 출생이 훨씬 더 기적적이고 하나님의 개입이 더 큰 징표로 여겨 예수의 수태를 위로 높인다.[2]

2) Jonathan L. Reed and John Dominic Crossan, op cit., 85.

요한은 유다 산골 한 평사제의 집안에서 태어났다. 그 당시 산골 평사제의 삶은 일찍이 구약의 레위인이 약자의 목록에 나오는 것과 같이 매우 비참했다. 귀족 사제들에게 자기의 몫을 강탈당하기도 하고 굶어 죽는 사람도 많았다. 요한은 이런 평사제의 아들로서 민중이 겪는 분노와 억울함을 잘 알고 성장했으며, 그 사회적 모순과 유다 종교의 허점도 너무 잘 알고 있었다. 그는 유다교의 맹점을 혁신하며 하나님 나라를 중심한 새로운 종교의 가능성을 연다.

세례 요한의 출생에 대한 예언 중에는 돌아오게한다는 말이 강조된다.[3] 이것은 세례 요한이 외친, "때가 찼다. 하나님 나라가 가까이 왔다. 회개하라"(마가 1:15)는 말씀에 드러난 요한의 임무와 그의 선교가 가진 혁명적 특성을 보여준다. 여기서 돌이킴의 대상은 셋이다. 첫째, "이스라엘 자손 가운데서 많은 사람을 그들의 주 하나님께로 돌아오게 할 것이다.(16절)"라는 말씀은 요한이 이스라엘의 수많은 민중을 하나님께 돌아오게 만든다는 뜻이다. 둘째, "부모의 마음을 자녀에게로 돌아오게 하고(17절) …"는 새로운 세대에 중점을 둔 말씀이다. 마지막으로, "거역하는 자들을 의인의 지혜의 길로 돌아서게 해서 … (17절)"는 당대에 하나님의 정의를 저버린 사람들이 회개할 것을 말한다. 각자의 의미를 자세히 살펴보자.

민중을 하나님께로 되돌리는 세례

요한의 세례의식은 당시 종교사적으로 지대한 의미를 갖는다.

3) '돌아오게 한다'는 희랍어는 에피스트레포(επιστρέψω, 영 turn, return) 또는 회개한다(convers)는 의미로도 쓰인다.

첫째, 제사종교를 혁파해서 가난한 민중이 죄 사함을 받을 수 있도록 했다. 요단강에서 베푸는 세례는 일종의 상징적인 정화의식이다. 요한에게 찾아온 사람은 죄로 물든 과거를 뒤로 하고 요단강 물에 몸을 담금으로써 깨끗해진다.

유다 종교는 제사종교다. 자신의 죄를 벗기 위해서는 법률로 정해진 예물을 드려야 한다. 정결해지기 위해서는 제물이 매개가 돼야 했다. 따라서 가난한 사람은 제사를 드릴 수 없는 부정한 죄인이다. 당장 먹고 살기도 힘든 현실에서 제물은 걸림돌이었다. 가난이란 것은 경제적 가난과 동시에 자신의 죄를 벗지 못하는 '불경'이었다. 가난한 사람들은 종교적으로 더럽다고 여겨졌다. 가난과 불경의 이중 굴레는 그들 스스로를 자포자기 상태로 만든다. 요한은 이러한 유대교의 맹점을 꿰뚫어 보고 이를 혁파했다. 그는 가난한 사람들을 제물과는 상관없이 요단강 가로 불러내 세례를 베풀었다. 유대교 제사제도를 대신해서 죄를 사하고 용서함을 받는 길이다. 이것은 새로운 혁명이었다. 요한은 이 세례의식을 통하여 민중들을 죄의식에서 해방시키고 하나님께 돌아오게 했다.

둘째, 속죄 장소인 성전을 광야로 끌어왔다. 요한은 헤롯 안티파스 통치기에 여리고 건너편 요단강 동쪽 계곡 베뢰아 지방[4]에서 활동했다. 활동 주 무대는 광야(마가 1:4)로서 여호수아가 거룩한 땅에 진입하기 위해 통과했던 곳이다. 그의 복장 역시 광야에서 생활하던 엘리아의 복장이다. 공관복음은 세례 요한을 되살아난 엘리야(마가 1:2 이하, 9:11

4) 요르단강 동편 옛 르우벤 지파의 땅이다. 이스라엘이 광야생활을 마치고 느보산을 거쳐 여리고로 입성하기 전에 머문 요단강 동편 지역이다.

이하)와 동일시하는 경향이 있다. 요한이 세례를 준 요단강은 엘리야의 은신처이기도 하다. 엘리야는 물이 마른 강바닥을 밟으며 요단강을 건넜고 강 건너편은 그가 하늘로 올라간 곳이다. 만일 엘리야가 다시 온다면 그곳으로 오리라고 기대했다. 이것은 고도의 구속사적 상징이다.[5] 요한은 속죄의 중심 장소인 성전을 대신해서 광야를 가로질러 흐르는 요단강과 그 주변의 광야로 관심을 돌렸다. 구약 전승에 따르면 광야는 민족이 새롭게 거듭나 새 역사를 시작하는 땅이다.

셋째, 일상 속에 있는 정결례를 영구적이고 일회적인 세례예식으로 전환했다. 세례의식은 예수 시대에 유행했던 정결예식을 수행한 것이다. 정결례는 자기 자신을 온전하게 하나님께 드린다는 종교적 의미를 담고 있다. 성전체제는 인간이 새 출발할 수 있는 의식들을 독점했다. 정결례는 성전이 독점하고 있던 정결의 의미를 대중화하고 일상화해서 가난한 사람에게도 개방했고 정결의 질적 깊이도 심오하게 했다. 그러나 정결례가 일상 속으로 들어오면서 다시 율법화 되었고, 이는 다시 민중을 소외시키고 대상화했다. 오히려 그들을 정죄하는 도구로 전락했다. 예수는 이렇게 새로운 판단의 도구가 되어버린 정결례에 대해 비판한다.[6] 정결례 자체가 성전 종교를 일상으로 가져온 개혁조치였지만 그것이 다시 질곡이 되어 민중의 일상을 지배하는 도구가 되어버린데 비해 요한의 세례는 평생 영구적이고 일회적인 의식으로 발전했다.

---

5) Ekkehard W. *Stegemann and Wolfgang Stegemann*, op cit., 274.

6) 제8장 예수의 율법논쟁 정결예식의 의미 참조. 당시의 정결례는 바리새인들이 주도했다.

젊은 세대의 운동인 세례

자녀의 마음이 부모에게 돌아와야 한다는 말은 많이 들었으나 부모의 마음이 자녀에게 '돌아오게 한다'는 말은 생소하다. 그 당시 요한과 예수로 이어지는 새로운 유대교 혁파 운동은 젊은 세대의 운동이다. 요한은 예수보다 불과 6개월이 앞선 동년배이다. 그들의 제자들도 다 그만그만한 나이 또래였다. 세례운동은 서른 남짓한 새파란 청년들이 주도하는 개혁운동이었다.

반면에 유대교 지도자들은 다 나이 많은 권위자였고, 그 사회의 권력과 지식과 모든 것을 소유한 근엄한 장로(長老)들이었다. 이들에 맞서 새로운 젊은이의 운동이 일어났다. 요한과 예수의 운동은 새로운 세대의 운동으로 감히 천 년 이상의 역사적 전통과 뿌리를 가진 유대교 전통을 혁파했다. 그 당시 기득권 주류 세력에게는 가당치도 않은 '젊은 것들의 운동'에 불과했다. 그러나 역사변혁은 세력이나 숫자에 달려있는 것만은 아니다. 그 운동을 일으키는 주체들의 행위가 정의롭고 진실에서 우러나오는 것일 때, 반드시 나중 된 자가 먼저 되는 역사가 일어난다.

당대 부패한 지도자들을 향한 회개운동

요한은 "속옷을 두벌 가진 사람은 없는 사람에게 나누어 주고, 먹을 것을 가진 사람도 그렇게 하라"고 하며, 세리들에게 "너희에게 정해준 것보다 더 받지 말라", 군인들에게는 "아무에게도 협박하여 억지로 빼앗거나, 거짓고소를 하여 빼앗거나, 속여서 빼앗지 말고, 너희의 봉급으로 만족하게 여기라"(눅 3:11-14)고 한다.

그리고 당시 정권에 대해서도 직격탄을 날렸다. 헤롯 안티파스의 행태는 그의 아버지와 매우 흡사했다. 그의 아버지 헤롯 왕이 옛 하스몬가의 재산을 압류해서 대토지를 소유한 것처럼[7] 안티파스는 돈이 될 만한 곳을 좇아서 여러 번 수도를 옮겨가며 마치 빨대를 꽂아 흡입하듯이, 백성이 가진 토지와 국세를 빨아들여 부를 축척했다.[8] 갈릴리 농민들은 헤롯 안티파스가 거두어가는 세금, 투옥이나 폭력, 땅의 몰수 등의 위협으로 늘 두려웠다. 그가 거두어 가는 세금은 생산과 수입 총합의 25-40%에 이르렀다.[9]

로마의 카이사르 황제가 죽고 티베리우스 황제가 뒤를 잇자 헤롯 안티파스는 재빠르게 황제 이름을 붙인 티베리아스를 건설하고 자신의 영토의 수도로 삼았으며 황제의 첫 번째 동전을 주조했다.[10]

그러나 유대 백성들이 우상 숭배에 대해 갖는 종교적 민감성을 고려한 것조차도 아버지 헤롯의 사악한 행태와 같았다. 그가 세포리스와 티베리아스에서 주조한 최초의 동전들을 보면 황제의 형상 대신 갈대와 종려나무 같은 그림을 담아 유대와 로마의 전통 모두에 통할 수 있는 상징으로 외줄타기를 했다.[11] 예수는 그를 '여우'라고 불렀을 만큼 그는 매우 교활하게 부와 권력을 움켜쥐었다.

그리고 아내를 쫓아내고 헤로디아를 취했다. 요한은 안티파스와 헤로디아와의 불의한 결혼을 꾸짖었다(눅 3:19). 헤로디아는 동생 필립의 처인데 강탈했다. 그것은 헤로디아 가문의 명성을 탐했기 때문이다. 안티파스는 민중이 존경하는 하스몬 왕가의 후손과 관계 맺기를 원했다.

---

7) Ekkehard W. *Stegemann and Wolfgang Stegemann*, op cit., 187.

8) John Dominic Crossan, 『가장 위대한 기도』 op cit., 192.

9) Jonathan L. *Reed and John Dominic Crossan*, op cit., 321.

10) Ibid., 106.

11) Ibid., 108.

그것은 그의 아버지 헤롯 왕이 간절히 원하던 것이다. 아버지 헤롯 왕은 하스몬 왕가의 미리암내와 혼인했는데, 아들 헤롯 안티파스는 미리암내의 손녀 헤로디아와 혼인했다. 그는 당당하게 그리스와 맞서 독립을 쟁취했던 마카비 형제의 하스몬 왕가와 자신이 연결되었다는 평판을 얻고 싶었다. 당시 헤롯 안티파스의 아내는 나바테아의 공주였다. 그가 아내를 친정으로 내쫓고 헤로디아를 맞이하자 나바테아 왕국과는 긴장이 고조되었다.

안티파스의 결혼은 당시 정치적 상황으로 보면 단지 애정사가 아니라 미묘한 민족문제가 있었다. 요한이 활동하던 곳은 유다와 나바테아[12]와의 국경 지역이다. 나바테아는 조그만 나라지만 로마의 속국이 아닌 독립국이었기에 가난했지만 나라의 위상은 높았다. 요한은 민감한 국경지역에서 예민한 정치적 사안으로 왕을 꾸짖었다. 이것이 요한이 순교한 결정적 이유다. 표면상으로는 헤롯 안티파스와 형제의 아내인 헤로디아가 토라가 금하는 친족결혼(레 18:16, 20:21)을 정죄했기 때문이라고 한다.(마가 6:17-18) 그러나 요한이 굳이 나바테아 공주 편을 들어 로마로부터 독립적인 나바테아를 옹호했다. 요한은 유다민족의 가장 근본적이고 아픈 약점인 로마와의 자주권 문제를 건드린다. 요한의 선포 속에는 전통적으로 예언자들이 행한 '통치자에 대한 비판'이라는 주제가 들어있다. 이것은 선포과정에서 민중의 관심을 모으고 조직하기 쉬우므로 헤롯 안티파스가 개입하는 계기가 되었다.[13]

---

12) 나바테아의 수도였던 페트라(Petra)는 현재 요르단에 소재한다. 페트라 유적은 유네스코 유산이며 천연 바위로 이루어진 협곡은 방어에 유리한 요새였기에 로마의 침략을 막아 낼 수 있었고 주후 105년 로마 트라야누스 황제에 의해 합병되기 까지는 독립왕국으로 존재할 수 있었다. 영화 인디아나 존스 최후의 성전의 배경이다.

13) Ekkehard W. *Stegemann and Wolfgang Stegemann*, op cit., 276.

『유대고대사』는 요한의 체포이유를 성서처럼 애정사에 대한 비판이라기보다는 보다 세련되게 정치적 이유를 들고 있다. "그가 민중을 선동하므로 민중이 동요할까 두려워 그를 체포했다"고 한다. 그 당시 민중은 납세 거부운동을 하며 반 로마적인 응집력을 가지고 유대의 통치자들과 적대하고 있었기에 이러한 이유는 타당했다.

헬레니즘 문화[14)]에 맞선 카리스마 운동들

히브리민족은 앗시리아, 바벨론, 페르시아에 이어 그리스, 로마로 이어지는 제국 통치 아래서 철저하게 무기력과 위기를 경험한다. 특히 그리스-로마로 이어지는 헬레니즘 문화에 맞서 자기 정체성을 지키려는 몸부림은 묵시운동으로 나타났다.[15)]

이러한 흐름은 바리새파와 에세네파의 문학적[16)]이고 엘리트적인 운동[17)]과 보다 밑바닥 민중의 움직임인 예언자적이고 천년왕국적인 운동[18)]으로 나눌 수 있다. 후자의 운동은 카리스마 있는 지도자가 주도했

14) 그리스와 로마로 이어지는 문화를 헬레니즘 문화라고 한다. 그리스는 희랍, 헬라 등으로 부른다.

15) Ibid., 238 이하 참조, 자세한 내용은 4권과 발행될 예정인 9권의 묵시문학 부분을 참조할 것.

16) 에세네파는 쿰란 공동체를 이루며 살았고 이들의 거주지에서 가장 오래된 성경의 사본인 사해사본이 발견되었다.

17) 슈테게만은 이를 주류사회와 경계 짓기를 시도하는 "일탈(deviance) 현상으로 보고 바리새파와 에세네파는 물론 크게 보아 사두개파까지를 포함시켰다. Ibid., 246. ff.

18) 천년왕국운동의 사고는 요한계시록 20장 1~6절에 기반을 둔다. "마귀요 사탄인 그 용 곧 저 옛 뱀을 붙잡으니라. 그가 그를 붙잡아 천 년 동안 결박하여 바닥없는 구덩이에 던져 넣어 가두고 그 위에 봉인을 하여 천 년이 찰 때까지는 그가 더 이상 민족들을 속이지 못하게 하니라. 그 뒤에는 그가 반드시 잠시 동안 풀려나리라."(요한계시록 20장 2~3절) 천년왕국운동은 종교사회학적 용어가 되었다. 급진적인 대안 사회의 프로그램을 가지고 그날을 기다리며 사회로부터 독립적으로 존재하는 공동체 운동을 말한다.

다. 세례 요한의 세례 운동이나 예수 운동은 이에 속한다.[19)]

무너진 사회 속에서 각종 대안 운동들이 뚫고 나왔다. 벼랑으로 몰려 몰락하느냐 아니면 이판사판으로 한번 치받고 가야 하는가 하는 갈등과 충동이 백성 가운데 상존했다. 사회 기본이 무너졌기에 누가 앞장서기만 한다면, 불만이 머리 꼭대기까지 차오른 채로 살아가야 하는 민중은 쉽게 그 충동에 동화했다. 물론 이것은 목숨을 내놓아야하는 결단이지만 드물지 않게 깃발을 들고 나서는 이들이 있었다.

예수와 동시대에도 대표적인 인물들이 있다. 이들은 민중을 이끌고 무장 봉기를 일으켰으며 자신들을 자칭 메시아라고 일컬었다. 갈릴리의 유다, 베리아 지역에서 활동한 시몬(Simon), 유대 지역에서 활동한 아트롱게스(Athronges) 등이다. 이들은 사회적 비적 떼에서 좀 더 민족적이고 종교적인 운동으로 넘어가는 과도기에 나타났다.[20)] 이들은 자신들을 이스라엘 왕이라고 칭했고 폭력을 통해 묵시문학적인 새로운 나라를 확립하려고 하였다.[21)] 기원후 6년 경 나타난 게릴라식 테러 전법을 구사한 시카리파 운동 역시 폭력 조직이었다. 이들을 제4철학, 또는 제4정당 운동으로 부른다.[22)]

이들 카리스마 운동은 기적 행위로 자신들이 메시아라는 것을 입증해야 했는데, 그 지점에서 항상 무너져 내렸다. 예수는 이런 맥락에서 표징, 표적을 요구하는 사람들의 요구에 응하지 않았다. 예수 자신은 요나보다, 솔로몬보다 더 큰 표적이었지만 기적과 표징은 단지 그것을 필요로 하는 사람들이 처한 긴박한 상황에 응답하는 수준에서만 행할 뿐

19) Ibid., 243.

20) Ibid., 289.

21) John Dominic Crossan, 『역사적 예수』 op cit., 333. ff

22) Ekkehard W. *Stegemann and Wolfgang Stegemann*, op cit., 292. ff.

이었다. 예수는 자신을 입증하기 위해 보란 듯이 행하는 기적행위, 표징은 단연코 거부했다. 기적에 대한 원칙은 예수가 광야에서 40일간 금식 후에 기적을 행하라는 사탄의 유혹을 물리친 기준이었다.

당시 카리스마 운동이 묵시사상에 근거하여 묵시적 텍스트를 그들의 몸으로 이행하는 운동이었다면 요한과 예수가 시도한 하나님 나라 운동은 성격을 달리한다. 다른 카리스마 운동은 그 지도자가 사라짐으로 자연 소멸되었지만 세례 요한과 예수 운동은 카리스마적인 인물이 일찍 사라진 다음에도 존재할 수 있었다. 그들은 세례의식을 베풀고 제자들을 부르고 조직하는 조직운동으로 발전시켰다.

당시 카리스마적인 예언자 운동들은 모습을 드러낸 지 얼마 지나지 않아서 소멸하였다. 그러나 세례 요한의 독자적인 방식인 예언자-종말론적 회개운동은 오랜 기간 동안 전개되었다. 요한의 순교조차도 그의 카리스마 불꽃을 꺼뜨리지 못했다. 표면상 요한의 카리스마는 한편으로는 세례자 집단 속에서, 다른 한편으로는 그의 제자였던 나사렛 예수를 통해서 지속되었다.[23)]

절대적 카리스마를 가진 인물이 사라지면, 카리스마는 변형된다. 카리스마 운동을 연구한 슐르흐터는 본원적 카리스마 운동이 변화하여 나타나는 두 가지 결과를 이렇게 설명한다. 하나는 '카리스마의 일상화', 다른 하나는 '카리스마의 비인격화 또는 실질화'이다.

카리스마의 일상화란 본원적 카리스마가 일상적인 법이나 제도로 변화하는 것이다. 본원적 카리스마가 일상으로 들어와 생활 패턴이나 법적 지배 형식으로 대치한다. 예수 운동이 세례와 성찬을 중심으로 이어가는 것이 하나의 예다.

---

23) Ibid., 274.

세례 요한은 구속사적 의미가 있는 장소, 즉 요단강 건너편에서 세례를 주었으나 예수는 '예수 그리스도의 이름으로'(행 2:38, 8:16, 10:48, 마 28:19) 세례를 준다. 예수는 성전이건 요단강이건 장소를 뛰어 넘는다. 요한은 자신에게 세례를 받은 사람을 다시 백성에게 돌려보냈지만 예수 운동의 세례는 교회라는 조직에 담겨진다. 세례는 새로운 정체성을 확립하는 기능을 했으며 훗날 할례와 각축을 벌이게 된다.[24)]

카리스마의 비인격화 또는 실질화는 카리스마의 요소가 유지되지만, 어떤 특정 인물에게서 떨어져 나와 상속 되거나 직제 형태의 카리스마가 되는 것이다. 예수가 떠난 후, 예수의 카리스마는 교회라는 조직의 카리스마로 변형된다. 사도들, 교회의 직제는 카리스마가 구조적으로 안정화된 것이다.[25)]

카리스마 운동에서 본원적인 카리스마를 지닌 한 사람을 잃는 것, 혹은 그것이 사라지는 것은 어떤 면에서 카리스마의 발전과 재형성을 위한 기폭제가 된다.[26)]

예수 운동과 요한 운동의 차이점

예수와 요한은 공통으로 민중 전통 위에서 하나님 나라를 꿈꾸었다. 예수는 많은 것을 요한에게 배웠지만 구상하는 하나님 나라의 모습은 요한과 사뭇 달랐다. 앞서 언급했듯이 예수는 세례 요한을 "여자가 낳은 사람 가운데서 세례요한보다 더 큰 인물은 없었다"고 한다. 하지만 곧이어 "다가올 하나님의 나라에는 가장 작은 자도 세례요한 보다 클

24) Ibid., 349.

25) Ibid., 314-315.

26) Ibid., 315.

것"이라고 한다. 이 말은 예수가 생각하는 하나님 나라는 세례요한이 생각한 나라와는 다르다는 것을 암시한다. 예수의 하나님 나라와 세례요한의 하나님 나라는 다른 성격을 가졌다.

첫째, 세례요한은 하나님의 임박한 도래를 선포했으나 예수는 하나님의 현존을 선포했다. 요한은 하나님의 대청소가 임박했으며 심지어 며칠 내로 일어날 수도 있다고 선포했다. 그러나 예수는 하나님의 변혁적인 도래는 현존하는 것으로서 이미 지금 이 곳에 있다고 선포했다.[27]

둘째, 세례 요한은 하나님 나라의 외부 개입을 말했지만 예수는 협력을 말한다. 예수는 하나님 나라는 여기에 있지만, 오직 당신들이 그 나라를 받아들이고, 그 나라를 살아내야 그 나라가 여기에 있으리라고 한다. 예수는 실현된 종말이 아니라 실현할 수 있는 종말, 좀 더 정확히 말해서 협력적인 종말을 선포한다. 하나님의 대청소는 하나님 없이는 일어나지 않지만 또한 우리들 없이도 일어나지 않는다. 그것은 하나님과 인간의 협력에 관한 것이지 결코 하나님 혼자 개입하는 것이 아니다.[28]

셋째, 하나님 나라가 도래하는 방식에 관한 것이다. 그 방식은 폭력적이라기보다는 비폭력적이다.[29] 물론 요한의 운동도 폭력적인 운동은 아니었다. 그가 무장 항쟁을 하다가 잡힌 것이 아니고 예언자처럼 외치다가 헤롯에게 잡혀 순교했기 때문이다.

---

27) John Dominic Crossan, *The Power of Parable: How Fiction by Jesus became fiction about Jesus*, 『비유의 위력』 김준우 옮김, 한국기독교연구소, 2012. 190.

28) Ibid., 192-193.

29) Ibid., 194.

넷째, 요한은 금욕을 계율로 삼았으며 매우 경건했다. 그러나 예수님은 가는데 마다 먹고 마시는 판을 벌였다. 그래서 바리새 사람들이 그를 흉보며 '먹보요 술꾼'(누가 7:34)이라고 비난했다. 이것은 명백히 부당한 인신공격이다. 그러나 그 배경에는 예수와 요한의 차이가 있다. 세례요한은 금욕주의자로 알려진 반면, 예수는 먹기도 하고 마시기도 한다.[30]

"먹기를 탐하고 포도주를 즐기는 사람"(누가 7:34, 개역개정)이라는 말은 신명기 21:20에 기원한다. 반역하는 이들에 대한 경고이자, 그런 자들을 돌로 쳐 죽이라 한다. 그런 표현을 예수에게 적용함으로써, 그의 적대자들은 예수가 돌에 맞아 죽어야 마땅하다는 뜻을 암시했다. 그런데 실상 예수는 십자가형으로 죽었는데도 교회가 예수의 처형을 암시하는 말로 전했다는 것은 이 본문 자체가 예수의 죽음 이전에 통용된 예수에 대한 비난이었을 것이다.[31]

요한은 전통적 규율을 존중하는 모범생이다. 그의 행동은 기성 질서가 용인하고 이해할 만하다. 하지만 예수는 몸으로 도전한다. 그는 비난을 감수하는 것이 체화되어 있다. 요한과 예수는 공동 전선에 서있지만 그러나 반대방향으로 싸우고 있다.

사람들이 왜 요한의 제자들은 금식하는데 당신들은 먹고 마시냐고 묻자 예수는 "신랑이 오기 전에는 금식하지만 신랑이 온 다음에는 잔치를 벌여야 하지 않겠느냐"라며 하나님 나라를 오히려 경건과 금식의 자리가 아니라 잔치자리로 비유했다. 요한은 민중을 제사 종교로부터 구원해 왔지만 그들에게 경건과 금식을 요구했다. 그러나 이러한 계율은 매

30) Ekkehard W. Stegemann and Wolfgang Stegemann, op cit., 327.

31) Walter Wink, 『참사람』 op. cit., 190.

일 굶기를 밥 먹듯 하는 민중에게는 해당되지 않는다. 오히려 민중은 기회가 있으면 먹고 마셔야 한다. 요한이 요구한 금욕은 민중이 따라올 수 없는 새로운 계율이 되어 민중을 소외시켰다. 종교는 자기 자신을 계속 개혁해 나가야 한다. 자칫하면 민중이 넘볼 수 없는 자기들끼리 만의 귀족 종교가 되고, 어느새 타파해야 될 개혁의 대상이 돼 버린다.

밥을 함께 먹는다는 것은 민중을 자기들의 '가족'으로, '식구'로 인정한다는 의미다. 밥을 함께 나눈다는 것은 삶을 나누는 것이다. 입으로만 하나님 나라를 선포하는 것이 아니라 하나님 나라는 모두가 한 상에서 함께 한 식구가 되어 먹고 마시는 잔치다. 먹는 것을 나누는 것이야말로 삶을 나누는 것이고, 삶의 기쁨을 함께 나누는 것이다. 민중이 당하는 배고픔과 서러움을 함께 나누며 그들의 단순한 기쁨에도 함께 참여한다. 민중의 운명이 곧 예수 자신의 운명이다.

또한 예수는 "세리와 죄인들 하고만 어울리는 자"라고 비판을 받았는데, 이것 역시 로마 귀족들의 생활과는 대조적이다. 당시 로마는 전 세계를 평정하고 전쟁이 그치자, 귀족들은 할 일이 없어져 서로 번갈아 향연을 벌였다. 이런 향연의 자리에서 자신이 튀어나 보이려면 많이 먹고 많이 마셔야 했다. 그래서 그들은 식사 중에 나가서 손가락을 입에 넣고 토해내면서 먹었다고 한다. 이에 비해 보리떡 다섯 개와 물고기 두 마리로 오천 명이 먹는 예수의 잔치는 질이 다른 잔치이다.

다섯째, 요한은 민중을 광야로 불러낸데 비해, 예수는 직접 민중 한복판으로 나아가 그들과 함께 지냈다. 요한은 죄 사함을 위해 요단강으로 사람들을 불러들였다. 그러나 예수는 중풍병자를 고칠 때 외에도 여러 곳에서 바로 그 자리에서 "네 죄가 사해졌다"(마가 2:5, 누가 7:48)라고 선언했다. 이는 죄 사함을 위한 성전시스템, 희생제사 제도 전체를 불필요한 것으로 만들었을 뿐만 아니라 민중을 요단강까지 불러내는 번거러움도 덜었다.

여섯째, 요한은 현실을 비판했지만 예수는 지금 하나님 나라 사건들이 대안적으로 일어나고 있는 현상을 말한다. 예수는 그들이 광야에서 외치고 선포한 하나님 나라가 지금 나타나고 있는 증거들을 보여준다. 지금 그 나라는 시작되었고 지금 이미 그 날의 일들이 벌어지고 있다. 그 나라와 다시 오실 메시아에 대하여 만 가지 복잡한 개념으로 설명할 수도 있겠지만 예수는 아주 구체적이고 간단하게 그 나라에 대해서 설명한다.

> 요한의 심부름꾼들이 떠난 뒤에, 예수께서 요한에 대하여 무리에게 말씀하셨다. "너희는 무엇을 보러 광야에 나갔더냐? 바람에 흔들리는 갈대냐? 아니면, 무엇을 보러 나갔더냐? 비단 옷을 입은 사람이냐? 화려한 옷을 입고 호사스럽게 사는 사람은 왕궁에 있다. 아니면, 무엇을 보러 나갔더냐? 예언자를 보려고 나갔더냐? (누가 7:24-26)

> "가서, 너희가 보고 들은 것을 요한에게 알려라. 눈먼 사람이 보고, 다리 저는 사람이 걷고, 나병 환자가 깨끗해지고, 귀먹은 사람이 듣고, 죽은 사람이 살아나고, 가난한 사람이 복음을 듣는다." (누가 7:22)

외치고 선포하고 전하는 것은 중요하다. 물론 단지 외치는 것으로도 훌륭한 실천이 될 수 있다. 그러나 이미 그 안에 모든 것이 다 제시되었다고 할지라도, 다가오는 하나님 나라에서는 가장 작은 것에 불과하다. 하나님 나라는 단지 선포 가운데 존재하는 개념이 아니고 그것을 삶으로 옮기는 자들이 차지하고 이루어진다. 지금 그 나라는 도도하게 시작되었고 이미 그 일들이 일어나고 있다. 예수를 통해 새로운 사건들이 일어났다.

요한은 '경제적 삶에서 초연한' 유목민적 삶의 방식을 통해서 살아갔다. 시골 제사장 집단 출신이라는 점을 감안할 때, 세례요한은 당연히 하급 가신 계층으로 분류된다. 요한의 메시지는 통치자에 대한 비판 외에는 이렇다 할 사회정치적인 프로그램이 없다. 즉 유대인 대중의 사회경제적 상황개선을 추구하는 프로그램이 담겨 있지 않았다.[32]

일곱째, 요한은 혼자 세례를 베풀었으나 예수는 그의 제자들, 추종자들 모두가 세례를 베풀도록 했다. 이 사실이 예수 처형 이후에도 그의 운동이 지속된 이유 중 하나다.[33] 요한에게는 특별한 별명이 생겨났다. 그가 베푼 세례는 요한을 중요하게 만들었다. 당시에 세례 요한이 없었다면 세례운동은 거의 존재할 수 없었을 것이다. 그러나 그가 처형됨에 따라 그가 일으킨 운동은 필연적으로 소멸하고 말았다. 그러나 예수는 자기 동료들에게 이르기를 자신이 행하는 것을 그대로 행하라고 한다. 그들은 예수의 이름으로 행하고 예수가 한 일 보다 더 큰일을 행할 것이라고 한다. 오늘날의 용어로 말한다면 요한은 세례를 독점(monopoly)했으나, 예수는 하나님 나라의 연쇄점(Kingdom franchise)을 고안했다.

32) Ekkehard W. Stegemann and Wolfgang Stegemann, op cit., 277.
33) Jonathan L. Reed and John Dominic Crossan, op cit., 196.

예수는 요한과 단절하고 요한의 메시지에 근거를 두기는 했지만, 그것을 보다 혁신적으로 변혁시켜서 그의 독특한 메시지를 발전시켰다. 스승을 넘어선 단절로 예수는 자신의 성숙을 가져왔고 자신만의 개성을 갖게 되었다. 예수는 요한의 처형으로 인해 요한에게 기대했던 바를 자기 안에서 발전시켰다.[34]

34) Walter Wink, 『참사람』 op. cit., 298.

함께 생각할 문제

* 대부분의 운동이 지도자가 죽으면 사라졌지만 세례요한의 운동이 오랫동안 지속된 이유는 무엇일지 생각해 봅시다.

* 저자가 서술한 요한과 예수운동의 7가지 차이점 외에 또 다른 이유가 있을지 생각해 봅시다.

* 한국교회는 성경공부에 매우 열심이다. 심지어는 평신도들이 히브리어, 희랍어까지 배워가면서 성경을 번역을 통하지 않고 보다 생생한 원문의 말씀으로 접하려고 애를 쓴다. 여러분들은 성경공부를 어떤 방법으로 하고 있나? 각자의 성경공부의 경험을 이야기해보고 서로 그 경험에서 배워가며 동시에 각자의 성경공부 방법이 가져올 수 있는 장점이나 단점에 대해서도 생각을 나누어 봅시다.

* 역사적 예수는 어떤 방식으로 자신의 운동을 펼쳐갔는지에 대해서 각자의 생각을 나누어 봅시다.

예수운동

2천년 교회의 역사는 예수를 연구해온 역사이기도 하다. 예수연구는 오랫동안 다분히 교리적인 연구들로 진행되어왔다. 예수의 인성과 신성의 논쟁, 또는 삼위일체의 틀에서 예수를 보는 논쟁등 초대교회의 예수연구는 교리적 관점에서 보는 연구가 지배적이었다. 이러한 교리적 연구는 예수의 생애와 사역을 살펴보는데도 어김없이 작용했다. 예수의 사역을 왕, 예언자, 제사장 직의 직무로 보는 소위 '삼직무론'을 중심으로 살펴보는 연구 등이다. 이렇게 이미 설정해 놓은 사상의 틀에 맞추어 예수를 보려는 도그마와 교리를 중심으로 하는 예수 연구는 성서의 비평적 연구가 시작되는 17세기 이전까지 모든 예수연구의 방법론이었다.

성서 비평학이 도입되면서 예수 연구는 그에 관한 모든 자료들이 문학적인 구분에 따라 분리되었다. 말씀자료, 기적이야기, 신화적인 이야기, 수난이야기 등의 복음서의 자료들이 분석적으로 연구되었다. 이러한 각 자료들의 특성을 종합하여 예수의 생애와 인격을 이해하려고 하였다. 이것은 미리 정해진 교리로 예수를 보는 비과학적인 방법을 넘어서서 예수를 이해하는 방법론의 혁명을 가져왔다. 이러한 비평학적인 방법론들은 주변의 인문학적 자료들을 다루는 방법에도 큰 영향을 미쳤다. 이러한 비평학을 통해 예수의 말씀을 성서 안의 자료들과 상호비교 또는 성서 외적인 그 시대의 문헌들과 비교하고 분석함으로 그 말씀이 처한 독특한 위치 파악이 가능하게 되었다. 그러나 이러한 방법은 지금 있는 자료들을 통해서 예수에게 접근할 수 있는 가장 합리적이고 과학적인 방법이지만 역시 한계를 가지고 있기도 하다.

어느 한사람에 대해서 그가 한말을 모두 모아 청년시절에 한 말이나 장년시대에 한 말을 무시간적으로 배치해서 분석하면 과연 그 사람이 나오겠는가? 그가 행한 기적의 이야기를 구체적 정황에 관계없이 패턴으로 나누어 연구할 때 과연 그 사람의 모습이 나오겠는가 하는 것이다. 만약 그렇다면 여기에는 몇가지 전제 아래서 가능하다. 첫째, 대상이 되는 인물을 이미 모든 것이 완벽하게 결정되고 완성된 상태에서 활동한다는 것이 전제되어야 한다, 둘째, 그의 삶에는 변화나 수정이 일어나지 않아야 한다. 이러한 이해는 한 인물을 지극히 정적인 위치에서 고찰할 때 가능하다. 그러나 사람은 움직이고 변화하는 존재이다. 우리는 각종 사건에 부딪혀서 자신을 적용하고 수정하면서 자신을 만들어가는 존재이기도 하다. 아무리 현대와 비교해서 변화가 적은 고대사회라고 하더라도 어렸을 때의 말과 노년기의 말이 다를 수 있고, 한 인물이 사회활동을 시작할 때의 말과 활동은 접을 때의 말과 다르다. 그러나 역사 비평적 연구로는 이를 엄밀하게 구분하기 쉽지 않다.

이러한 비평적 연구의 단점을 넘어서는 방법이 사회학적 연구이다. 이것은 예수 당시의 사회, 역사적 정황 속에서 예수의 활동을 이해해 나가는 방법이다. 예수를 구체적인 목적을 가지고 생을 전개해 나간 분으로 보고 그가 처한 사회 역사적 정황을 살펴보고 변화가 있다면 그 변화의 근원이 어떤 어떤 이유로 일어났는지, 자신의 삶의 큰 목표들을 이행해 나가기 위해 작은 목적들이 어떻게 변화하였는지를 구성해 보는 것이다. 예수의 삶의 역동성과 운동적 성격을 파악해 나갈 때, '예수 운동'이라는 용어를 쓸 수 있다.

예수운동의 네 단계 구성

김진호는 예수의 삶을 예수 운동 차원에서 네 단계로 구성했다. 각 단계마다 특별한 목적을 가지고 운동을 추진하다가 그것이 벽에 부딪히면 새로운 방법으로 운동을 추진해 나가는 것으로 보았다. 예수의 삶을 재구성하는 시도는 창의적이고 신선하다.[35]

	제1단계	제2단계	제3단계	제4단계
대중활동 거점	세례자 요한과 함께 베레아에서	갈릴리 촌락회당에서	갈릴리 호숫가에서	예루살렘에서 마지막 일주일
본 문	막1:1-1:13	막1:14-3:6	막3:7-9:29	막9:30-16:8
주요대중	세례자 요한을 따르는 사람들	토지 소유 또는 점유 농민	민중(오클로스)	호숫가에서부터 예수를 따른 민중과 예루살렘에 모인 사람들

탄생부터 공적활동 이전의 시기는 역사라기보다는 예수를 신격화하는 과정의 산물이므로 별도로 취급했다. 그는 실제적인 예수운동의 제1단계를 세례자 요한이 주도한 운동에 참여한 시기로 보았다. 예수의 메시지 핵심은 세례 요한으로부터 유래한다. 예수의 중심 가르침인 하나님 나라와 민중에게 죄 사함을 선포하고, 그 방법으로 세례를 베푼 것들이 그렇다. 예수 자신도 세례요한에게 세례를 받았다.

요한복음의 전승(요한 3:22-4:3)에 역사적 단초가 있다고 본다면, 이것은 예수가 일정 기간 동안 요한의 세례제자 집단에 속하여 그 일을 어느 정도 거들었으며 아마도 이것은 세례 요한 자신의 임명에 따른 것이었으리라는 점을 시사한다.[36]

35) 김진호외, 『함께읽는 신약성서』 서울: 한국신학연구소, 1992, 48쪽이하.

36) Ekkehard W. *Stegemann and Wolfgang Stegemann*, op cit., 317.

갈릴리 촌락회당에서의 활동

예수운동의 제2단계는 갈릴리 '촌락회당'에서의 활동기이다. 요한이 헤롯에게 사형을 당한 후, 따르던 무리들에게도 핍박이 가해지자 뿔뿔이 흩어질 수밖에 없었다. 이에 예수는 자신의 고향인 갈릴리 회당으로 돌아가 활동한다. 마가복음은 세례 요한이 순교당한 뒤에야 비로소 예수만의 독특한 카리스마가 그 모습을 드러냈다고 전한다.[37)]

> "요한이 잡힌 뒤에 예수께서는 갈릴리에 오셔서, 하나님의 복음을 선포하셨다.(마가 1:14)"

처음에 그는 유대인 회당으로 들어갔다. 회당 지도자들과 논쟁을 통해서 정면승부를 시도했다. 고대사회에서 향촌사회는 자치적 구조를 유지했다. 회당은 중앙정치의 힘으로부터 비교적 안전하게 자치적 영역을 보장받았다. 식민지의 주인이 여러 번 바뀌어도 옛 마을의 경계는 그대로 유지되었고 향촌 촌장의 권위도 유지됐다. 중앙정부의 행정력이 미세하게 발전하지 않아 지방 마을 마다 군대를 통해 감시할 수는 없었기 때문에 중앙정부는 향촌 사회의 자치적 구조를 인정할 수밖에 없었다. 바리새인들은 이러한 향촌사회를 통제하는 권력이었다. 예수는 촌락의 자치구조가 안티파스 정부의 공권력 앞에 쉽게 노출되지 않을 수 있다고 생각했다.

예수는 회당으로 들어가 그 향촌사회의 지도자인 바리새인, 율법학자들과 논쟁을 벌인다. 그들이 가장 중요하게 생각하는 율법의 참다운 의미를 물으며 그들과 논쟁을 통해서 일거에 유대 사회를 혁신해 보려

---

37) Ibid.,

고 하였다.

이 시기에 예수는 회당에서 금식에 대한 논쟁(마가 2:18–22), 안식일 논쟁(마가 2:23–28)을 펼치며 바리새인들과 대립하였다. 급기야 안식일에 공개적으로 손이 오그라든 사람을 치유하며(마가 3:1–6) 갈등을 심화시킨다. 예수는 지식인 계층이 가진 합리적 지성에 호소함으로 하나님 나라의 동역자로 삼을 수 있다는 생각을 한 것 같다. 그러나 그들은 자기들의 기득권을 조금도 양보하지 않았다. 그들은 민중이 종교적 의무를 이행하지 못하는 약점을 이용해서 자신들의 의를 입증하는 도구로 삼았다. 민중이 안식일에, 또는 밀밭에서 먹고 치유 받는 행위가 바리새인에게는 단지 범법행위였다. 그들은 가난한 이들의 아픔과 고단함에 전혀 공감하지 못했다. 바리새인도 새로운 왕국과 메시아를 바랐다. 하지만 그들은 메시아보다 자신의 소유를 공고히 하는데 더 집착했다. 또 그들이 꿈꾸는 왕국은 생존의 기로에서 헤매는 민중은 철저히 배제했다. 바리새인들과 벌이는 안식일 본질에 관한 논쟁은 이 둘의 차이점을 명백히 했다. 바리새인들은 드디어 헤롯당과 손잡았다.

> "바리새파 사람들은 바깥으로 나가서 곧 바로 헤롯 당원들과 함께 예수를 없앨 모의를 하였다." (마가 3:6)

이젠 촌락 회당도 예수에게 안전한 곳이 되지 못했다. 다시 위기가 닥쳐왔다. 헤롯당과 바리새인들이 결합하여 예수를 죽이려 하자 예수는 회당을 떠나 수많은 민중이 떠돌이 생활을 하는 갈릴리 호숫가로 옮겨 민중의 숲 속으로 숨어 들어간다.

갈릴리 '호숫가'에서의 활동

예수운동의 제3단계는 갈릴리 '호숫가'에서의 활동이다. 예루살렘 입성 전에 예수의 활동 중 대부분은 이 호숫가에서 이루어진다. 예수가 본격적으로 민중과 어울리고 그들과 함께한 기간이다. 오천 명, 사천 명을 먹이신 기적, 산상수훈 이야기, 자신의 제자들을 모으고 말씀하고 기적을 행하신 사건들로 예수 주변에는 항상 민중이 함께한다. 갈릴리 호숫가는 안티파스 영지이며, 경제활동의 중심지이다. 호숫가는 수탈된 농산물의 집산지이며, 풍부한 어획량이 있는 곳이다. 이 지역은 동방과 지중해 지역을 잇는 중개무역지이기도 하며 안티파스 영지와 필립 영지로 오가는 물류가 값싼 해상운송을 통해 집대성되고 교환이 이루어지는 상업지구다. 자기 삶의 기반을 잃어버린 민중은 이곳으로 모여들었고 간혹 배에서 짐을 나르는 일을 돕거나 허드레 일을 맡아서 생계를 유지했다.

예루살렘에서 마지막 일주일

예수운동의 제4단계는 예루살렘에서의 마지막 행보이다. 예루살렘은 부재지주들이 거주하는 곳이다. 예루살렘에는 권력의 핵심, 대지주들이 거주한다. 더 이상 민중들 틈에 지낼 수 없게 된 예수는 유월절을 맞이하여 예루살렘으로 올라갈 결심을 한다. 그러나 그의 예루살렘 행에는 호숫가의 수많은 민중들이 예수를 따라와 함께 하였다.(마가 11:18, 32, 12:12, 37, 41)

유월절은 정치적으로 가장 민감한 절기이다. 로마의 식민지 아래에서 출애굽을 기념하는 해방기념일에는 전국에서 몰려온 순례객들이 민족중흥의 꿈을 꾸며 소요를 일으키기도 하였다. 예수는 이렇게 위기가 고

조되는 시점을 택해 제자들과 호숫가 민중을 이끌고 예루살렘에 입성한다. 민중은 "호산나 다윗의 이름으로 오시는 이여!"라고 외치며 예수가 이룰 '새로운 질서의 나라'를 꿈에 부풀어한다.

(함께 생각나누기를 돕기 위한 저자의 추가 설명)

06
팔복의 선언

예수가 선포한 새로운 세계의 가치관은 그의 산상수훈 첫머리를 장식한 팔복설교에서 찾을 수 있다.

미리 살펴보기

* 팔복선언에 대한 마태 5:1-12와 병행구인 누가 6:20-26을 비교하여 보고, 서로 다른 점을 찾아봅시다. 왜 두 복음서의 내용이 서로 다를까에 대해서도 의견을 나눠봅시다.

> 마음이 가난한 사람은 복이 있다. 하늘 나라가 그들의 것이다. 슬퍼하는 사람은 복이 있다. 그들이 위로를 받을 것이다. 온유한 사람은 복이 있다. 그들이 땅을 차지할 것이다. 의에 주리고 목마른 사람은 복이 있다. 그들이 배부를 것이다. 자비한 사람은 복이 있다. 그들이 자비함을 입을 것이다. 마음이 깨끗한 사람은 복이 있다. 그들이 하나님을 볼 것이다. 평화를 이루는 사람은 복이 있다. 그들이 하나님의 자녀라고 불릴 것이다. 의를 위하여 박해를 받은 사람은 복이 있다. 하늘 나라가 그들

> 의 것이다. 너희가 나 때문에 모욕을 당하고, 박해를 받고, 터무니없는 말로 온갖 비난을 받으면, 너희에게 복이 있다. 너희는 기뻐하고 즐거워하여라. 하늘에서 받을 너희의 상이 크기 때문이다. 너희보다 먼저 온 예언자들도 이와 같이 박해를 받았다.(마태 5:3–12)

> 예수께서 눈을 들어서, 제자들을 보면서 말씀하셨다. "너희 가난한 사람은 복이 있다. 하나님의 나라가 너희의 것이다. 너희 지금 굶주리는 사람은 복이 있다. 너희가 배부르게 될 것이다. 너희 지금 슬피 우는 사람은 복이 있다. 너희가 웃게 될 것이다. 사람들이 너희를 미워하고, 인자 때문에 너희를 배척하고, 욕하고, 누명을 씌울 때에 너희는 복이 있다. 그 날에 기뻐하고 뛰놀아라. 보아라, 하늘에서 받을 너희의 상이 크다. 그들의 조상이 예언자들에게 이와 같이 행하였다. 그러나 너희 부요한 사람은 화가 있다. 너희가 너희의 위안을 이미 받았기 때문이다. 너희 지금 배부른 사람은 화가 있다. 너희가 굶주릴 것이기 때문이다. 너희 지금 웃는 사람은 화가 있다. 너희가 슬퍼하며 울 것이기 때문이다. 모든 사람이 너희를 좋게 말할 때에, 너희는 화가 있다. 그들의 조상이 거짓 예언자들에게 그와 같이 행하였다." (누가 6:20–26)

두 복음서 본문은 병행구지만 서로 다르다. 누가의 들녘설교와 마태의 산상설교는 매우 흡사하지만 다르다. 누가복음은 가난한 사람, 지금 굶주리는 사람, 지금 슬피 우는 사람에 대해서 직설적으로 말한다. 그러나 마태복음은 마음이 가난한 사람, 의에 주리고 목마른 사람으로 바꾸었다. 구체적인 내용을 추상화한다. 그리고 누가의 들녘설교는 복과 화를 같이 언급한다. 그러나 마태는 누가가 말하는 "부요한 사람, 배부른 사람, 지금 웃는 사람은 화가 있다"라는 말씀은 삭제했다.

마태는 팔복 말씀으로 시작하는 산상수훈을 모세의 옛 법을 뒤집는 새 법으로 선포한다. 그러기에 시내산에서 모세가 율법을 받았듯이, 예수도 산상에서 새 법을 준다. 예수가 민중과 함께 했던 정황으로 보아 누가의 청중이 더욱 민중적이고, 예수의 상황에 부합한다고 볼 수 있다. 민중 속에 들어가 그들에게 말씀을 전한 예수는 당시 가난하고, 굶고, 슬피 울 수밖에 없는 처지의 민중을 위로한다. 지금은 아무런 희망이 없는 그들이지만 예수는 그들을 진정한 하나님 나라의 주인들로 초청한다.

그러나 마태가 복음을 전한 상황은 달랐다. 마태 공동체 안에는 이 말씀을 그대로 듣기 곤란한 계층, 예수의 청중이었던 민중 보다는 다소간 경제적 여유를 가진 계층들이 생겼다. 마태는 자신의 청중에게 적합한 형태로 말씀을 수정하였다. '가난한 사람'은 '마음이 가난한 사람'으로, '굶주리는 사람'은 '의에 주리고 목마른 사람'으로 수정했고 '~화가 있다'는 불편한 말씀은 삭제했다. 예수의 청중과는 처지가 다른 사람들도 누구나가 다 이 말씀을 거부감 없이 받아들일 수 있게 했다. 그렇다면 마태는 예수의 본래 말씀을 왜곡하고 변조하였는가? 그렇게 볼 수만은 없다. 복음은 본래의 취지를 훼손하지 않는다면 자기 청중에 맞게 전파할 필요가 있다.

팔복 선언

산상수훈은 팔복 선언으로 시작한다. 이 팔복 말씀은 새로운 세상보기이며 그것 자체가 새로운 사건이다. 마태복음은 예수를 새로운 모세로 본다. 예수와 모세의 삶을 대비하듯이 제시한다. 모세가 율법을 가져왔듯이 예수는 새로운 법을 가져온다. 모세가 시내산에 올라가서 율법을 받았듯이 예수는 산에 올라 새로운 법, 산상수훈을 펼친다. 그 시작이 팔복 말씀이다. 팔복은 세상을 보는 새로운 관점을 요구하며 기존의 가치관을 뒤집는 선포이다. 기존의 세상과 삶이 뒤집어지는 새로운 혁명이 예수의 팔복 말씀 속에 그대로 나타난다.

예수께서 전한 팔복 말씀은 이것이 과연 복 있는 사람의 길인가 의심된다. 예수로 인하여 모욕을 당하고, 박해받고, 터무니 없는 말로 온갖 비난을 받으면 복이 있다고 한다. 더군다나 누가복음은 아예 가난한 자, 슬피 우는 자, 지금 굶주리는 자가 복이 있다고 한다. 오늘날 우리들의 관행으로 볼 때, 지지리도 복 없는 사람들만 골라서 복이 있다고 선언한다. 그만큼 삶의 목표 자체가 우리와는 사뭇 다른 세계를 가르친다. 팔복 말씀을 하나하나 살펴보자.

제1복 마음이 가난한 사람은 복이 있다

누가는 가난한 자는 복이 있다고 했다. 누가의 말씀이 예수와 함께 했던 민중의 상황에 보다 부합한다. 그러나 마태 공동체에는 다양한 층위의 사람들이 있었다. 그중에는 여유 있는 사람도 있고 부유한 사람도 있다. 달라진 상황에서 계속 그들을 배제한 말씀을 전하는 것은 걸림돌이다. 그래서 마태복음은 자신의 상황에 맞게 수정을 가했을 것으로 보인다. '심령이 가난한 자'(개역), '마음이 가난한 자'(새번역)로 복의 대상이 확대된다. 그렇다면 마태의 말씀은 예수의 말씀을 변질시키거나 후퇴시킨 것인가? 그렇지 않다.

가난하다는 말은 그리스어 프토코스(πτωχος)로 이는 보통 가난하다고 할 때 쓰는 그리스어 페네스(πενης)와는 다르다. 페네스는 하루 벌어

하루 살아가는, 근근이 생계를 이어가는 농부의 가정 상태를 말하지만 프토코스는 질병이나 빚, 징병이나 죽음에 의해 땅에서 몰려나 극빈의 거지 생활로 떨어진 가정 상태를 가리킨다.[1)]

안병무는 이를 '영에 있어서 가난한 자'로 번역했다. 누가의 가난한 자는 결핍된 상태로서 무엇을 필요로 하며 남의 도움을 요청할 수밖에 없는 약자의 모습인데 반하여, 마태는 '영에 있어서'를 부각시킴으로 소극적인 의미에서 적극적인 성격으로 전환한다. 가난한 자는 약하고 수동적이고 수혜적인 위치에 있지만, 영에 있어서 가난한 자는 능동적인 의식을 가지고 대처하는 자를 말한다. 즉 주체적 의식으로 윤리화된 정신적인 민중을 말한다.[2)]

'마음이 가난하다'는 것은 자신의 욕망을 버리고 마음으로부터 가난함을 목표로 살아가는 삶, 자발적으로 가난을 추구하는 삶을 말한다. 가난은 당하면 할 수 없이 겪어내야 하겠지만 자발적으로 가난해 지기는 쉽지 않다. 가난하지만 항상 돈과 기회를 잡기위한 일에 온 마음이 팔려있는 사람은 결코 '마음이 가난한 사람'이 아니다. 지금은 가난하지만 누구나 부자가 되고 싶은 꿈으로 사는 법인데 마음의 목표 자체를 가난으로 하기는 더욱 쉽지 않다. 그러나 자신이 살아가기에 필요한 수준 이상을 아예 꿈꾸지도 않는 소박한 삶, 그밖에 것은 모두와 함께 나누며 살겠다는 자세로 살아가는 사람이 바로 마음이 가난한 사람이다. 가난 자체를 목표로 살아갈 수만 있다면, 자신이 모으고 쌓아놓은 것을 보고 안심하며 기뻐하는 삶 보다 훨씬 복된 삶, 진정한 하늘의 복을 누리는

1) John Dominic Crossan, *Jesus A Revoiutionary Biography* 『예수-사회적 혁명가의 전기』 김기철 옮김, 한국기독교연구소, 2001, 105.

2) 안병무, "마태오의 민중적 민족주의." 『민중과 성서-안병무 전집 5』 한길사, 1993, 193.

삶이 될 것이다.

가난한 이들, 영의 가난과 같은 개념은 쿰란 공동체 문서에서 자주 발견된다. 이들은 자발적인 가난과 재산 공유의 삶을 살았다. 쿰란 공동체의 핵심을 이루는 원칙은 독신과 자발적 가난의 삶이다.[3)]

이는 물질을 삶의 목표로 하지 않고 가난을 기쁨으로 여기는 삶을 가리킨다. 가난하지만 떳떳하게 가난을 즐기며 가난과 함께 벗 삼아 살아갈 때, 그는 누구보다도 복이 있다. 가난하지만 가난을 족함으로 아는 것이 마음이 가난한 삶이다. 먹고 마시는 것과 자는 것만 해결되면 나머지는 마음먹기에 달렸다. 나물먹고 물마시고 팔 베고 누워서도 족하다고 여기는 안빈낙도(安貧樂道)의 경지, 가난과 친숙해지고 가난하게 살아가는 것을 기쁨으로 여길 수 있는 사람은 이미 하나님 나라를 누리고 살아간다.

제2복 애통하는 사람은 복이 있다

애통할 수 있는 것, 눈물을 흘릴 수 있는 것이 얼마나 복된 일인가! 내가 지나쳐도 되고 무시해도 되는 이웃의 아픔을 나의 아픔으로 여기고 함께 그 자리에 서서 손잡을 수 있다면, 그런 감성으로 늘 눈물 흘릴 수 있는 사람은 그 눈물 자체가 큰 복이다. 그에게 하나님께서 위로의 눈물을 주신다. 얼마나 소중한 눈물인가? 보석보다 훨씬 귀한 눈물이다. 함께 슬퍼하고 함께 눈물 흘릴 줄 아는 사람은 하나님께로부터 복 받은 사람이다.

우리가 흔히 '영성'이라고 하는 것은 남들이 못 알아듣는 이상한 언어를 말하거나, 몸에 진동이나 불같은 것이 임하거나, 기적 같은 것을 행

3) Ekkehard W. Stegemann and Wolfgang Stegemann, op cit., 263.

하는 능력이 아니다. 영성은 "이웃에 아픔에 함께 하는 예민한 센서"이다. 아픔에 함께 하는 자리에서 우리는 그들 가운데서 역사하시는 하나님을 만날 수 있다. 하나님은 세상에서 무시당하는 소리들, 아주 미세한 신음 소리 가운데 계시며 그들과 함께 아파하시고 눈물 흘리신다. 그 자리에 함께 서는 것이 우리가 영성을 회복하는 길이다. 이 눈물이 바로 예언자의 가슴 속에서 터져 나오는 하나님의 충동질이다. 유대인 학자 헤셸은 예언에 대해서 "하나님이 인간의 아픔을 표현하라고 빌려주신 말"이라고 한다.

> "예언이란 하나님이 인간의 아픔을 표현하라고 빌려주신 말이며 … 마치 하나님의 가슴으로부터 쏟아져 나와 인간의 가슴으로 뚫고 들어가려는 듯 강요하고 경고하고 앞으로 밀어붙이는 언어이다. 그것은 하나의 삶의 양식이며 하나님과 인간이 서로 만나는 접촉점이다. 하나님은 예언자의 말을 통하여 자신의 분노를 표출하신다."[4)]

제3복 온유한 사람은 복이 있다

"온유한 사람은 복이 있다. 그들이 땅을 차지할 것이다." 온유한 자가 땅을 받는다니? 하나님께서 땅을 한 백 평쯤 주신다는 말인가? 땅을 상품으로 여기는 자본주의 개념으로 생각해서는 안 된다. 성서에서 땅은 인격이다. 땅은 우리와 똑같은 마음, 똑같은 성정을 가졌다. 땅 자체가 느낌을 가졌고 하나님과 대화하기도 하고 찬양하기도 하며 복을 누리고 하나님께 호소도 한다. 땅은 인간과 동일한 피조물로, 인간의 둘도 없는 파트너이기도 하다. 히브리어 아담(adam)은 남성형 명사로 사람, 인

4) 아브라함 요수아 헤셸, 『예언자들』 이현주 역, 도서출판 삼인, 2004. 33ff.

간을 뜻하지만 아다마(adama)는 여성형 명사로 땅을 뜻한다. 같은 단어지만 성(性)이 다를 뿐이다. 그러기에 땅은 인간의 형제와 자매이며 인간과 함께 대화하고 하나님을 찬양하는 동역자다. 성서의 안식년은 인간만을 쉬게 하는 것이 아니다. 땅도 쉬고 그 안에 거하는 가축도 쉬고 짐승도 편안히 먹을 수 있는 시간이다. 그리고 큰 안식년은 만물이 어머니의 품으로 돌아가 회복하는 '희년'이다. 인간이 평화할 때 땅도 평화를 누린다. 인간이 범죄하면 땅이 탄식한다. 인간의 범죄로 말미암아 하늘의 새가 마르고 물 속 물고기가 씨가 마른다.

> 이스라엘 자손아, 주의 말씀을 들어라. 주께서 이 땅의 주민들과 변론하신다. "이 땅에는 진실도 없고, 사랑도 없고, 하나님을 아는 지식도 없다. 있는 것이라고는 저주와 사기와 살인과 도둑질과 간음뿐이다. 살육과 학살이 그칠 사이가 없다. 그렇기 때문에 땅은 탄식하고, 주민은 쇠약해질 것이다. 들짐승과 하늘을 나는 새들도 다 야위고, 바다 속의 물고기들도 씨가 마를 것이다.(호세아 4:1–3)

온유한 자에게 주신다는 땅(희랍어 γη, 히브리어 ארץ)은 그냥 땅 자체, 지구, 세상을 뜻한다. 여기 쓰인 희랍어 게(ge, γη)는 히브리어 에레츠(erets, ארץ)와 같은 개념이다. 이것은 자기에게 속한 영역의 땅 몇 평을 가리키는 말이 아니다. 온유한 자에게 재산을 주시겠다는 말이 아니다. 예수님을 따르려면 "자기 모든 소유를 나누어 주고 나를 따르라!"라고 하신 주님께서 상으로 땅을 백 평 주시겠다고 한다면 우스운 이야기가 된다. 여기서 땅은 땅의 평화이며, 자연의 순리이고, 세상의 이치이다. 마음이 온유하면 세상의 이치를 얻을 것이라는 말씀이다.

제4복 의에 주리고 목마른 사람은 복이 있다

누가의 병행구는 단순하게 "지금 굶주리는 사람은 복이 있다."(누가 6:21)고 한다. 그러나 마태는 의를 강조하여 그 계급적 지평을 확대시킨다. 누가복음의 분명한 대상은 추상화된다. 이에 대해서 마태복음은 대상을 모호하게 만들었다는 비판을 받기도 한다. 그러나 안병무는 적극적인 의미를 부여했다. 안병무는 마태가 '의를 위해서' 라는 말을 덧붙임으로써 단순하게 굶주리는 자가 아니라 개인적으로나 사회적으로 불의에 맞서고 의를 위해 행동하는 적극적인 입장에 선 자로 그 성격을 바꾸었다고 한다.[5] 의에 주리고 목마른 사람은 어떤 것보다 하나님의 의를 소중하게 여기고 사모하는 사람이다.

의라는 것은 참 지키기 힘든 것이다. 그것을 지키려면 고생스럽거나 비용이 많이 들 수 있다. 그렇다고 하여 스스로 어떤 대가를 생산하지도 못한다. 경제적으로 따지면 그야말로 고비용 저효율의 골치 덩어리이다. 그래서 사람들은 쉽게 그것을 던져버리거나 잠깐 접어둔다. 그러면 어떤 대가가 손에 쥐어질 수 있는 것이 현실이다. 잠깐 눈감음으로써 의를 판다. 우리는 수없이 매순간에 이런 갈등에 접한다. 눈 한번 질끈 감고 의를 유보시키면 내게 큰 수입이 생길 수도 있고, 높은 자리에 앉을 수도 있다. 의는 지키기는 힘들면서 별로 생기는 것도 없기에 사람들이 의를 찾지도 사모하지도 않는다.

의를 지킨다는 것은 세상 힘, 세상 지위나 경제력으로부터 자유하는 것을 말한다. 세상 힘으로부터 자유하는 일은 좋은데 이것은 가난을 수반하기 쉽다. 의를 지키는 대가로 주어지는 것은 쓴 잔이며 고통이다. 의를 지켜나가는 사람들이 외적으로 악과 불의와 편법과 싸우는 것보다

5) 안병무, "마태오의 민중적 민족주의." op. cit., 194.

더욱 어려운 것은 내적으로 가난과의 싸움을 극복하는 것이다. 그런데 주변 사람들이 오히려 이러한 약점을 이용하여 그들을 자기 손아귀에 두려고 한다. 어떻게 해서든지 그들이 스스로 굽힐 수밖에 없는 상황 속으로 몰고 가려고 한다.

이리저리 우리 사이에 의가 팔려나가면 결국 하나님도 팔려나가게 되고 믿음도 교회도 아무 필요 없게 된다. 하나님께서 자리붙일 곳을 없애 버린다. 의를 버리는 사회는 결국 인간도 버릴 뿐만 아니라 하나님도 버린다.

제5복 자비한 사람은 복이 있다

자비한 사람(긍휼히 여기는 자:개역개정)은 복이 있다고 한다. 우리가 진정한 소통을 이루려면 그 출발은 서로의 마음을 읽어주는 자리, 긍휼히 여기는 자리에서 나온다. 그렇듯이 하나님께서 우리를 긍휼히 여기실 때 하나님과의 소통도 이루어진다.

특히 '사랑한다', '긍휼히 여긴다', '불쌍히 여긴다'는 히브리어 '라함(raham)'은 '여성의 태', '자궁' 이라는 '레헴(rechem)'에서 나온 말이다. 자궁은 생명을 안전하게 보호하고 양육하는 기관으로서 어머니의 희생적인 사랑이 나오는 원천이다.

교회는 기도가 하나님과 소통하는 창구라고 가르친다. 그러나 성서에는 기도로 소통하는 것보다 훨씬 많은 경우가 하나님께서 긍휼히 여기실 때 이루어진다. 야훼 하나님은 이집트에서 고통받는 백성의 아픔을 보시고 그들이 부르짖는 소리를 들으셨다. 야훼께서 그들을 긍휼히 여기시는 데서 출애굽과 새 민족의 역사가 시작하였다. 그는 고아와 과부, 이방인, 품꾼, 가난한 자들의 부르짖는 소리를 들으신다. 하나님은 억울한 피가 호소하는 소리를 들으신다. 하나님께서 긍휼히 여기시는 곳에서 하나님과의 소통이 이루어지고 하나님의 새 역사가 시작한다.

하나님과 소통하는 방법은 기도만이 아니다. 오히려 성서의 더 많은 부분은 하나님께서 인간의 아픔이 있고 눈물이 있는 자리에 함께 하며 자신의 사역을 펼치신다. 하나님은 교회를 통해서 세상과 소통하시는 것이 아니라 직접 아픔이 있는 자리에 함께 하신다. 교회가 하나님을 독점하고 하나님을 교회나 성소, 특정한 장소, 특정한 시간에 묶어두려고 하지만 하나님께서 긍휼하신 분이시기에 세상이 아파하는 자리에 나타나신다. 그것은 종교적 경건을 능가한다. 그곳에 하나님의 역사가 일어나고 사람들은 자비함을 입게 될 것이다. 기도가 소통의 방법일 때는 교회가 살겠지만 인간이 아파하는 자리가 소통의 자리라면 역사가 산다.

> "계속하여 서로 사랑하십시오. 나그네 대접하기를 게을리하지 마십시오. 어떤 이들은 나그네를 대접하다가, 자기도 모르는 사이에 천사들을 대접하였습니다. 감옥에 갇혀 있는 사람들을 생각하되, 여러분도 함께 갇혀 있는 심정으로 생각하십시오. 여러분도 몸이 있으니, 학대받는 사람들을 생각하십시오.(히브리서 13:1-3)

몸은 하나님께서 자신을 보이시는 새로운 형태다. 우연히 나그네를 대접하다가 자기도 모르게 천사들을, 하나님 자신을 대접할 수 있다. "여러분도 몸이 있으니 학대받는 사람들을 생각하라"고 한다. 몸이 없다면 우리는 어려운 처지의 사람들과 함께 할 수 없다. 몸이 있기에 그들의 처지를 생각하고 함께 할 수 있다(3절). 몸이 없다면 자비도 사랑도 긍휼도 구원도 하나님도 모두 실감 나지 않는 추상세계의 언어일 뿐이다. 몸이 있어서 몸의 행동으로 나타날 때라야 이 모든 용어들이 생명의 자리로 돌아 올 수 있다.

나의 아픔, 모자람 때문에, 우리의 연약함 때문에, 하나님은 우리와 만나고, 우리의 어머니가 된다. 우리의 미성숙함을 통해서 우리는 진짜 사랑을 알고 하나님을 만난다. 완성된 인간, 완벽한 행동을 추구하는 자리에는 이해와 용서와 사랑은 없다. 그곳엔 서로를 측량하는 인간의 계산만이 존재할 뿐 하나님도 게시지 않는다. 이것은 우리의 약함이기도 하고, 동시에 부족한 것들을 사랑해서 감싸시는 하나님의 약함이기도 하다. 우리와 하나님은 서로의 약함 때문에 불쌍히 여기고 어머니의 사랑으로 보듬는 새로운 차원의 관계로 들어간다.

제6복 마음이 깨끗한 사람은 복이 있다

"마음이 깨끗한 사람은 복이 있다. 그들이 하나님을 볼 것이다." (5:8)

비밀이 있고 숨길 것이 있고 드러내서는 안 될 것을 가진 사람들은 그것 자체로 고통을 겪는다. 비밀 자체가 죄악이라는 것은 아니다. 우리가 전적으로 열린 마음으로 신뢰할 수 있는 사회가 되기까지 개인의 비밀은 자기 자신을 지키기 위해서도 소중한 것이고 반드시 지켜져야 한다. 그러나 그것을 비밀스럽게 지켜가야 하는 개인은 그것 자체로 얼마나 불편한가? 이리 저리 둘러대야 자기를 지켜갈 수 있는 것 자체가 충분히 고통스럽다.

아무것도 숨길 것이 없고 매사에 마음에 품은 것을 있는 그대로 드러낼 수 있다면 그것이 복 있는 삶이다. 아무 숨길 것이 없이 마음이 깨끗한 사람은 그것 자체로 하나님을 보는 것이다. 불교의 여래(如來)란 본래 사물이 있는 그대로의 모습으로 내게 다가오는 것을 말한다. 잘했다 못했다 옳다 그르다를 판단하지 말고 있는 모습 그대로 이해하고 받아들이는 것, 있는 그대로의 상이 내게 다가오는 것이 여래의 세계이다. 우리 식으로는 하나님을 보는 것이다.

혼자서 갖는 생각과 대중 앞에서 드러내는 생각이 다르지 않으며, 언제 누구에게 이야기 하든 그 말과 행동이 다르지 않는 사람은 마음이 깨끗한 사람이다. 그에게는 숨기는 것이 없으며 드러나도 부끄러울 것이 없다. 언제나 자신의 마음을 그대로 가감없이 드러낼 수 있는 사람은 이미 하나님을 보고 있고 하나님과 함께 한다.

마음이 깨끗한 사람은 늘 하나님을 보고 있기에 그 행동에 진실성이 있다. 말이 다른 사람은 상대를 속이기 이전에 하나님을 보지 못한다. 그들은 내심으로 하나님이 안계시거나 눈감고 계시다고 생각한다. 그들이 눈앞에 사람만 속이면 문제없다고 여기는 것은 그에게 하나님이 없고 눈앞에 사람만 존재하기 때문이다.

사람들은 늘 자기를 변명하며 지내야 하는 피곤함을 가진다. 말의 신실성을 상실했기에 끊임없이 의심하고 예기치 않은 돌발 상황들에 대비해야 한다. 그러나 마음이 깨끗한 사람은 항상 신실하며 그 자체로 늘 하나님을 보고 있다. 그는 세상이 주는 평안과는 다른 평안 속에 있다.

제7복 평화를 이루는 사람은 복이 있다

에베소서는 "그리스도는 우리의 평화(개역개정은 화평)이시라"(2:14)고 한다. 그리스도인들이 이 말씀을 오해한다. 이 말씀은 대립된 곳에 가서 중재하고 타협하고 서로 양보시키라는 말씀으로 또는 애매한 중립을 요구하는 것으로 안다. 그런데 문제는 그렇게 된다면 우리는 가진 자, 지배자의 편을 들기 쉽다. 그들은 이미 모든 것을 가지고 가난한 자의 목을 죄어 오고 있다. 약자들은 자기 생존의 기로에서 외마디 소리로 반항하고 외친다. 그것이 우리 사회에서 일어나는 소위 '갈등'의 본질이다. 그런데 그런 자리에 기독인들이 나타나서 중재하고 타협하려고 한다면 그것은 결국 기득권의 편을 들기 쉽다.

평화를 이루는 것은 갈등해소 차원이 아니다. '평화의 세상', '화해된 세상'을 이루라는 것이다. 동양적 의미로는 대동(大同)의 의미가 가깝다. 중국의 태평천국 운동은 대동 세상을 이루려는 운동이었고 노인과 어린이, 고아와 과부 등 약자들이 모두 평화롭게 사는 세상을 이루려는 운동이었다. 평화란 그 행위 자체에 있는 것이 아니라 '평화의 세상, 화해된 세상'을 이루려는 노력이다. 즉, 하나님 나라를 이루려는 것이다. 그런 세상을 위해서 우리는 약자 편에 서서 싸워야 할 때도 있고, 극한 상황에서는 무기를 들어야 할 때도 있다. 십자가형이란 바로 그런 사람에게 내려지는 형벌이었다. 그러므로 평화를 위해 일하는 것은 단순한 중재를 넘어선다. 그 평화는 세상이 주는 평화와 같지 않으며 때로는 칼을 주는 평화이기도 하다.

> "너희는 내가 땅 위에 평화를 주러 온 줄로 생각하지 말아라. 평화가 아니라 칼을 주러 왔다." (마태 10:34)

제8복 의를 위하여 박해를 받는 사람은 복이 있다.

안병무는 '의를 위하여 박해받는 사람'이란 단순히 의에 주리고 목마른 자를 넘어, 적극적으로 의를 위하여 투쟁에 나선 민중을 말한다고 했다.[6] 이들은 의식화된 자들로서 의식적으로 자기를 확립하고 적극성을 띠고 현실에 참여하는 민중이다.

의를 위하는 데 왜 박해를 받나? 세상이 다 예사로 불의를 행하고 있는데 홀로 의로운 방법을 고수하는 사람이 있으면 다른 사람들이 불편해진다. 불의한 자신들이 불편해 지므로 의인을 박해한다. 세상은 자신의 불의가 드러날까 두려워서 의인을 가만 놔두지 않는다. 의인이 어떻게 해서든지 실족하기를 바라며, 자신들과 같은 공범자를 만들려고 하기 때문이다.

세상은 의인들이 어렵게 지켜온 '의'마저도 팔아먹도록 유도한다. 그렇게 함으로써 불의를 행하는 자들은 자기들의 양심에 거리낌이 되어오던 것들을 제거하고 의인의 입을 틀어막지만 그것은 결코 승리의 축포를 올려야 할 일은 아니다. 결국은 모두가 망하는 길을 재촉할 뿐이다. 사람들은 의를 지키는 것을 불편하게 생각하고 자기들과 같은 자리로 끌어 내리려고 온갖 비난을 하며 음모를 꾀한다.

그러나 의는 매우 소중한 가치다. '의인', 의로운 방법을 고수하는 사람들, 의를 지켜나가고자 노력하는 사람들은 눈앞에 이익과는 거리가 멀지만 이익으로 셈할 수 없는 소중한 사람들이다. 만약 모두가 의를 포기한다면 어떻게 되겠는가? 우리가 자녀들에게 "너는 어떻게 해서든지 돈을 모으고 출세해라. 이웃을 생각하는 것은 마음이 약해지는 것이다. 흔들리지 말고 네게 온 기회는 놓치지 말고 잡아라. 남을 고려하는 것은 바보짓이니 수단 방법을 가리지 말고 올라서라. 그래야 네가 세상에서 생존할 수 있다"라고 가르쳐야만 되는 세상이 됐다고 하자. 그러면 사람들이 이제 시끄럽게 하는 사람들이 없으니 행복하다고 할까? 그렇

6) Ibid., 196.

게 된다면, 사람들은 아주 근본적인 문제에 도달하게 된다. 도대체 우리가 산다는 것, 잘 산다는 것은 무슨 의미인가? 단지 생존을 위해서 모든 인간적이고 신앙적인 것들을 무시하는 세상이라면 우리는 왜 살아가야 하는가? 하는 가장 궁극적인 물음에 부딪힌다. 의를 지키는 것은 거추장스럽게 여길지 모르지만 궁극적으로 세상을 살아가는 근본적인 동기와 이유를 제공한다. 그러기에 의인 열 명이 있으면 소돔과 고모라는 망하지 않을 수 있었다. 의라는 가치가 붕괴한 사회는 이미 스스로 존재할 가치를 상실한다. 의인 하나 때문에 그 도시와 그 나라가 존재 이유를 갖게 된다.

팔복 말씀은 이 위에 예수의 말씀대로 살고자 하는 사람들이 겪어야 할 고난을 암시하며 그들이 당할 박해상황을 덧붙인다.

> "너희가 나 때문에 모욕을 당하고, 박해를 받고, 터무니없는 말로 온갖 비난을 받으면, 너희에게 복이 있다. 너희는 기뻐하고 즐거워하여라. 하늘에서 받을 너희의 상이 크기 때문이다. 너희보다 먼저 온 예언자들도 이와 같이 박해를 받았다." (마태 5:11-12)

팔복은 결코 우리에게 보석 기둥과 황금으로 포장된 세상을 약속하지 않는다. 팔복은 지극히 일상적인 생활 이야기이다. 그러나 오늘 우리들이 바라고 그리는 삶의 세계와 상당히 다른 세계관, 가치관을 제시한다. 우리가 어떤 결사대처럼 행동해서 박해를 받는 것이 아니라 평범하지만 세상과 다른 가치로 살아갈 때, 세상은 스스로 견디지 못하고 박해를 가해온다. 크고도 공고한 불법과 불의의 연대가 우리들의 일상을 조여 오고 유혹한다. 하나님 나라는 우리들의 마음과 삶의 방식을 바꿀 때 우리에게 문을 열 것이다.

함께 생각나누기

* 돈을 버는 것과 돈을 쓰는 것에 대한 나의 생각을 나누어 봅시다.

* 팔복이 전하는 세계와 오늘 우리들의 인식과 태도에 대해 생각해보고 오늘 우리의 사고방식을 계속 이어가는 세계와 팔복이 제시하는 세계의 차이점에 대해서 말해 봅시다.

* 팔복의 말씀에 대한 각자의 느낌을 나누어 보고, 그 중에서 나의 삶에 적용할 수 있는 것이 있을지 각자의 생각을 나누어 봅시다.

사람을 살리는 화폐

돈의 우선하는 기능은 교환이다. 처음에는 현물로 교환하지만 점차 화폐가 생기고 화폐로 교환하게 되었다. 현물로 세금도 내고 현물로 빚도 갚을 때는 그래도 착취가 심하지 않았다. 현물은 저장하는데 한계가 있기에 일정한 량이 되면 처치곤란하다. 그러나 화폐가 쓰이면서 무한하게 저장이 가능해지자 착취가 가중된다. 그래서 돈의 새로운 기능이 생긴다. 그것은 자본의 기능이다.

화폐가 투자될 때는 자본의 기능으로 쓰인다. 이제 화폐는 교환기능에 자본기능을 추가한다. 투자가 되면 화폐자체가 이자를 낳고, 배당을 낳고 가치를 생성하는 도구가 된다. 만약 요셉이 예수 탄생의 기념으로 1/100 마르크인 1페니히(한국돈 5원 정도)를 투자하고 매년 5% 이자로 보상으로 받기로 하고 1990년에 다시 태어나서 투자금을 회수한다면 얼마를 받겠는가? 경제학자들의 계산으로 지구와 같은 무게의 황금덩어리 13억 4천만 개를 은행에서 찾을 수 있다고 한다. 지금대로 이자가 계속 증가하면 두 세대가 지나기 전에 경제가 파탄나거나 지구환경이 붕괴된다. 미국은 1%가 나머지 99%보다 부자다.

대부분의 사람이 대출하지 않으면 이자를 지불할 필요가 없다고 생각한다. 그러나 우리가 내는 모든 물가에는 이미 이자가 포함되어 있다. 생산원가에 생산자가 은행에서 빌려서 지불해야 하는 금융비용이 포함되어 있다. 자기자본으로 했더라도 이것을 은행에 넣어 지불하는 이자 이상의 비용을 원가에 넣어서 산출한다. 독일인을 예로들면 수입의 약 30%정도가 이자로 지불되는 돈이라 한다. 만일 이자 시스템을 버린다면 실제 소득은 두 배가 된다, 현재의 생활수준을 유지하기 위해서 일을 좀 덜 해도 된다.

마르그리트 케네디는 건축가인데, 그는 "죽음과 빈곤을 부르는 화폐 시스템"에 대해서 말한다. 지금의 금융시스템은 어떤 전쟁보다, 그 어떤 환경의 위협보다, 그 어떤 자연재해보다, 많은 죽음과 빈곤 문제를 낳고 있다. 이 시스템은 실제로 모든 전쟁의 뿌리이고 수많은 대립과 사회붕괴의 원인이다. 왜냐하면 지금의 이자 시스템은 실제적으로는 지불 불가능하기에 현실과의 갭을 메우기 위해 정기적으로 전쟁이 일어난다든가 나라가 망해 다른 시스템에 들어간다든가 하는 대 격변이 나야지만 조정된다.

화폐는 일정한 룰 안에서 통제돼야 가치가 유지된다. 화폐를 많이 가지면 잘사는 것인가? 그런 기준으로 "모두가 잘살게 된다."는 말은 허구이다. 모두가 돈을 넘치게 가지면 그것을 경제용어로는 인플레이션(inflation)이라고 한다. 경제가 붕괴되는 것이다. 부유하다는 리치(rich)는 라틴어의 렉스(rex) 국왕이라는 말에서 왔다. 모두가 국왕이면 왕이 아니다. 모두가 부자이면 부자가 아니다. 저명한 경제학자인 아담 스미스는 "한 사람의 부자가 있기 위해서는 5백 명의 가난뱅이가 있지 않으면 안된다"고 했다. 그건 아담 스미스 시대고 지금은 한 사람 부자를 위해서는 오천 명, 오만 명의 가난뱅이가 필요하다. 지금 우리가 생각하는 개념대로라면 부자가 된다는 것은 불평등한 분배를 전제해야 가능하다. 지금의 시스템은 누군가 불행해야 부자가 된다. 그러나 진짜로 잘사는 것은 모두가 고르게 살아가는 것, 모두가 행복한 것이다. 돈의 양으로 척도를 삼아서는 안 된다. 모두가 화폐를 많이 갖게 된다는 것은 다같이 망하는 길이다.

교환가치로의 화폐는 점차 돈 자체가 상품이 된다. 즉 자본이 된다. 1971년에 닉슨 독트린을 발표한다. 미국이 이제까지 달러를 발행하면서 그 만큼의 금을 담보로 발행했는데 이를 포기하고 세계의 기축통화인 달러를 마구 찍어냈다. 이후에 닻을 잃은 달러가 세계를 표류한다. 2000년을 기준으로 세계를 돌아다니는 돈은 300조 달러(연간 통화거래액)이며 지구상 존재하는 나라들의 국내 총생산(GDP) 총액은 30조 달러, 전세계 수출입액은 8조 달러이다. 교환에 쓰이는 돈은 8조 달러만 있으면 되는데 300조 달러가 돌아다니니 이것은 대부분이 투기성 자본이다. 말이 헤지펀드지 이것은 강도의 돈이다. 이것이 몰려 한 기업을 공격해 무너뜨리는 것은 일도 아니며, 국가도 쉽게 무너뜨린다. 아시아가 한차례 공격을 당했고, 재미 본 돈이 덩치가 커져서 유럽을 돌아가면서 괴롭힌다.

우리나라가 IMF 관리 체제 아래 들어갔었다. 국가는 대개 채권을 발매해서 자금을 만들고 이자를 지불한다. 만기가 되면 연장하고 또 연장해 나가면서 유지하는데 이런 채권이 연장 없이 한꺼번에 몰아닥치면 나라가 부도난다. 그렇게 되면 그 나라 이자율이 갑자기 몇 배가 뛰고 돈이 돌지 못한다. 그때 우리나라 전체 기업가치가 미국의 일개기업인 맥도널드 정도의 가치로 폭락했었다. 그러면 외국 기업이 헐값에 알짜기업을 사들인다. 국민의 생활에 꼭 필요해 국가가 주도하던 기업들을 민영화한 후에 사들인다.

만원으로 만원 어치의 감자를 교환한다. 그 후에 감자는 소멸되지만 화폐는 남는다. 화폐는 영원불멸한다. 돈이 불멸의 가치를 갖고 하물며 돈이 돈을 낳으면, 돈 자체가 이자를 낳고 배분을 받고, 투기가 돼서 더 큰 자본을 갖게 되면, 그 돈은 절대 권력을 갖는다. 돈은 영생하는 존재가 되어 신의 위치에 오른다. 돈이 신격화되면 예수의 말대로 하나님과 맘몬을 함께 섬기지 못한다. 신은 더디지만 돈은 즉각적인 해결사가 된다. 최대의 모순들이 발생한다. 냉전체제가 종식되고 사회주의가 붕괴되자 시장주의가 돈의 날개를 달았다. 그리고 사람들을 공격했다. 그 앞에 가난한 사람들은 알몸으로 내 팽개쳐진다. 환차를 이용하여 마치 진공이 물건을 빨아들이듯이 가난한 나라부터 초토화시켜 부와 자원을 흡수한다.

실비오 게젤(Silvio Gesell, 1862–1030)이라는 경제학자는 소멸되는 돈을 제안했다. 우파의 경제학자인 케인즈는 "고용, 이자, 화폐에 관한 이론"이란 그의 저서에서 게젤의 화폐시스템을 높게 평가한다. "미래에는 마르크스보다 게젤의 사상에서 더 많은 것을 배우게 될거"라며 극찬했다. 게젤은 시간이 흐를수록 가치가 감소하는 화폐를 제안했다. 돈도 자연의 존재와 마찬가지로 나이를 먹고 결국에는 사라져야 한다. 그렇게 되면 화폐는 영원불멸의 가치가 아니라 실제 가치로 자리매김한다.

화폐를 이자는커녕 일정한 기간이 지나면 소멸하도록 만들면 돈을 쌓아 놓지 못한다. 가치가 감소하니 빨리 돌려야 한다. 돈은 돌아야 한다. 내가 만원이 있는데 주아무개 출판사의 책을 샀다. 그는 이아무개 식당에서 순대국을 먹고, 또 정아무개의 도자기 컵을 구입하고, 계속 이렇게 만 원짜리가 하루에 열 번 돌면 10만원의 가치를 생성한다. 그것이 도는 과정에서 많은 사람에게 덕을 끼치게 된다. 나는 책을 얻고 누구는 순대국을 먹고, 도자기 컵을 얻었다. 10번 돌면 책상에 좋은 물건이 가득 쌓이고, 100번 돌면 각자 여가도 즐기고 취미생활도 할 수 있다. 그런 것이 화폐를 통해 얻는 경제다. 빨리 돌수록 모두가 행복해 진다. 화폐에 갑자기 마력이 생긴다.

실제로 게젤의 이론을 실천한 예가 있다. 1929년 세계 대공황이후에 오스트리아의 뵈르글(Wörgl)이라는 소도시는 인구 5천 명 정도의 작은 도시였다. 시는 1억 3천만 실링의 부채가 쌓이고 1/10에 가까운 400명의 실업자가 있었다. 시의 재정은 파탄상태였다. 시장 미하엘 운텔굳겐베겔(Michael Unterguggenberger)은 노화되는 돈의 시스템을 도입했다. 1932년 시의회를 거쳐 가치가 감소하는 지역화폐를 발행했다. 긴급구제계획으로 기존화폐와 다른 '노동증명서'라는 새로운 돈을 발행해서 시의 공공사업에 참여한 사람들에게 임금으로 지불했다. 이 돈은 한 달에 1%씩 감소하는 돈으로 한 달이 지나면 1% 가치만큼 스템프를 사서 붙여야 한다.

사람들은 서둘러서 돈을 소비했고, 모아두지 않고 경제 사이클로 돌려주었다. 그렇게 한 2년 후에는 실업자를 찾아보기 힘들고 시도 부채를 다 갚게 되었다. 하지만 국가가 개입하여 시장을 국가 반역죄로 기소하고 돈을 회수한 후 이런 화폐를 금지 시켰다. 주변에 부자들이 가만두지 않았을 것이다. 자기들이 가진 돈은 쓰지 않고 사람들이 노동증명서만 사용할 테니까. 일본에도 게젤 연구소가 있어 '자유경제연구'라는 소잡지가 발행된다. 이와 비슷한 생각을 한 루덜프 슈타이너는 세계에 800개가 넘는 발드로프 학교의 설립자다. 1861년에 태어난 교육, 사회분야의 사상가이다. 그도 25년이 지나면 소멸하는 돈을 구상했다.

지역통화를 만들어 노동, 봉사의 행위에 대한 보상으로 지급되는 지역화폐를 우리나라도 도입하여 쓰는 곳이 있다. 얼마 전 성남시에서도 시차원에서 시도하려고 했다. 그런데 여기에 시간성을 도입하는 개념으로 발전해야한다. 이것은 새로운 돈의 혁명을 이루고 사람을 살리는 돈이 될 것이다.

예수께서 맘몬과 하나님을 동시에 섬기지 못한다는 말은 돈이 얼마나 중요한가를 역설적으로 밝힌다. 돈을 잘못 쓰면 우상이 되고 악마가 된다, 사람을 파멸시키고 공동체를 무너뜨리고 전쟁을 일으킨다. 전쟁보다도 가난과 파산으로 세상을 뜨는 사람들이 훨씬 많다. 우리가 돈을 적대할 것이 아니라 돈이 인간을 위해 봉사하게 그 시스템을 바꾸어야 한다. 사람을 살리는 돈, 생명을 창조하는 돈이 되게 해야한다.

(강남향린교회 강단 중에서)

참고도서〉 카와무라 아츠노리, 그룹 현대 지음, 『엔데의 유언』 김경인 역, 갈라파고스, 2013.

07
주님께서 가르쳐 주신 기도

미리 살펴보기

* 누가복음 11:2-4의 주의 기도와 마태복음 6:9-13의 주의 기도를 (표준새번역) 읽고 어떤 차이점이 있는지 생각해봅시다.

> 예수께서 그들에게 말씀하셨다. "너희는 기도할 때에 이렇게 말하여라. '아버지, 이름을 거룩하게 하시오며, 나라가 임하게 하시오며, 날마다 우리에게 필요한 양식을 주시옵고, 우리가 우리에게 빚진 모든 사람을 용서하오니, 우리 죄를 용서하여 주시옵고, 우리를 시험에 들게 하지 마시옵소서.'" (누가 11:2-4)

> 그러므로 너희는 이렇게 기도하여라. '하늘에 계신 우리 아버지, 이름을 거룩하게 하시오며, 나라가 임하게 하시오며, 뜻이 하늘에서 이루어진 것같이, 땅에서도 이루어지게 하시옵소서. 오늘 우리에게 필요한 양식

[1]을 주시옵고, 우리가 우리에게 죄지은 사람[2]을 용서하여 준 것같이 우리 죄[3]를 용서하여 주시옵고, 우리를 시험에 들게 하지 마시고, 악에서 구하시옵소서. [나라와 권세와 영광이 영원히 아버지의 것이옵나이다. 아멘. (마태 6:9–13)

우리가 암송하는 주의 기도는 누가복음보다 마태복음에 실려있는 기도문에 가깝다. 여기서는 마태의 주기도를 중심으로 살펴보자.

"하늘에 계신"

희랍어 원문을 보면, 이 구절에는 '하늘들(ouranois)'이라는 복수형 단어가 사용되었다. 이어지는 '우리 아버지'와 호응하기 위해 복수 형태로 표현한 것이다. 하지만 우리말에는 '하늘'이라는 말에 복수형이 없으므로 모든 '하늘들'은 '하늘'로 번역했다. '뜻이 하늘에서 이루어지듯이'로 번역했다. 강일상 목사는 이를 기도하는 주체인 우리들 저마다의 마음속의 하늘(들)로 해석하기도 했다.[4]

하나님은 어느 곳, 어느 순간에나 사랑으로 존재하는 신이다. 그런데 왜 예수는 '하늘에 계신 하나님'이라 부르며 기도를 시작했을까? 여기에는 당시 이스라엘의 역사와 신학적 물음이 스며들어 있다. 이스라엘 민족은 북 이스라엘과 남 유다로 나뉜 분단의 역사를 거쳤다. 분단의 뒷배경에는 수많은 인간의 욕망과 갈등이 뒤섞여 있지만 표면으로 극명하게

---

1) 또는 "일용할 양식"(새번역 성경의 주)

2) 또는 '빚진 사람의 빚을 없애 준 것 같이'(새번역 성경의 주)

3) 또는 '빚을 없애 주시고'(새번역 성경의 주)

4) 강일상 "이렇게 기도하라–주기도문 해설" 『기독교사상』 2008, 1월호. 110쪽 강일상의 해석은 신선하지만 자칫하면 주기도를 내면화, 개인화 시켜버릴 수 있다.

드러난 갈등 중 하나는 "하나님이 어디에 계신가?" 라는 신학적 문제였다. 솔로몬은 예루살렘의 시온산에 성전을 건축했다. 이에 맞서 북 이스라엘은 옛 야곱의 성지 베델과 단에 성전을 건축하고 하나님이 시온에 계시다는 신학과 맞섰다. 이들은 오랜 역사를 통해 반목하면서 저마다 자기들의 근거지에 하나님이 계시다고 주장했다.

이 오래된 갈등은 사마리아 여인과 예수의 대화에도 나타난다. 사마리아 수가 지방의 한 우물가에서 예수를 만난 여인은 이렇게 묻는다.

> "우리 조상들은 이 산에서 예배하였는데, 당신들의 말은 예배할 곳이 예루살렘에 있다 하더이다." (요한 4:20)

남편이 다섯이나 있었고 지금 함께 사는 자도 남편이 아니라는 이 여성은 개인적인 삶의 문제만으로도 참으로 시급하고 힘겨워 보인다. 그런데 그녀는 예배장소에 대한 질문을 제일 먼저 던진다. 이에 대해 예수는 이렇게 대답한다.

> "이 산에서도 말고 예루살렘에서도 말고 너희가 아버지께 예배할 때가 이르리라." (요한 4:21)

하나님은 어느 개인이나 집단의 독점적 소유가 아니다. 누구나 고개를 들면 대할 수 있는 하늘에 계신다. 시온산도, 그리심산도 아닌 곳, 제물을 가진 자나 가지지 않은 자가 똑같이 대할 수 있는 곳, 유대인이나 이방인 모두에게 가능한 곳, 거룩한 자나 거룩하지 않은 자 모두에게 해당하는 바로 그 곳, '하늘에 계신' 분이다.

신약학자인 월터 윙크는 하늘의 의미를 해석하면서 "하늘이란 인간들 위에 가장 높은 것이 곧 인간들 속의 가장 내면적인 것이라는 믿음을 확증하는 것"이라는 프랑스 철학자 폴 리쾨르의 말을 인용했다. 즉, "하늘을 인간 정신세계의 깊이들을 가리키는 환상적인 진술로 이해한다"는 것이다.[5] 넓은 땅 위에서 지평선을 내다보라. 어디서부터가 하늘인가. 땅과 하늘의 명확한 경계는 어디인가. 사실 비어있는 공간의 모든 곳이 우리 인간에게는 하늘에 해당한다. 그러니 '하늘에 계시는 하나님'은 땅과 괴리된 저 높은 곳에 계시는 하나님을 가리키는 것이 아니라, 땅 위에 있는 체계, 기관, 조직들의 내부에서 우리들 한 가운데 계신다.[6]

"우리 아버지여"

함께 하는 기도는 집단적인 마음을 만든다. 구성원 한 명 한 명의 욕망이 그가 속한 공동체와 사회의 거대한 욕망을 추동하는 것처럼 (물론 반대의 경우도 있다. 한 개인이 사회의 흐름에 영향을 받기도 한다.) 한 개인의 내밀하기만 한 기도 또한 그렇다. 욕심, 자기 욕망이 담기면 그것이 교회 공동체를 쓰러뜨릴 수도 있다. 따라서 기도는 하나님 앞에서 얼마나 순수한가를 묻는 자리이기도 하다.

예수는 기도할 때에 중언부언하지 말라고, 하나님께서 말을 많이 해야 들으실 것으로 생각하지 말라고 가르쳤다. (마태 6:7) 무언가를 구하기 전에 우리에게 무엇이 필요한 지 이미 알고 계시다고. 말이란 소통의

---

5) Walter Wink, 『참사람』 op.cit., 319.

6) Walter Wink, 『사탄의 체제와 예수의 비폭력』 op.cit., 310.

시작이지만, 소통의 방법으로 본다면 참으로 하찮기도 하다. 느낌, 직관, 행동 등 존재와 존재 사이의 소통에 더 적극적이고 강력한 도구들이 얼마나 많으며, 말이 불필요한 순간들은 또한 얼마나 많은가. 불안, 혹은 불신이 자꾸 지껄이게 할 뿐이다. 찬양과 찬사조차도 필요 없다. 하나님은 그저 사랑인 존재, 그저 빛인 존재이므로 나의 찬사로 그 분의 존귀함이 보태지지도 않는다. 우리는 그저 온전히 신뢰하면서 고요하게 머물면 된다. 시끄러운 나의 목소리가 가라앉는 순간, 진짜 나로 그저 평화롭게 사랑 안에 머무는 순간, 그게 전부다. 콘센트를 꽂지 않으면 수백만번 버튼을 눌러도 램프에 불이 들어오지 않지만, 콘센트에 잘 연결해서 전기가 흘러들어오면 살짝만 터치해도 환한 불이 들어오는 것과 같다. 그러니 우리는 불안이나 걱정으로 반복해서 말하는데 힘을 쏟지 말고 그저 근원에 연결하기만 하면 된다.

전통적으로 교회는 하나님을 아버지라고 부를 수 있는 것이 얼마나 큰 은총인가를 실감했다. 그리하여 "우리 아버지라고 감히 부르나이다."라는 말로 공적인 기도를 시작했다. 구약에서도 하나님은 자신을 이스라엘 민족의 아버지로 자리매김한다.

> "아들은 아버지를 공경하고 종은 제 주인을 두려워하는 법인데, 내가 너희 아버지라고 해서 너희가 나를 공경하기라도 하였느냐?" (말라기 1:6)

말라기 외에도 신명기 32장 6절, 예레미야 3장 4절, 이사야 63장 16절 등에서 하나님은 이스라엘의 아버지로 나타난다. 모세도 이스라엘 백성에게 "그는 너희를 지으신 아버지가 아니시냐? 너희를 만드시고 일으키신 분이 아니시냐?"(신 32:6)고 했다. 이런 하나님은 아버지로서 자비를 베푸실 뿐 아니라(시 103:13) 징계도 한다.(잠 3:11-12) 또한 구약에서 하나님은 어머니의 표상으로도 나타난다.

> "이스라엘이 어린 아이일 때에, 내가 그를 사랑하여 내 아들을 이집트에서 불러냈다. … 나는 에브라임에게 걸음마를 가르쳐 주었고, 내 품에 안아서 길렀다. 죽을 고비에서 그들을 살려 주었으나, 그들은 그것을 깨닫지 못하였다. 나는 인정의 끈과 사랑의 띠로 그들을 묶어서 업고 다녔으며, 그들의 목에서 멍에를 벗기고 가슴을 헤쳐 젖을 물렸다." (호세아 11:1-4)

> "어머니가 어찌 제 젖먹이를 잊겠으며, 제 태에서 낳은 아들을 어찌 긍휼히 여기지 않겠느냐! 비록 어머니가 자식을 잊는다 하여도, 나는 절대로 너를 잊지 않겠다." (이사야 49:15)

예수는 하나님을 아버지로 말한다. 이것은 가부장적인 표현으로 터부시하기 보다는 절대신을 친밀한 가족과 부모로 표현한 것에 주목할 필요가 있다. 예수는 하나님을 자신과 독특하고도 개인적인 관계로 말했다.(막 14:36, 요 5:17, 5:19-47 참고) 이 때문에 당시 종교 지도자들은 격분하여 예수를 죽이려고까지 했다. "유대 사람들은 이 말씀 때문에 더욱더 예수를 죽이려고 하였다. 그것은, 예수께서 안식일을 범하였을 뿐만 아니라, 하나님을 자기 아버지라고 불러서, 자기를 하나님과 동등한 위치에 놓으셨기 때문이다."(요 5:18)

더욱이 예수는 '아빠(Abba)'라는, 어린 아이들이 아버지를 친근하게 부르는 용어로 하나님을 불렀다. 예수의 말씀은 대개 구약성경에 언급된 말씀들이다. 그러나 하나님을 '아빠, 아버지'로 부른 것은 예수의 독특한 언어이다. 어린이들이 친구처럼 하나님을 아빠를 부르게 한 것 자체가 이적이다. 하나님은 나만의 아버지(어머니)가 아니라 하나님 나라의 일원이 된 모든 사람들의 아버지(어머니)다. 아빠로서의 하나님은 노예와 같은 복종을 원하지 않고, 사랑의 상호관계를 원한다.

예수가 "누가 내 형제요 자매인가?"라며 주변의 민중을 새로운 가족 구성원으로 제시한다. 그는 민중을 "형제요 자매요 어머니"(마가 3:35)라고 한다. 또한 "내가 진정으로 너희에게 말한다. 나를 위하여, 또 복음을 위하여, 집이나 형제나 자매나 어머니나 아버지나 자녀나 논밭을 버린 사람은, 지금 이 세상에서는 박해도 받겠지만 집과 형제와 자매와 어머니와 자녀와 논밭을 백배나 받을 것이고, 오는 세상에서는 영생을 받을 것이다"(마가 10:29-30)고 한다. 여기서도 예수는 고의로 아버지를 뺀다. 예수의 가족에 가부장의 자리는 없다. "이 세상 누구를 보고도 아버지라 부르지 말라. 너희의 아버지는 하늘에 계신 아버지뿐이다"(마태 23:9)라고 한다.[7)]

여성신학자 피오렌자는 예수가 하나님을 아버지로 부르는 것은 사회와 교회 안에 있는 가부장 권력구조를 정당화시키기보다 모든 지배 구조를 결정적으로 전복시키는 것이라고 했다. 예수의 '하나님 아버지'는 어떤 아버지도 그리고 모든 가부장 제도를 거부한다. 기독교 공동체에서 형제들도, 자매들도 아버지의 권위를 주장할 수 없다. 왜냐하면 아버지의 권위는 하나님에게만 지정된 권력이기 때문이다.[8)]

더욱이 하나님은 나만의 아버지(어머니)가 아니라 하나님 나라의 일

---

7) Ibid., 232.

8) Fiorenza, *In Memory of Her*, 151, Ibid., 232.에서 간접인용.

원이 된 모든 사람들의 아버지(어머니)다. 주의 기도를 할 때에 공동체의 어떤 기도자도 홀로 있지 않다. 그 기도를 들으시는 분이 '우리의 아버지'이기 때문이다.

"이름이 거룩히 여김을 받으시오며"

고대에 이름이란 세력 자체였다. 야훼 하나님은 자신의 형상을 만드는 걸 거부했지만 백성들이 부르는 그의 이름은 하나님의 온전하고 충만하신 임재였다. 전령관이나 재판관이 "왕의 이름으로"라는 문구를 쓸 때, 그들은 왕의 권위와 세력으로 포고령을 발동하거나 재판을 수행하듯이 하나님의 이름을 부르는 것은 새로운 힘을 가져온다. 하나님을 예배하는 것은 그의 이름을 부르는 것으로 생각했다.(창 4:26, 12:8)

모르는 채 대화하던 상대가 누구인가가 밝혀질 때 비로소 관계가 시작되며 우리 안에 그 존재가 자리매김한다. 하나님의 이름은 비밀스럽고 알려지지 않은 권세로부터 우리를 도우며 우리 삶의 의미를 알려준다. 모세를 통해 이스라엘이 하나님의 이름을 알고 명명함으로 하나님과 이스라엘의 역사는 새로운 관계로 시작한다.

> 내가 그의 이름을 불러주기 전에는
> 그는 하나의 몸짓에 지나지 않았다
>
> 내가 그의 이름을 불러 주었을 때
> 그는 나에게 와서 꽃이 되었다. (김춘수, "꽃" 중에서)

호칭으로 인해 새로운 관계가 열린다. 이름은 창조하는 힘이 있다. 앞에 있는 네모난 통을 책상이라고 부르면 앞에 놓고 공부하는 데 쓸 것이고, 발판이라고 부르면 높은 곳을 올라가는데 쓸 것이다. 아는 사람에게 무언가를 배우면서 선생님, 이라고 하면 선생님과 제자의 관계가 된다. 이름은 나와 하나님과의 새로운 관계를 열고 새로운 만남 속으로 초청한다. 그 이름을 부르는 것으로 나에게 새로운 창조가 열린다.

그런데 이름이 거룩히 여김을 받는다는 게 대체 무슨 기도일까. 개념은 경계를 만든다. 그 개념 안에 들어오는 것과 들어오지 않는 것의 경계다. 개념에 가치와 위계가 생기면 그것도 단순한 경계가 아니라 구별과 배제, 나아가 차별을 가져온다. 그리스도교 전통에서 '거룩함(qados)'이 바로 그런 역할을 해왔다. 레위기에서 먹어도 되는 음식과 부정한 음식을 구분하듯이 우리들의 일상 속에서 속된 것과 거룩한 것을 구별하고, 사람도 속된 사람과 거룩한 사람을 구분하여 세우는 것을 거룩이라고 보았다. 그래서 종교적 거룩이란 일상에서 속된 것을 배제하여 거룩한 영역을 확대하여 나가는 분리의 개념으로 생각했다. 그런데 거룩이 처음부터 이렇게 배제와 차별을 가져오는 것을 말할까?

성경에서 거룩이라는 말씀이 처음으로 언급되는 것은 창세기의 창조 이야기다.

> 하나님이 그 일곱째 날을 복되게 하사 거룩하게 하셨으니 이는 하나님이 그 창조하시며 만드시던 모든 일을 마치시고 그 날에 안식하셨음이니라. (창세기2:3)

하나님께서 엿새 동안 천지를 창조하고 이레째 되는 날에는 쉬시며 그날을 복되고 거룩하게 하셨다. 만약 여섯째 날의 피조물이 그동안 하나님이 애써 창조하신 다른 날의 피조물들을 마구 파헤치고 멸절시킨다면 하나님께서 편하게 쉬실 수 있겠는가? 모든 피조물이 고르게 평화를 누리고 서로 조화를 이루어야 비로소 하나님의 안식이 가능하다. 따라서 하나님의 안식은 단지 아무 일도 안하시고 쉰다는 데 의미를 둔 게 아니다. 모든 피조물의 존재 방식, 만물이 살아가는 '상태의 지향'을 가리킨다. 창조는 이레 날 '하나님의 안식'이 이루어질 때라야 비로소 완성된다. 그러므로 하나님의 안식은 곧 모든 피조물의 평화로운 안식, 즉 '하늘과 땅의 안식'을 동반해야 가능하다. 바로 그런 상태를 하나님은 '복되고 거룩하다.'고 하신다(창 2:4). 즉, **거룩은 만물이 각자 자기 몫의 안식과 평화를 고르게 누리는 상태**를 말하며 그리스도인의 지향점도 거기에 있다.

거룩(holiness)은 전체(wholeness)와 어원이 같다. 이것은 하나님의 온전성을 뜻한다. 하나님의 거룩함을 예배하는 사람은 모든 생명을 사랑하고 만물이 조화를 이루는 통전적 평화를 찬양한다. 그때라야 하나님이 안식하시며 기뻐하실 수 있기 때문이다.

거룩함은 오경의 꽃이라 불리는 레위기에서 주요한 신학적 문제다. 레위기 전체가 가장 정결하고 거룩한 것을 찾아가는 연속된 물음이다. 레위기는 양파 껍질을 벗겨가듯이 우리가 추구하는 정하고 거룩한 것들을 집요하게 추적해 들어간다. 그러다가 마침내는 우리의 철저한 내면을 정화하는 대 속죄일(레 16:29-31)에 대해서 언급한다. 레위기 17-26장은 성결법전인데 이것은 우리의 생활을 거룩하게 하는 일상의 법들이다. 이것은 대 속죄일에 선포하고 그 절정은 안식년과 희년법으로 결론을 맺는다.

성결법전의 핵심적 말씀은 “나 주가 거룩하니, 너희도 거룩해야 한다”(레 19:2, 20:7, 26)이다. 레위기는 종교적으로 거룩한 제사와 거룩함을 회복하는 것이 중심이며, 또한 희년에 대한 주된 텍스트이다. 가장 종교적인 거룩함의 추구와 가장 사회적이고 혁명적인 희년이 자연스럽게 조화된다. 이는 진보와 보수로 갈려서 분열을 겪고 있는 한국의 기독교와 한국사회에 참다운 거룩함이 무엇이고 참다운 사회적 혁명이 어떤 결단에서 나와야 하는 가를 보여준다.

또한 거룩함은 사적 영역이 아닌 공(公)적 삶과 관계된다.[9] 이스라엘 민족에게 거룩함이란 위생과 관련이 있는데 위생이란 참으로 공적인 영역의 문제다. 누구 하나가 소홀히 하여 부정한 음식과 접하면 수많은 사람의 목숨이 위태로워 질 수 있다. 절기나 공간과 관련해서도 마찬가지다. 거룩한 장소인 성전, 거룩한 시간에 해당하는 종교적 절기 모두 한 개인의 사적인 영역이 아니라 이스라엘의 민족적 공간과 절기인 것이다. 개인과 개인 간에 깨어진 관계를 회복할 때 속건제를 드린다. 이는 피해를 보상하고 서로의 관계를 회복하기 전에 드리는 제사다. 그 제사 자체로 서로의 관계가 회복되는 것이 아니라 서로 보상할 것은 보상하고 용서할 것은 용서할 때 서로의 관계가 회복되고 하나님과의 관계도 복원되어야 거룩해 진다. 반대로 사람들 서로의 관계가 파괴되면 하나님과의 관계도 파괴되며 그들은 부정하다.

거룩은 함께 살아가기 위해 가장 필요한 원칙들의 밑바닥에 있다. 거룩은 통전성, 온전성이 유지되는 영역이며 그곳은 온전하신 하나님께서 임재하시는 영역이다. 거룩은 죄로 인해 막히게된 인간과 인간의 단절, 인간과 하나님과의 단절을 풀고 다시 소통할 수 있게 하는 조치들

---

9) 김경호, 『오경-야훼신앙의 맥』 대장간, 2017. 195쪽 이하.

가운데 나타난다.

한국교회는 거룩을 분리와 구별의 의미로만 받아들여 왔다. 즉, 거룩함은 속세와 분리되고 일상과 구분된다. 그리하여 결국 '죄 많은 세상에서 사는 거룩하지 않은 평범한 이웃들'과 경계선이 생긴다. 개인적으로 경건하거나, 혹은 스스로 그렇다고 생각하지만, 홀로 세상과 분리된 독선적인 종교인이 된다.

물론 거룩함에는 금기(禁忌)가 있다. 야훼께서 시내산에 하강하는 순간은 산에 손을 대어서는 안 되며 누구든지 손을 대면 죽는다.(출 19:12, 13, 20-24) 지성소는 일반인이 접근할 수 없는 곳이며. 하나님을 눈으로 보면 죽는다고 한다. 이것은 인간이 하나님에게 속하는 것을 사사로이 쓰지 못하게 하고 하나님을 사유하지 못하게 하는 목적이다. 거룩함이 가지는 공적 성격의 또 다른 반대편의 강조점일 뿐이다.[10)]

그리스도인은 하나님의 거룩함을 기리기 위해 예배드린다. 이사야가 소명을 받을 때 하나님의 성소에서 '거룩하시다. 거룩하시다. 거룩하시다'는 삼성(三聖)송이 들려왔다. 예배는 바로 이 온전성을 기리고 지켜나가는 의식이다.

그러므로 참다운 예배는 공동체적이어야 한다. 나 혼자만이 드리는 감사가 아니라 주변의 모든 이웃이 함께 평안하게 될 때라야 우리는 비로소 감사와 찬양을 드릴 수 있다. 정신이 이상하지 않고서야 주변에 재난을 당하거나 불편함을 입은 사람을 두고 어찌 혼자만 감사하겠는가? 어떤 재난 중에서 혼자 살아나오게 된 것을 감사하는 기도는 기도가 아니며 그런 예배는 예배가 아니다. 이웃과 더불어 감사할 수 있어야 비로소 참다운 예배는 가능하고 우리 모두는 거룩함을 입는다. 그런 세상을

10) J.Muilenburg, "holiness", IDB. Vol II. 618.

만들어 가려는 노력을 포기하고, 세상과 담 쌓고 드리는 예배는 자기만족을 하나님으로 삼는 이기적인 예배이며, 거룩함이 결여된 죽은 예배다. 그러므로 우리의 예배는 항상 미래에 대한 꿈을 담고 있어야 한다.

우리의 하나 됨을 방해하는 모든 장벽, 성차별의 장벽, 계층 간의 장벽, 학력의 장벽, 신분의 장벽, 세대의 장벽, 지방색의 장벽, 일체의 모든 방해물을 거두어 버리고 형제와 자매가 깊이 사랑하고 존경하는 마음을 가질 때라야 우리는 비로소 거룩함을 입는다. 그때라야 비로소 참다운 예배가 가능하다.

사람들이 하나님 이름을 부르는 경우는 두 가지가 있다. 첫째는 하나님의 거룩하심을 찬양하고 그 부르심에 응하기 위한 경우이다. 둘째는 자신의 이기적인 목적으로 하나님 이름을 들먹거리는 경우이다. 후자는 자신의 확신을 나타내고 입증하기 위한 경우이다. 많은 사람들이 하나님 이름으로 예언하고, 말씀을 전하고, 하나님 이름을 들이대며 자기 확신을 남에게 강요한다. 그래서 제3계명은 "하나님의 이름을 망령되이 일컫지 말라"고 한다. 사람들이 맹세할 때, "하늘에 대고 맹세코 …" 또는 흔하게 "하나님께 맹세하며 …" 그 이름을 들먹거리기 때문이다.

마태복음에서 예수는 제3계명을 새롭게 해석하며 맹세하지 말 것을 말한다. 맹세라는 것도 제 마음의 확신을 표현하기 위해서 한다. 제 안에 그 확신을 주체하지 못하겠으니 다른 권위들, 예를 들어 하늘, 땅, 자기 머리, 또는 하나님 이름 …에 기대어 그 확실함을 표현하려고 하지만 도무지 그렇게 하지 말라는 것이 예수 말씀이다. 단지 '예' 할 때 '예' 하고, '아니오' 할 때 '아니오' 하라고 한다. 그에서 지나치는 것은 악에서 나온다(마태 5:37)고 했다. 자기 확신에서 남을 평가하고 재단해서는 안

된다. 비록 내가 확신한다고 하더라도 그렇지 않을 수도 있다는 겸손한 마음으로 하나님과 이웃 앞에 열린 마음으로 임해야 한다. 나하고 전혀 반대의 길을 가고 반대 생각을 가진 사람에게도 열린 마음을 가져야 할 것을 말한다.

우리의 뜻을 입증하기 위해 하나님 이름을 들먹거리는 경우, 하나님 이름을 망령되게 일컬을 가능성이 매우 높다. 그러나 하나님 이름을 부르는 또 다른 경우는, 하나님 이름이 거룩히 여김을 받으시는 경우다. 하나님은 자신의 거룩한 뜻을 이루기 위해 사람을 부르고 새로운 사명을 부여하신다.

"나라이 임하옵시며"

일상적으로 우리가 암송하는 주기도는 "나라**이** 임하옵시며"이다. 그런데 의외로 이 구절을 "나라**에** 임하옵시며"로 틀리게 암송하는 사람들이 많다. 원래 뜻은 주격조사[11] "나라**가** 임하옵시며"이다. 근래 나오는 번역에는 수정되었으나 전통적으로는 주격조사 '이'를 써왔다. 사람들은 이를 발음상 유사한 "나라에 임하옵시며"로 이해하고 그렇게 암송한다. 그런데 이렇게 하면 달라진 조사 하나 때문에 그 뜻은 정반대가 된다. 본래 예수가 가르쳐주신 기도는 하나님 나라가 우리가 사는 이 땅에 임하게 해달라는 기도다. 즉 "이 땅의 불의한 모든 것이 바로잡히고 하나님의 의로우신 뜻대로 통치하는 세상이 오게 해주십시오."라는 기도다. 이것은 이 땅을 변화시키는 노력을 수반한다. 그러나 많은 사람이 망설이지 않고 '나라에' 임하게 해달라고 기도하는 것은 그 만큼 한국교회가 '이 땅이 변화되는 하나님의 나라'보다는 '죽은 뒤에 가는 천국'만

11) 우리말의 주격조사는 "은, 는, 이, 가" 이다.

을 중시 여겨 온데에 대한 반증이기도 하다.

그런데 정말 인간은 지금의 삶보다 죽은 뒤의 삶에 더 관심이 있을까? 이런 이야기가 있다. 어떤 목사가 예배시간에 천국에 관한 설교를 했다. 참으로 아름답고 평화로우며 행복한 곳이라고 말이다. 열심히 설교를 하고나서 천국에 가고 싶은 사람은 손들어 보라고 했다. 그랬더니 다들 번쩍 손을 드는데 맨 앞에 앉은 장로가 머뭇거리면서 손을 들지 않았다. 당황한 목사는 "장로님은 천국이 이렇게 좋은데 가고 싶지 않느냐"고 물었다. 그랬더니 장로는 곤란해 하면서 답했다. "가고는 싶은데 목사님, 그거 지금 당장 가야하나요?"

혹자는 예수가 "누구든지 나를 따라 오려거든, 자기를 부인하고, 제 십자가를 지고 나를 따라오라"(마 16:24)고 하지 않았느냐고, 되묻는다. 예수가 눈앞의 삶을, 자기 자신을 부정하라고 하지 않았느냐고 말이다. 분명 그러셨다. 그런데 그 다음에 요구하신 게 있다 "나를 따라와라." 즉, 예수는 이 땅위에서의 삶이 가치 없다고 말한 게 아니라 이 땅에서 진짜의 삶을 살라고, 더 치열하고 자유롭게 살라고 초대한 것이다. 그러니 발 딛고 선 땅, 주변 사람들, 몸을 입은 한 인간으로서의 자기 자신을 포함한 지금의 삶을 사랑하지 않고 "죄 많은 이 세상은 내 집 아니네, 내 모든 보화는 저 하늘에 있네, 오 천국 문을 열고 나를 부르네. 나는 이 세상에 정들 수 없도다." 라고 노래하며 세상을 회피한다면 하나님의 나라를 잘못 이해한 것이라 할 수 있다.

예수께서 말하는 하나님 나라는 하늘에 있는 나라가 아니다. 지금 우리가 만들어가야 하는 하나님의 통치(구약성서적인 표현), 하나님의 정의롭고 평화로운 통치가 완성되며 누구나 모두 존중받고 귀히 여김을 받을 수 있는 그런 나라가 이 역사 안에서 이루어지는 것을 말한다. 그것이 오랜 시간이 지난 뒤 하늘에서 이루어지는 나라라면 예수께서 왜 그렇게 열심히 그 나라를 설명했겠는가. 앉아서 가만히 기다리기만 하면 되는데 말이다. 여기서 이루어 가야할 나라였기 때문이다. 그래서 그리도 쉽게, 천천히, 정성을 들여서 예수께서는 가르쳐 주셨다. 하나님 나라에 대하여.

"뜻이 하늘에서 이루어진 것 같이 땅에서도 이루어지이다."

당연히 여기서의 강조점은 뜻이 하늘에서 이루어지게 해달라는 것이 아니다. 그것은 하나님께서 알아서 하실 일이다. 우리가 간구해야 할 것은 뜻이 땅에서 이루어지게 해달라는 것이다.

예수에게 세례요한이 제자들을 보내 "오실 그분이 당신이십니까? 그렇지 않으면, 우리가 다른 분을 기다려야 합니까?"하고 물어 보았다. 이에 대해 예수께서 답한다.

> "가서, 너희가 보고 들은 것을 요한에게 알려라. 눈먼 사람이 보고, 다리 저는 사람이 걷고, 나병 환자가 깨끗해지고, 귀먹은 사람이 듣고, 죽은 사람이 살아나고, 가난한 사람이 복음을 듣는다. 나에게 의심을 품지 않는 사람은 복이 있다." (누가 7:22–23)

당신이 누구냐는 인격을 묻는 질문에 대해 예수는 자신이 하신 일, 사건으로 답한다. 하늘의 일을 묻는데 그는 땅의 일로 답한다. 하나님 나라가 어떤 곳이라는 설명에 이보다 분명하고 구체적인 설명이 어디에 있겠는가? 예수는 개념적이고 관념적인 말로 답하기를 거부한다. 그분은 하나님 나라는 이런 일들이 일어나는 곳이라고 아주 쉽게 말한다. 그는 자신의 정체성을 밝힐 때마저도 지금 일어나고 있는 사건으로 말한다.

그러나 하나님의 나라, 그리스도의 왕국은 단지 경제, 정치, 법률적인 제도가 확립되는 그 이상의 세상이다. 사회적인 제도 몇 가지를 바꾸면 그 나라가 올 수 있다고 생각하는 것은 너무 순진하다. 사회적 제도뿐만 아니라 그 나라를 구성하는 사람들의 인격이 성숙해야 한다. 하나님 나라는 인간과 하나님, 인간과 인간, 인간과 자연이 서로 완벽한 마음과 성품으로 대하고 완벽한 관계를 맺는 곳이어야 한다.

그러기 위해서 우리들은 그리스도의 완벽한 인격, 그분의 사랑, 그분의 영성에 도달해야 한다. 하나님 나라에 걸맞은 인격이 되어야 그 나라가 올 것이 아닌가? 그리스도인들은 우리들의 인격, 사랑, 영성이 예수 그리스도에게 까지 이르도록 해야 한다. 우리의 꿈은 화려한데 그 꿈을 이루려고 하는 주체들은 너무도 보잘 것 없으니 어떻게 하겠는가? 비교도 할 수 없이 부족한 우리의 인품과 모진 마음들을 어찌 하겠는가? 그러기에 우리의 일상을 통해 그 훈련을 동시에 해야 한다.

내가 변해야 한다, 내 안에 남을 받아드릴 만한 공간이 있는가. 나에게 남을 나보다 낫게 여길 수 있는 마음이 준비 되어 있는가? 내가 남이 가진 좋은 점들을 칭찬하고 떠 받들어줄 성품이 되는가를 살펴야 할 것이다. 그래서 우리가 그리스도의 장성한 분량에 이르도록 그분의 성품으로 충만하게 된다면 이 세상과 우리가 사는 공동체는 조금씩 변화해 나갈 것이다.

은총의 세상을 위해 이 땅에 오신 그리스도를 따라 이 땅에서 우리가 꿈꾸고 세워야할 세상이 있다. 우리가 세워가는 그리스도의 몸-그리스도의 성품에 근거한 새로운 나라, 그것은 새 인간, 새 사람에게서 비롯

된다. 그 나라는 서로가 서로를 품을 수 있는 품이 되는 나라이며, 하나님의 은총을 모두가 누리는 가운데 서로가 서로에게 은총이 되는 세상을 말한다.

주기도의 전반부에 사용된 세 가지 동사의 시제는 3인칭 명령법으로 되어있다. 명령법은 당연히 2인칭에 붙여지는데 여기에서는 특이하게도 3인칭에 붙여진 명령법이다. 이것은 '화자의 다짐'을 나타낸다. 이것은 기도하는 사람이 주체가 되어 자신의 다짐을 표현하는 특수한 표현법이다.[12)]

우리는 우리 이름으로 살거나 죽는 것이 아니라 하나님 이름으로 그분의 영광을 위하여 산다. 그래서 신앙적으로 하나님이 어떻게 하신다는 표현에는 하나님 뜻을 이루기 위해서 모든 삶을 바치는 우리의 부단한 노력에 대한 다짐이 숨겨있다. 신앙인은 그것을 나의 의지라거나, 내가 이룬 일 때문이라고 말하지 않는다. 당연히 하나님이 하신 일이며 그분께서 이루어나가는 일이라고 고백할 뿐이다.

"오늘날 우리에게 일용할 양식을 주옵시며"

해석의 여지없이, "오늘 우리들이 먹을 수 있는 밥(빵)을 주십시오." 라는 기도다. 이에 관해 민중신학자 서남동 목사는 "내일 먹을 것을 쌓아 놓은 사람은 주기도를 드릴 자격이 없다"라고까지 말했다. 내일 먹

12) 강일상, op.cit., 112. ①이름이 거룩히 여김을 받으시오며, ②나라이 임하옵시며, ③뜻이 땅에서도 이루어지이다의 시제를 말한다. 강일상의 설명에 의하면 이것은 기도하는 자가 주체가 되어 자신의 다짐을 표현하는 특수한 표현법이다. 즉, ①내가 당신의 이름을 거룩하게 하겠다. 나를 통해서 당신의 이름이 거룩해지게 하겠다는 다짐이다. 따라서 그 다음의 표현도 ②나라가 임하게 하겠다. ③하늘에서 뜻이 이루어지게 해달라는 간구가 아니고 내가 나의 노력으로 뜻이 '땅에서도' 이루어지게 하겠다는 다짐의 표시이다.

을 것을 미리 자기 손에 확보하고 있는 사람에게는 할 필요가 없는 기도다. 이 청원은 매일 양식이 가장 절박했던 사람들에게 가르쳐주신 예수의 기도다. 이것은 비단 그 시대 사람들에게만 적용되는 것은 아니다. 그리스도인은 내일을 철저하게 하나님의 손에 맡기고 살아가는 사람들이다. 이미 자신을 위해 모든 것을 완벽하게 갖추어 놓은 사람은 하나님이 필요하지 않다. 또한 주님께서 가르쳐주신 기도는 단지 '자신'의 빵을 위한 기도라기보다는 '우리'의 빵을 요구하는 기도이다. 이것은 형제나 자매들의 양식을 위한 기도이다.

안타깝게도 사람들은 이것을 문자 그대로 기도하기 어려우니 '오늘날'이라고 변형시켰다. 오늘이라는 분명한 시점을 요즈음(nowadays)으로 확대시키고, 일용할 양식까지도 추상화해서 영적인 어떤 것으로 변형시키려고 한다.

그러나 이런 변형은 이미 복음서에도 나타난다. 마태는 오늘(σημερον)의 빵으로 분명하게 언급하는 데 비해 누가는 매일의 빵, 일용할 양식(καθ' ημεραν)으로 의미를 대치한다. 마태의 표현이 보다 원형에 가깝다고 생각되지만 누가와 같이 의미를 확장할 필요도 생기게 되었다. 그것은 단지 오늘의 빵 문제를 해결한 사람들에게도 주기도가 여전히 의미 있어야 하기 때문이다. 누가는 '오늘의 빵'을 오늘의 특정한 날을 위한 빵보다는 다가올 날을 위한 양식, 매일의 빵으로 의미를 확장했다. 이러한 경향은 나중에는 인간에게 필요한 모든 것으로 의미를 확장하기도 한다. 그것은 흔히 성경에서 종말의 성취가 잔치 이미지로 표현되기 때문이다(마태 26:29, 누가 22:16-18, 30). 하나의 의미를 얻으면 하나의 의미를 잃게 되는 서글픔이라니.

"우리가 우리에게 죄지은 사람을 용서해준 것 같이 우리의 죄를 용서해 주시고"

'죄'는 희랍어로 하마르티아(ἁμαρτία)인데 여기 쓰인 희랍어 원문은 '빚'이라는 뜻의 오페이로(ὀφείλω)다. 문자대로 번역하면 마태복음은 "우리에게 빚(오페이로)진 사람의 빚을 없애 주었듯이(과거) 우리의 빚도 없애 주옵시며"이고, 누가복음은 "우리에게 빚진 사람의 빚을 없애 주듯이 우리의 죄(하마르티아)도 없애 주옵소서"다. 고대 아람어에서 빚과 죄는 서로 통용되는 말이었다. 그만큼 빚은 사람들을 멸망의 구렁텅이로 끌고 들어갔다. 그 옛날 가진 것이 없어서 빚을 낸 사람들에게는 삶이 무언가 자신의 계획대로 순조롭게 흘러간다 해도 원금을 갚는 것은 쉬운 일이 아니었다. 게다가 당시의 이자율은 매우 살인적이어서[13] 원금과 이자를 다 갚고 빚에서 빠져나오기가 어려웠다. 빚을 못 갚아 노예로 전락하는 경우가 매우 흔했다. 따라서 빚은 모든 억압과 부자유가 시작되는 관문이며 사람들에게 만 가지 '죄악의 시작'으로 인식되었다.

누가가 일부러 두 언어를 교차해서 쓰고 있는 것을 주의해서 보자. "사람들에게서 '빚'을 없애준 행위로 인해 하나님은 우리의 '죄'를 없애 주신다." 빚과 죄는 마구 통용되는 언어가 아니라 우리의 이웃을 풀어주고 해방하는데 사용한 물질로 인해서 하나님은 우리들의 영적인 죄도 용서해 주신다는 뜻으로 확장되었다. 예수께서 우리에게 말씀하신 것은 막연하고 추상적인 '죄'가 아니다. 우리에게 빚진 사람을 용서하라(탕감하라)는 구체적인 내용이다.

예수께서 우리에게 말한 것은 막연히 추상적인 '죄'가 아니다. 우리에게 빚진 사람을 용서하라(탕감하라)는 구체적인 내용이다. 그런데 우리

13) 히브리어 네섹은 이자인데 이것은 '짐승에게 물리다'라는 뜻이다.

가 매일 암송하는 주기도마저도 왜 제대로 못하고 있을까? 기독교는 중세 천년의 권력의 중심부에 있었다. 최고의 권력을 누렸던 시대에 지도자들이 자기의 부를 늘려나가는 제일의 수단인 채무를 호락호락 포기할 수는 없었다. 그러면서 동시에 예수께서 가르친 대로 주기도를 할 수도 없었다. 그러니 마태복음을 오히려 거꾸로 악용했다. '하나님께서 내 빚을 탕감해 주신다'는 말은 무엇일까? 하나님께 돈을 가져온 것은 없지 않은가? 이것은 '죄'를 뜻하는 것이니 두 복음서에 분명하게 언급되는 "우리에게 빚진 사람의 빚을 없앤다"는 말을 슬며시 '죄'로 바꾸어 버렸다. 말이 추상화되면 구체성을 상실하고 본래의 취지는 온데간데없게 된다. 주기도를 바꾸면 자기들이 받을 것을 다 받아내도 아무런 양심에 거리낄 것이 없게 된다.

오늘날도 마찬가지이다. 문자적으로 분명한 주기도, 하루에도 몇 번씩 암송하는 주기도마저도 우리는 예수께서 가르치신 대로 하지 못한다. 그것은 우리의 욕심을 내려놓을 수 없기 때문이다. 그러기에 예수께서는 "내 말에 걸려 넘어지지 않는 자는 복되다"라고 말씀하셨다. 그러나 우리들은 그 말씀에 걸리기는커녕 그럴만한 말씀들은 이미 모두 우리의 입맛대로 바꿔버렸다.

용서를 뜻하는 아람어 '바슈보클란(waschboklan)'은 '본래의 상태로 돌아감, 서로 수용함, 상대와 통하는 다리를 놓는 것' 등 다양한 의미를 갖는다. 상대를 풀어주는 순간 진정하게 나도 자유로울 수 있다. 진정한 용서는 우리가 함께 지은 잘못과 죄와 얽어 맨 사슬을 함께 풀어 나가는 것이다. 아람어의 뜻을 따르면 "우리가 스스로 옭아맨 사슬을 풀 수 있게 도와주신 것처럼 우리도 다른 이의 사슬을 풀어 주도록 하옵소서"로 번역할 수 있다.

채무자가 빚을 갚을 수 없을 때, 취할 수 있는 법적 수단은 제한적이다. 채무자는 시간을 더 달라거나, 채무액을 줄여달라고 청하는 방법 외에도, 높은 자리에 앉은 사람이나 상급 재판소가 개입하여 채권자의 집행을 막아줄 수 있는 가능성도 있었다.(마태 18:31 참조) 이것이 성공하지 못하면 도망가거나 자살 외에는 대안이 없었다. 그러므로 폭동이 일어났을 때 빚 문서 저장소를 없애버린 이야기가 나오는 것도 우연은 아니다. [14)]그만큼 그들의 삶에서 가장 절실한 것은 채무문제였다.

"우리를 시험에 들게 하지 마시옵고 다만 악에서 구하시옵소서."

시험(πειρασμός)은 견디기 힘든 어려운 시련을 말한다. 땅을 빼앗기거나, 소작할 땅을 얻지 못하거나, 채무로 노예가 되는 등의 경제적인 고통을 말하며, 또는 개인의 의지로는 빠져나오지 못할 유혹을 말한다.

예수 연구의 권위자인 존 도미닉 크로산은 이 말씀이 1세기 이스라엘이 로마제국과 대결하는 구체적인 역사적 상황 속에 깊이 뿌리 내리고 있다고 본다. "이것은 비폭력적 저항이냐 아니면 폭력적 저항이냐에 대한 선택에 직면했을 때, 로마의 폭력적인 지배에 대해 폭력적으로 저항할 유혹 속으로 우리를 '인도하시지' 말도록 하나님께 요청하는 것"을 말한다.[15)]

악에서부터(άπό του πονηρου)는 '악에게서 구해 달라'는 뜻과 '악한 자에게서 구하여 달라'는 두 가지 뜻으로 해석할 수 있다. 악한 자는 농민들을 착취하는 고리대금업자, 부패한 관료, 의롭지 못한 판결을 내리는 재판관으로부터 구하여 달라는 기도이다. 추상적인 악인이 아니고

14) Ekkehard W. Stegemann and Wolfgang Stegemann, op.cit., 226.

15) John Dominic Crossan, 『가장 위대한 기도』 op.cit., 253 ff.

구체적으로 자신의 탐욕을 채우기 위해 민중의 생존을 위협하는 존재들을 말한다. 크로산에 따르면, 우리가 하나님의 뜻이 하늘에서 이룬 것 같이 땅에서도 이루어지도록 할 때조차도 폭력을 피하도록 인도해주시기를 요청하는 기도이다.[16)]

나라와 권세와 영광이 아버지께 영원히 있사옵나이다. 아멘

이 부분은 마태의 후기 사본에만 비로소 나타난다. 후대에 교회가 추가한 부분으로 보이는데 유대교에서 흔히 기도시에 붙이는 결문에 해당한다. 이것은 주기도가 공식적인 기도문으로 쓰임에 따라 유대식의 결문에 해당하는 찬양이 추가된 것으로 보인다.

주기도는 경제적으로 파탄지경에서 허덕이는 자포자기의 농민들에게 새로운 세상에 대한 꿈을 심어준다. 하나님을 아버지라 부르는 특권을 통해 경제적 이유로 인해 종교적으로까지 죄인이라 낙인찍힌 무너진 자존심을 회복 시켜주고, 태평성대의 하나님 나라를 이루어가는 꿈을 보여준다. 주기도가 꿈꾸는 것은 먼 하늘 위의 세계가 아니다. 농민들이 당면한 끼니의 문제, 만 가지 몰락의 시작이며 악의 근원이 되는 빚의 탕감, 부정부패한 관료들로부터의 구원, 그리고 그들이 떳떳하게 주인으로 설 수 있는 나라를 위해 기도한다.

16) ibid.,

함께 생각나누기

* 수행의 한 방법으로, 하나님의 현존을 느끼는 순간으로, 기도는 그리스도인의 삶에서 더없이 중요하다. 각자 평소 기도를 언제, 어떻게 하는지 경험을 나누어 봅시다.

* 중보기도를 왜하는지, 좋았던 때와 불편할 때가 있었는지 경험을 나누어 봅시다.

* 하나님과 소통하고 응답받는 기도는 어떤 것일지 생각을 나누어 봅시다.

내 기도하는 그 시간

마태 6:31-34

커피나 차를 마시는 것은 바쁜 일거리에서 잠시 벗어나와 향도 느끼고 따듯함을 느낀다. 커피 타임이 행복한 것은 일상을 멈추고 잠시의 여유를 즐기기 때문이다. 기도는 무엇인가? 하나님의 눈을 통하여 나의 삶과 나의 영혼을 살펴볼 수 있는 시간이다. 어찌 커피 한잔의 여유에 비교하겠는가? 하나님의 눈으로 나를 바라보는 그 시간이야 말로 가장 기쁘고 즐겁다.

사람은 하루에도 몇 번씩 내가 뭐라도 된 것 같은 착각이 들기도 하고, 또 나는 왜 이 모양뿐이 안 되는가 하는 절망의 늪으로 빠져들기도 한다. 아무리 능력이 많고 훌륭한 재능을 가지고 있다고 하더라도 일 하는 사람이 마음을 가늠하지 못해 침몰해 버리면 아무것도 할 수 없다. 자기 자신의 마음을 지키는데 기도보다 더한 약이 어디 있으랴? 그러기에 신앙인에게 가장 필요한 것은 기도이다.

프랑스의 현대 사상가 자끄 엘륄은 현대인들의 가장 큰 왜곡은 종교의 왜곡이며 이는 곧 기도의 왜곡이라고 한다.[17] 현대인들은 기도를 자기 욕구에 벗어나지 못하게 만들며 기도를 마술화 한다. 자신의 주관적 욕망을 늘어놓는 기도는 주술의 속성을 가진다. 내 욕망이 우선이고 신을 불러들여 내 욕망에 종사하게 만든다. 이런 종교나 기도는 그 욕구가 이루어지면 사라진다.

기도는 하나님과의 대화이다. 기도의 목적은 하나님과 만나는 것이

17) 자끄 엘륄, 『자끄 엘륄 사상입문-현대문명 비판과 새로운 기독교』 양명수 외 공역, 다산글방, 2003. 197-234.

다. 현대인들은 기도를 통해 자신의 욕구를 채우려고 하지만 우리들의 욕구는 쉽게 채워지지 않는다. 욕구는 채워지지 않는 갈증이다. 그것이 이루어진다면 우리는 더 큰 것을 욕망하기 때문에 언제나 목마르다. 게다가 하나님은 얼마나 더디신가? 우리는 경험적으로 이를 안다. 그래서 효율성을 중시하는 현대인은 결국은 기도를 포기한다. 기도의 초점이 나의 욕구에 맞추어 졌을 때 그것이 이루어지면 더 이상 종교가 필요 없어지고 그것이 이루어지지 않거나 실행이 더뎌져도 현대인들은 참지 못하고 하나님을 버린다. 그리고 스스로 종교는 비효율적이라고 생각한다.

바른 기도는 기도의 초점이 기도를 드리는 그분에게 맞추어져 있다. 자기의 욕구를 만족시키기 위해서 그분을 찾는 것이 아니라 그분을 궁극적인 존재로 알고 그분을 존경하고 그분의 뜻을 찾기 위해서 기도드린다. 기도는 자신의 존재 전체를 내어놓고 하나님의 진정한 목소리를 듣는 것이다. 성경은 말한다.

> "성령도 우리의 약함을 도와주십니다. 우리는 어떻게 기도해야 할 것도 알지 못하지만, 성령께서 친히 이루 다 말할 수 없는 탄식으로, 우리를 대신하여 간구하여 주십니다." (로마서 8:26)

> 너희는 기도할 때에, 이방 사람들처럼 빈 말을 되풀이하지 말아라. 그들은 말을 많이 해야만 들어주시는 줄로 생각한다. 그러므로 그들을 본받지 말아라. 하나님 너희 아버지께서는, 너희가 구하기 전에, 너희에게 필요한 것이 무엇인지를 알고 계신다. (마태 6:7-8)

그러므로 참기도는 우리를 위해 기도하시는 성령의 소리를 듣기 위한 기도이다. 주님께서 지금도 나를 위해 기도하신다. 그 소리를 듣는 기도가 참 기도이다. 주님을 통해 나를 보는 기도, 그분을 통해 나를 살피고, 나를 드러나게 하는 기도, 그 분을 통해 나를 폭로하고 나 자신을 돌아보는 기도가 참기도다.

내가 중심이 되던 삶을 하나님을 중심으로 옮기기 위해 성찰한다. 내가 일방적으로 나의 주문과 소원을 나열하는 것이 기도가 아니다. 우리가 필요한 것은 이미 하나님께서 미리 알고 내려주신다. 우리가 기도한 것만 하나님께서 우리에게 주신다면 아마도 우리는 지금 살아있지도 못했다. 우리는 내게 무엇이 필요한지 조차 알지 못한다. 어느 때는 목숨을 걸고 간구하지만 사실 그것이 우리에게 독이 되는 길일 수 있다. 하나님께서는 내가 미처 구하지 못한 것까지 우리에게 챙겨주셨기에 오늘 우리가 존재할 수 있다. 그래서 기도는 내가 마치 주문목록을 하나님께 열거하듯 늘어놓는 것이 아니라 우리의 욕심을 비우고 그분의 말씀을 듣는 행위이다. 하나님께 절대 순명할 준비를 갖추는 것이며, 하나님께서 나를 위해 자기를 계시하는 것을 보는 것이다.

포에르바하는 종교가 인간의 자기 결핍에서 나왔다고 한다. 자신이 할 수 없는 일, 즉 자신이 하지 못하는 자기 부정이 종교의 출발점이며, 인간이 도달하고 싶지만 이룰 수 없는 부족함의 감정에서 종교가 출발한다고 말한다. 종교의 신은 인간이 이룰 수 없는 욕망을 뒤집어 만들어 놓은 것이다. 신은 결국 우리가 이루고자 하지만 이룰 수 없는 욕망 덩어리이다. 이런 욕망에 기초한 신을 만들어 놓고 그 신 앞에 엎드려 "살려줍쇼, 죽여줍쇼" 한다. 이들은 결국 자신들의 욕구에 따라 신을 발명하고, 그들의 종교행위의 속내는 결국 신으로 하여금 자신에게 봉사하게 한다.

이런 기도는 그 신을 공경하기 위해서가 아니고 오히려 그들의 소원을 성취해 달라고 떼쓰기 위해서 존재한다. 만약 그 신이 욕구를 들어주지 않으면 그 신을 처벌하고 폐위시킨다. 프랑스 민간신앙에는 기도의 응답이 없으면 신상을 거꾸로 돌려놓는 이교도 풍습이 있다. 한국의 사찰에 가면 절기마다 수많은 연등들이 걸린다. 또 사찰 주변에 신축을 위해 늘어선 기와들을 보라. 그 기와 뒷면과 연등 아래 쪽지에 빼곡하게 적힌 기도제목을 보라.

포에르바하가 분석한 종교는 고급종교는 아니다. 저급한 종교심, 주술에 불과한 종교를 분석한 것이다. 그러나 우리의 신앙은 우리의 욕망을 주술처럼 늘어놓기 위한 종교가 아니다. 우리의 하나님은 때로는 우리의 욕망과는 정반대되는 길을 가라고 한다. 잘되고 출세하는 길이 아니라, 거친 광야로 나가라고 한다. 우리의 마음이 안주하고 싶은 '네 친척 네 아비의 집'을 떠나라고 하시며, 네 십자가를 지고 나를 따르라고 하신다.

사람들은 이세상이라는 가혹한 환경 속에서 거짓 신이 줄 수 있는 위로나 격려를 필요로 하기도 한다. 그러나 이 수준의 종교로는 우리의 욕망을 뛰어넘어 계신 초월적이고 절대적인 하나님을 만날 수 없다. 우리를 그 나라로 데려가지도 못한다.

성서의 하나님은 인간에 의해 만들어진 신이 아니라 모세를 통해 자신을 계시한다. 성서의 하나님은 이집트에서 노예생활하는 사람들을 내 백성이라고 하고, 광야에서 터 잘 잡고 사는 모세를 해방의 역사의 장으로 불러낸다. 인간이 만든 신은 자기 욕망을 투여하여 만들어낸 신에 불과하다. 그것은 참신이 아니라 인간이 자기부정을 토대로 세운 우상이다. 그러나 계시의 하나님은 자신의 이해관계에 역행하더라도 그 하나님을 통하여 오히려 자신을 거스르는 거룩한 부름에 나서게 한다. 계시는 하나님 나라를 지향한다.

그런 의미에서 자끄엘륄은 "참된 기도는 종말론적이다"고 한다. 종말론적이라는 것은 새로운 세상과 관계된다는 말이다. 기도를 통해서 예수 그리스도와 하나가 되는 것뿐만이 아니라 그분의 뜻을 이루어 간다. 예수께서 이 땅에서 이루고 선포하신 그 나라에서 살 수 있도록 하는 것이 기도이다. 기도란 내가 하나님과 함께 새로운 역사를 창출해 가겠다는 그리스도인의 결단이며 희망의 행위다. 기도의 근거가 우리의 밑바닥에서 나오는 것이 아니다. 내가 기도한다면 나의 욕망을 소원할 수밖에 없다. 그러나 참다운 기도는 우리 속에 계신 성령이 우리로 하여금 기도하게 한다.

현재 우리의 삶을 구성하는 정치, 경제, 사회, 문화적인 수단들이 하나님 나라의 현존을 담지하고 있는 지를 구별해야 한다. 그렇지 못하다면 과감하게 거부하고 새로운 수단을 간구해야한다. 기도도 우리의 기도가 하나님 나라의 빛에서 볼 때 바람직하지 못하다면 하나님 나라의 현존을 담고 있는 기도로 변화 시켜야 한다. 기독교 계시는 우리를 단지 생존하게 하는 차원이 아니라 우리로 하여금 하나님 나라의 방향을 향해서 나가게 한다.

합리적이고 과학적 사고를 하는 사람은 "기도를 통해 변화되는 것은 우리자신."이라고 한다. 그들은 생각하기를 '하나님 자신이 불쑥 불쑥 개입하셔서 역사를 바꾸어 놓지는 않으신다. 기도 그 자체로 인해 우리들이 준비되게 하시고 우리들이 어떤 상황에서도 낙심하지 않게 되는 것.'이라고 한다. 가령 기도를 통해서 인내하고 기다릴 수 있게 된다든지, 인생의 위기에서도 위로와 희망을 주며 절망한 사람에게 그것을 뚫고 갈 수 있는 가능성이나, 힘을 준다든지 문제를 해결할 수 있는 지혜를 얻는 것 등의 내적인 변화를 통해서 가능케 하신다고 한다.

그러나 기도는 그 이상이다. 자기 안에서 일어나는 변화 그 이상의 것이다. 그것이 명상하고 다른 점이다. 기도를 통해서 변화되는 것은 우리 자신 이라는 것을 훨씬 뛰어넘는 그 이상의 무엇이 있다. 이것은 우리 자신 보다 훨씬 더 큰 권능이며, 그것이 우리를 변화시키든지 세상을 변화시키든지 객관적인 역사를 변화시키든지 무언가 우리와는 근본적으로 다른 권능과 객관에 연결되는 것이다.

기도를 통해 우리는 하나님이라는 무한한 힘과 만나고, 동시에 우리에게 아주 인간적인 사랑을 가지신 그분과 마음이 통하는 직통의 라인을 개설한다. 기도를 통해 우리는 우리를 초월하는 힘의 근원과 생명의 근원과 맞닿는다. 이 기도는 세상의 정해진 상식을 초월 할 수도 있다. 하나님은 세상을 공식을 만들어 놓고 그대로 통치하지 않으신다. 비상식적인 일일 수 있지만 그것이 그 개인에게 꼭 있어야 되는 간절함과 진실함이 있다면 그것이 현실이 되게 하신다. 우리가 기도한다는 것은 우리 안에 내재해 있는 존재에게 하는 것이 아니다. 하나님을 나의 밖에 계신 초월한 존재로 인식하고, 기도를 통해 상식적인 범위를 훨씬 초월해 있는 "초월자"이신 그분과 만나게 된다.

기도를 통해 우리는 하나님 나라를 이룰 수 있다. 기도를 통해 우리는 하나님 나라의 통치를 우리의 현실로 끌어들인다. 그런데, 정말 그것이 가능한가? 가능하다. 하나님이 들어 주시지 않을 기도라면 왜 우리에게 하라고 하겠는가? 그것을 가능하다고 믿는 것이 우리의 믿음이고 신앙이다. 기도란 내가 하나님과 함께 새로운 역사를 창출해 가겠다는 그리스도인의 결단이며 희망의 행위이다. 기도의 근거는 우리의 밑바닥에서 나오는 것이 아니고 우리 속에 계신 성령이 우리로 하여금 그런 기도를 하게 하는 것이기 때문이다.

우리는 우리가 필요한 것들을 하나님께 주문하는 것을 기도로 생각한다. 그러나 예수께서는 그런 것은 이미 하나님께서 다 아시니 내일 염려는 내일에 맞기고, 오늘 우리가 할 일은 먼저 그의 나라와 그의 의를 구하라고 한다. 그러면 그 위에 모든 것을 더하시리라. 기도는 나를 보는 시간이며 내게 말씀하시는 하나님의 음성을 듣는 시간이며, 나를 위해 기도하시는 성령의 탄식을 듣는 것이다.

기도는 우리 자신 보다 훨씬 더 큰 영역의 세계로 들어가는 문이며, 그것이 우리를 변화시키든, 세상과 역사를 변화시키든, 우리와는 근원적으로 다른 무엇에 연결되는 것이다. 기도를 통해 우리는 하나님이라는 무한한 힘과 만날 수 있다. 우리에게 인간적인 사랑을 가지신 그분과 마음이 통하는 직통라인을 개설하는 것이다. 기도를 통해 우리는 우리를 초월하는 생명의 근원과 맞닿게 된다. 기도는 자신의 기준과 생각을 완전히 넘어서는 초월자의 품으로 뛰어드는 것이다.

(강남향린교회 강단 중에서)

08
예수의 율법 논쟁

미리 살펴보기

다음은 예수께서 바리새 사람들 또는 율법학자들과 논쟁을 벌인 마가복음 본문이다. 각각을 읽어보고 예수 일행이 어떤 법을 위반했다고 하는 것인지 생각해봅시다.

*2:23-28, 3:1-6, 7:1-13, 10:2-12, 12:13-17

이스라엘로 유학 간, 한 학생이 자기 체험담을 이야기했다. 이웃에 사는 유대인이 유학생을 불러서 아무 말 없이 자꾸 벽 쪽을 가리키더라는 것이다. 살펴보니 냉장고 코드가 플러그에 꽂혀 있지 않았다. 학생은 그날이 안식일이었기에 상황을 직감하고 "코드를 꽂아 주려느냐?"라고 물으니 고개를 끄덕였다. 음식은 상하겠고 안식일이라 코드를 꽂는 것조차 일로 여겨 할 수 없었다. 그만큼 유대인들은 지금까지도 철저하게 안식일 규정에 매여 있다.

그러나 우리가 이미 살펴 본대로 구약성서의 율법은 모두가 존중받고 평등한 관계를 이루는 데 초점이 있다. 이방인, 고아, 과부, 품꾼, 노예들의 해방과 인간다운 삶을 보장하기 위한 법들이다. 얼핏 보면 눈물겨울 만큼 율법을 지키려는 노력이 가상해 보이지만, 그들이 팔레스타인 사람들의 목숨은 개미 목숨만치도 생각지 않으면서 기껏 안식일에 냉장고 코드하나 꽂지 않는 것으로 하나님의 법을 지킨다고 생각하는 것은 가소롭기 그지없다. 이는 하루살이는 걸러내고 낙타는 삼키는 위선이다. 그들이 율법을 지키는 것은 하나님과는 아무런 상관이 없다. 정작 목숨 걸고 지켜야 할 것은 헌신짝처럼 버리고 아주 사소한 자기들의 전통은 하나님처럼 떠받든다. 그들이 하나님의 말씀을 지키려면 자신들이 누리고 있는 것들을 내어 놓아야 하기 때문이다. 그들이 아무 것도 아닌 곁가지를 하나님처럼 붙잡고 늘어지는 것은 오직 자기만족이다. 예수는 이를 가리켜 "너희는 너희 전통을 지키려고 하나님의 계명을 잘도 저 버린다"(마가 7:9)라고 한다.

율법체계의 권위 서열

한 벽촌 시골마을 장례에 참여한 일이 있다. 머리부터 발끝까지 베옷을 입고 허리에 새끼줄을 하고 "에고 에고" 곡을 하는 유교식 장례였다. 발인 전에 집 앞에서 노제를 했다. 제문을 외고 곡과 절을 하고 향을 피우는 과정을 한 50대 쯤 되는 분이 이끌었다. 그보다 연세가 많으신 분들이 더러 있는데도 모두 그의 말에 복종했다. 예식을 주관하는 분의 권위는 하늘을 찌를 듯했다. 그분이 "곡해!"라고 외치면 모두 "아이고, 아이고" 하면서 곡을 한다. 그러다간 "그쳐!"라고 소리치면 모두가 언제 그랬냐는 듯이 조용해지는 것이 기이했다. 모두가 그분의 입에서 떨어지는 말을 주목하면서 긴장감 있게 움직였다. 그런 권위가 나오는 원천은 무엇인가? 그것은 그분이 그 마을에서 장례예법에 관한한 가장 권위자이기 때문이다.

고대사회에서는 더더욱 이런 법률체계가 대중통제수단이었다. 특히 행정력, 정보능력이 극히 제한된 사회에서 가장 효과적인 통제수단은 각자의 내면에 파수꾼을 세우는 일이다. 그것이 바로 법률체계이다. 그런데 고대사회는 행정력이 약하기 때문에 법률에 대한 강제력은 종교가 했다. 예수시대도 마찬가지이다. 이스라엘 사회는 율법에 능통한 체계로 서열화되었다. 당연히 율법학자와 바리새인은 지도적 위치를 차지했다.

이들은 재판관의 역할도 수행했다. 그러나 재판의 공정성을 유지하기 위해 보수를 받는 일은 금지하였다. 때문에 법률전문가는 생활 부담을 전혀 느끼지 않는, 여유있는 계층일 수밖에 없다. 그러니 그들이 반(反) 민중적 성격을 가지는 것은 당연했다. 재판관들이 보수를 받는 것은 후진양성을 위해 가르칠 때이다. 이처럼 율법을 익히고 교육한다는 것은 합법적인 신분상승의 가장 빠른 통로였기에 무엇보다도 율법을 배우고자 하는 교육 열의가 높았다.

정결예법

정결예법은 음식을 먹기 전에 손을 씻는 법, 시장에서 돌아와서 몸을 씻는 법, 그 밖에도 잔이나 단지나 놋그릇 같은 것을 씻는 법(마가 7:3-4) 등이다. 고대 사회에서는 종교와 위생의 경계가 없었다. 더러움의 종류가 오늘날처럼 위생의 분야가 아니었다. 이는 종교적인 금기로 다뤄져서 무한히 확대했다. 예를 들면 질병은 종교적 저주이고, 위생은 종교적 계율로 생각했다.

바리새파 사람들은 어떤 일이 있어도 식사 전에는 반드시 손을 씻고,

타인에 대해서도 그것을 요구하며, 말을 듣지 않는 자에게는 저주를 퍼붓는다. 뿐만 아니라 여러 가지 식기를 씻는다든지 몸을 닦는다든가 하는 것에도 복잡한 규칙을 만들었다. 그래서 그 법으로 사람들을 판단하고 종교적으로 '죄인'의 낙인을 찍었다. 몇 가지 사례를 살펴보자.

만약 도둑이 들어왔다면 그 도둑이 발로 밟았던 곳은 더럽다고 여겼다. 게다가 도둑이 들어왔던 곳에 뚜껑이 닫힌 토기는 괜찮지만 뚜껑이 열려 있던 토기가 있었다면 그 토기 안에 담긴 음식물, 액체 역시 부정한 것이므로 먹을 수 없는 음식이 된다. 또한 물건 만드는 일이 직업인 장인(匠人)이 방에 있으면 그 방과 장인의 손이 닿은 범위는 불결하다고 여겼다.

물론 이런 규정은 위생과 병균이나 전염병 예방을 위해서 지킬 수 있으면 좋다. 그러나 실제로 민중은 이러한 정결예법을 엄격하게 지키면서 생활할 수 없었고 정결례를 못 지키면 죄인이 됐다. 이스라엘 지배세력은 하나님의 이름을 빌어 지배자의 특권적 위치를 계속 독점하겠다는 더러운 욕심을 법으로 포장했다.

종교적 지배체제와 '더러움'

종교적 '불결함'을 규정하는 법은 얼마든지 확장하였고, 그 희생자는 사회 약자들이다. 정-부정(淨-不淨) 문제는 위생상 필요한 수준에 한정되지 않는다. 종교적으로 무한 확대하여 실생활과는 전혀 관계없는 영역에까지 뻗어간다. 종교는 지배체제와 한 통속이 되고, 지배자가 된 종교는 민중을 '더러운 자'로 배척한다.

고대 농경사회에서 지배 이데올로기의 관심은 정결한 것과 부정한 것을 나누는 데 있다. 소위 '정-부정 체계'는 사회의 계급적 위계구조와 비례한다. '정-부정 체계'는 사회를 더욱 정한 것, 덜 정한 것 그리고 덜 부정한 것, 부정한 것, 더 부정한 것으로 구분한다. 그리고 소수의 지배계급은 '정-부정 체계'의 가장 꼭대기에 위치하고, 피지배계급은 양민(良民), 천민(賤民) 등으로 분류되어 가장 밑바닥에 자리한다. 이 '정-부정 체계'는 경제적인 하층민들을 항상 그 사회의 종교적 기준에 가장 부적합하다고 판정한다. 가장 밑바닥 인생은 항상 더러운 존재다. 실제로 그들의 몸에서는 악취가 나기 일쑤이다. 반면 사회 상층부일수록 깔끔하고 정결했다. 이런 상황에서 상층 지배자들은 자신들의 정결함을 더욱 잘 유지하기 위해 각종 정결례를 규율로 정했다. 그들은 가난하여 지저분한 채로 살아가는 이웃에게 올가미를 씌워 천길만길 낭떠러지로 내몰았다.

> 무엇이든지 밖에서 몸 안으로 들어가는 것은 사람을 더럽히지 않는다. 더럽히는 것은 도리어 사람에게서 나오는 것이다. (마가 7:15)

예수는 산상수훈의 병행구인 누가의 평지설교(누가 6장)에서 다음과 같이 선언한다.

> "가난한 여러분은 행복합니다."
> "굶주리는 여러분은 행복합니다."
> "우는 여러분은 행복합니다."

"가난한 사람, 굶주린 사람, 우는 사람"이 행복하지 않다는 것을 가장 잘 알고 있는 사람은 다름 아닌 예수다. 그렇다면, 이 말씀은 분명히 역설적이다. "율법을 모르는 이 민중은 저주받을 족속이다"라고 말한 바리새파 사람에 대해서 예수는 그러한 민중이야말로 "행복하여라!"라고 응수하는 것이다. 자기들이 가진 것으로 교만하여져서 형제를 죄인으로 몰아세우는 사람들이 오히려 더러운 자다. 가난한 자는 멸시당하지만 타인을 정죄하지 않는다. 가난한 자들이야 말로 하나님 보시기에 참으로 복 있는 사람들이라는 선언자체가 형제·자매를 정죄하는 자들에 대한 투쟁언설이다.

인류학자 메리 더글라스(Mary Douglas)는 정결과 부정에 대해서 "모든 문화는 그들을 둘러싼 세계를 분류하는 자신만의 고유한 기준인 '분류체계'를 가지고 있으며, 깨끗함과 더러움(정결과 부정)이란 본능적이거나 위생적인 범주가 아니라 특정 문화의 고유한 분류체계에 의해 규정되는 상징적이고 문화적인 범주"라고 한다. 즉 깨끗함 혹은 정결이란 현대인들의 통념처럼 '위생'이라는 과학적인 기준을 만족시키는 상태가 아니고 특정 문화의 분류체계가 규정한 '적절한 자리'에 위치하고 있는 상태이며, 더럽거나 부정하다는 것은 그 분류체계가 규정한 '적절한 자리'를 벗어나 질서를 교란하거나 경계를 위협하는 상태라는 것이다.[1] 그런 의미에서 당시의 정결례는 기득권자들의 사회적 경계를 분명히 하고자 하는 법이었다면 예수는 가장 사회 밑바닥에 위치한 가난한 자, 굶주리는 자, 우는 자를 가장 행복하다고 하고 스스로 자신들의 정결을 자랑하는 자들을 향해 오히려 더럽다고 했다. 이렇게 그들의 기존 질서를 교란하고 사회적, 문화적 경계를 허무는 예수는 매우 위협적인 존재며 골치덩어리였다.

1) 방원일, 『Mary Douglas』 커뮤나캐이션북스(주), 2018. 34.

예수 시대에 왜 정결례를 강조하였나?

아래는 오경에서 가장 기본인 말씀이다.

> "땅을 아주 팔지는 못한다. 땅은 나의 것이다. 너희는 다만 나그네이며, 나에게 와서 사는 임시 거주자일 뿐이다." (레위기 25:23)

'땅은 하나님의 것'이라는 말씀은 땅은 누구에게나 필요하다는 뜻이다. 힘 있는 자들이 독점하지 못 하도록 땅은 사고 팔 수 없게 했다. 땅은 모두에게 골고루 나누어질 때, 풍요로우며, 생명이 된다. 구약은 그럴 때 정의롭다고 한다. 정의는 정신적이거나 영적 개념이 아니다. 정의는 어떻게 하면 모든 육체들이 생명의 물적 기초를 골고루 나누는가 하는 문제이며, 삶의 근거를 공평하고 평등하게 소유할 수 있는 조건에 있다.[2)]

땅을 누군가가 독점하는 게 불의다. 종말은 땅에서 이루어지는 불의한 역사가 끝나고 땅이 악에서 벗어남이다. 그리고 지금 여기서 정의롭고 의로운 세상을 시작하는 것이다. 종말은 우주적 파괴를 통해 창조를 말소하는 게 아니라 우주적인 변혁을 통해 이 세상 안에 존재하는 악을 파괴한다. 정의로운 세상은 땅이 고르게 나누어지고 이웃과의 경계를 셈하지 않아도 되는 세상이다.

땅은 하나님 것이듯이 땅의 소산도 하나님 것이다. 땅의 소산 또한 모두가 고루 나누어야 한다. 그것이 하나님 법의 핵심이다. 분배 정의가 하나님 뜻이다. 분배 정의는 땅이나 음식 자체에 대한 문제라기보다는,

---

2) Jonathan L. Reed and John Dominic Crossan, 『예수의 역사』 op. cit., 204.

모두를 위해 나눌 때 정의롭다는 뜻이다. 땅의 소산이 모두의 생명, 동물이나 들짐승, 심지어는 식물 자체의 생명 존엄과 관련될 때 하나님의 뜻이 이루어진다. 땅의 소산물의 본래 역할은 모든 생명을 위해 고르게 나눌 때이며, 그 때 비로소 정결하게 된다. 이것이 구약의 핵심이며 정의의 본체이다.

구약에서 말하는 정의를 예수는 사랑으로 표현한다. 사랑의 의미를 자비나 자선을 베푸는 것으로 오해하면 안 된다. 사랑은 나눈다(to share)로 번역하는 게 훨씬 낫다. 그래야 구체적이다. 나눈다는 말은 우리가 관대한 마음으로 소유를 나누어 주는 것이 아니라 본래 하나님의 것을 평등하게 분배한다는 의미다. 이것은 우리가 당신의 선물을 베푸시는 하나님의 사역에 참여하는 것이다. 부자가 가난한 사람에게 주는 선물은 사실 하나님의 선물이다. 따라서 자선을 베푸는 사람은 단지 관리자, 즉 하나님이 주신 선물을 분배할 뿐이다.[3] 그런 행위를 통해서 우리는 하나님의 본성에 참여하게 된다. 근본적으로 우리 것을 나누는 것이 아니라 하나님의 것을 하나님께 돌리는 일이다. 본래 우리에게 '내 것'은 없다. 모든 것이 자연의 것이며, 신앙적으로는 하나님의 것이다. 어느 누구도 빈손으로 세상에 왔다가, 빈손으로 가기 마련이다.

고고학 발굴 자료를 보면, 예수 시대에 정결례가 가장 성행하였다. 당시는 유대인의 정체성을 정결례로 표현하였다. 세포리스의 집들을 발굴하였는데, 제의용 욕조, 돌 항아리, 돌 그릇 등이 드러났다. 거의 모든 집이 제사장 집으로 오해할 정도로 조금 여유 있는 집에는 제의용 욕조가 있고 가난한 집은 돌 항아리나 돌 그릇이 집집마다 있었다. 이것들은 정결례에 쓰이는 그릇이다. 식기 용도로 쓰기에는 너무 무거웠다.

3) Ibid., 275.

로마 귀족 문화 특징은 목욕, 만찬이다. 유대인의 정결례는 로마의 목욕이나 만찬문화와 유사한 방식을 사용하지만 내용적으로는 유대인들만의 신앙을 표현하는 방식이었다. 실제로는 로마의 문화침략에 도전하고 문제를 제기하는 의미로 사용했다.

제의용 욕조는 상류층에서 사용했고 돌 항아리는 당시 값비싼 유리, 금속, 도자기류에 맞서는 토착적 대용품이었다. 이런 정결례를 통해서 유대인은 자기 정체성을 확인하였고 이는 또한 식민지 백성들이 할 수 있는 비폭력적 저항행위였다.[4)]

'땅은 하나님의 것'이라는 오경의 근본 신앙은 이미 지킬 수 없게 되었다. 당시에 땅은 로마의 것이었다. 식민지 백성으로는 어찌 할 도리가 없었다. 땅의 소산 역시 하나님 것이라는 율법도 지킬 수 없었다. 땅의 소산 역시 로마 것이었다. 그렇기에 가능한 유일한 방법은 자기 자신을 정결례로 하나님께 드리는 것이다. 정결례 헌신이 그들이 할 수 있는 최소한도의 신앙 표현이었고 너희들이 다 가져가도 우리의 정신만은 가져갈 수 없다는 저항이기도 했다.

정결예식을 비의 종교에서 행하는 씻김 행위라는 경멸적인 것으로 봐서는 안 된다. 오경에 따르면, 땅은 하나님의 것인데 그 땅 도처에서 이루어지는 모든 생활 속에 하나님의 현존이 임한다는 것을 보여주는 매개체가 바로 정결 예식이다.[5)] 정결예식은 그들이 하나님과 맺은 언약을 날마다 상기시켜 주는 매개물이요, 자기 자신을 하나님의 거룩성에 연결시켜 주는 행위다.

몸을 씻는 행위는 나를 하나님께 드리는 것이다. 모든 만물이 하나님

4) Ibid., 266.
5) Ibid., 238.

의 것임을 깨닫고 우리자신이 하나님의 정의와 사랑을 이루는 주체임을 바로 자기 안에 새기고 인식한다. 그래서 정결예식을 통해 세속에서 하나님을 발견하고 일상적인 삶속에서 하나님을 확인한다. 정결예식은 하나님 앞에 서는 데 필요한 바른 몸의 자세와 신체적 준비였다.[6)]

정결예식은 하나님 앞에서 자신들의 몸을 제의적으로 바르게 세우려는 노력이며, 윤리적으로 살겠다는 결단이다. 이 땅에서 어떻게 하나님의 언약을 따라 하나님의 임재와 함께 살아갈 것인가에 대한 관심이었다. 제의용 욕조는 언약 아래 있는 이스라엘 민족 공동체 안에서 구성원의 자리를 회복시켜 주었고 돌그릇은 한 개인이 하나님 앞에 서는 자리를 확고하게 해주었다.[7)]

본래 자리를 벗어난 정결례

그러나 예수시대는 정결의 본뜻을 벗어났다. 음식을 먹을 때, 잔이나 단지나 놋그릇이나 침대를 씻을 때, 몸을 씻고 먹느냐, 손을 씻고 먹느냐 아니냐 여부가 목적이 되어 버렸다. 예수께서 이사야의 말을 인용해서 그들의 위선을 나무란다.

> "이 백성은 입술로는 나를 공경해도, 마음은 내게서 멀리 떠나 있다. 그들은 사람의 훈계를 교리로 가르치며, 나를 헛되이 예배한다." "너희는 하나님의 계명을 버리고, 사람의 관습을 지키고 있다." 한 예로 부모에게 드릴 것에 대해서 그들은 말한다. 누구든지 아버지나 어머니에게 말하기를 '내게서 받으실 것이 고르반(곧 하나님께 드리는 예물)이 되었습

6) Ibid., 264.
7) ibid., 265.

> 니다'하고 말만 하면 그만이다. 그러면서 아버지나 어머니에게 그 이상 아무것도 해 드리지 못하게 한다. (마가 7:6–8, 11–12)

본래 하나님의 말씀은 '네 아버지와 네 어머니를 공경하여라' 하고, 또 '아버지나 어머니를 욕하는 자는 반드시 죽을 것이다' 할 만큼 부모에 대한 효를 강조했다. 그러나 그들은 하나님의 말씀을 버리고 인간의 관례를 내세워 자기 욕심을 취한다. 아무 뜻도 없고, 의미도 상실한 메마른 법만이 사람을 나누고 찌르고 정죄한다. 이런 낡은 법을 갈아엎고 본래 하나님 말씀의 자리로 돌아가자는 것이 예수의 말씀이다. 인간이 본뜻을 잃고 먹는 음식에 대해서, 우리의 몸에 대해서 제멋대로 정하고, 부정한 것을 나누어 사람을 자신들의 체제에 길들이려 하지만 진정한 정결함은 오직 하나님의 뜻 안에서 행할 때만 존재한다.

> "무엇이든지 사람 밖에서 몸 속으로 들어가는 것으로서 그 사람을 더럽히는 것은 아무것도 없다. 사람에게서 나오는 것이 그 사람을 더럽힐 뿐이다." (마가 7:15–16)

예수가 죄인들과 더불어 식탁에서 벌이는 친교는 예수의 목회 중에서 가장 중심적인 특징이다. 1세기 팔레스타인에서 '죄인들'이란 주관적인 죄책감에 시달리는 사람들을 말하지 않는다. 그들은 사회적으로 추방된 자들이다. 즉, 멸시받을 만한 직업에 종사하는 사람들, 부도덕하다고 여기는 자들, 종교 지배자들이 표준 미달로 배척한 자들, 사마리아 사람들, 이방인이었다. 이들은 이스라엘 성결법(Holiness Code)을 범한 사람들이었다. 포로기 이후의 유대교는 자신들을 이 세상의 불결함으로부터 구별된 것으로 해석했기에 사회에서 추방된 이들을 하나님의 왕국에 포함시킨다는 것은 유대교를 거부하는 일로 여겼다.[8)]

예수가 사회에서 추방된 자들과 식탁에서 벌인 친교는 바리새파 사람들이나 율법학자들이 거룩함을 위해 세워놓은 모든 프로그램을 고의적으로 위반한 것이다. 예수는 거룩함을 구별로 보지 않았다. 예수는 사람의 몸 밖에서 들어가는 것이 사람을 더럽히거나 타락시킨다는 의견을 거부했다. 성서학자 보그는 예수가 거룩함을 구별함으로 보기보다는 이스라엘의 원수들을 포함한 모든 사람들, 특히 아웃사이더들에게 펼치는 자비로 보았다.[9)]

하나님의 것으로 구별하다

한 인간을 하나님의 것으로 구별한다는 말은 내가 모두에게 나누어짐을 말한다. 그럴 때 우리는 하나님께 구별된다. 모두에게 필요한 땅이 모두를 위해 역할 하는 것이 하나님의 뜻이며 땅의 소산이 모두에게 골고루 혜택을 미치도록 하는 것이 하나님 법의 으뜸가는 원칙이기 때문이다. 그럴 때 땅은 젖과 꿀이 흐르고 풍요롭다. 땅의 소출도 모든 생명을 위해 골고루 나누어질 때 하나님 나라가 이루어진다.

내가 하나님의 것임을 깨달으면, 내 의지나 욕심대로 살 것이 아니라 하나님의 뜻을 위해 쓰임 받고 싶어진다. 그리고 자기 삶의 방향을 누군가를 위한 것으로 전환할 때 비로소 우리는 이 세상에 온 의미를 안다. 하나님의 사람이 되는 것, 나를 이 지구에 인간으로 부르신 의미를 알고 거기 헌신하는 것, 나를 나누고 하나님께서 내게 주신 것들을 나누는

8) Walter Wink, 『사탄의 체제와 예수의 비폭력』 op. cit., 225.

9) Ibid., 226.

것, 거기에 거룩함이 있다.

하나님의 것을 개인이 독점하는 순간, 거룩함은 사라진다. 자기 자신의 욕심을 앞세우는 그 순간, 그 곳에는 하나님의 뜻이 없다. 땅이 모두를 위해 존재하고, 땅의 소산이 모두의 생명을 살리듯이, 인간인 우리 또한 모두를 위해 살아갈 때 가장 거룩하다. 그럴 때, 하나님의 법을 따라 살아갈 수 있다.

당대 사람들은 순수 제의에 대해 병적인 관심을 가졌다. 그들은 더럽다고 규정한 사람이나 물건들을 언제나 피했고 피하지 못했을 경우에는 자기들을 즉시 씻어내는 세심함을 가졌다. 이미 레위기에 강한 금지조항들이 있음에도 불구하고 바리새파 서기관들은 거기에 더 상세한 규정들을 수없이 덧붙여 나갔다. '더러움'에 대한 터부와 공포는 유대인 사회가 사회의 다양한 집단들 사이에서 떨어져 나가 폐쇄적인 동아리가 되게 했다.[10)]

결국 예수는 정결법을 폐기함으로써 하나님 형상을 새롭게 선포한다. 그 하나님은 깨끗함에 대해 관심 없으며, 오히려 주변에 내몰린 사람들과 버림받은 사람들을 사랑하며, 초대받지 못한 자들과 사랑받지 못한 자들을 감싼다. 그리고 우리 모두에게 동정심 깊은 어버이다. 의식의 정결(ritual purity)을 위한 규칙들은 여러 종류의 사람들과 사회의 각 부분을 그들에게 배당된 '마땅한' 자리에 묶어두는 것들이다.[11)] 즉 사회적 지위와 층위를 공고하게 하고 사람들에게 각인하는 역할이다.

예수는 첫 번째 기적으로 정결의식에 사용할 물을 새로운 질서의 포도주로 변하게 했다.(요한 2:1-11) 눈에 보이는 거룩함을 셈하기 위한

10) Michel Clevenot, 『예루살렘에서 로마로』 op. cit., 34.

11) Walter Wink, 『사탄의 체제와 예수의 비폭력』 op. cit., 227.

정결을 잔치에서 새로운 흥을 돋우고 모두가 함께 어울리는 자리로 변모시켰다. 예수는 거룩함, 정결함을 어떤 율법의 규정에 묶어두려는 시도를 거부한다. 참다운 거룩함이란 하나님과의 올바른 관계회복에 있으며, 우리 주변에 모든 이들, 특히 우리 사회에서 제외해 버린 사람들과의 관계를 회복하는 것이 참된 경건임을 일깨운다.

안식일 법

> 안식일은 너희에게 거룩한 날이므로, 너희는 안식일을 지켜야 한다. 그 날을 더럽히는 사람은 반드시 죽여야 한다. 그 날에 일을 하는 사람은, 누구든지 자기의 겨레로부터 제거될 것이다. (출애굽기 31:14)

안식일 법은 강력하다. 안식일을 범한 사람은 죽임을 당한다. 그러나 제 아무리 강력한 법이라도 "생명이 위급한 상황이 안식일에 우선한다"라는 원칙은 있다.

이 원칙은 마카베오 봉기 때 촉발하였는데, 극도로 가난한 이들의 상황 때문이다. 혁명 이후에 절대 빈민을 우선 고려한 것이다. 예수가 행한 율법 논쟁들에서 이러한 경향이 나타난다. 즉 안식일 법이 소중하더라도 자기 파멸로 돌아가서는 안 된다는 사상이 전제된다.[12] 인간의 생명이 안식일에 우선한다는 원칙은 유대교에서도 인정하였다. 안식일날 산모의 해산을 돕는 일, 멀리서 산파를 불러오는 일이 허용되었다. 그리고 사소한 병이라도 통증을 호소하면 약을 줄 수 있었다.

12) Ekkehard W. Stegemann and Wolfgang Stegemann, op cit., 336.

네 손을 펴라

예수는 안식일 날 공공연히 회당에 모인 사람들 앞에서 손 오그라진 환자를 불러 치유한다. 이는 인간을 억압하는 종교적 계율에 대한 도전이다.(마가 3:1-6) 많은 율법학자와 바리새인들이 지켜보는 가운데 예수께서는 손 오그라진 사람을 불러낸다. 손 오그라진 환자는 시급성을 요하는 환자는 아니다. 그 사람의 손이 어제 오늘 갑자기 오그라진 것도 아니고 예나 지금이나 그런 모습으로 지내왔다. 만약 충돌을 피하고 싶다면 이런 환자는 안식일이 지난 다음에 고치면 될 일이다. 그러나 예수는 일부러 그를 회중 앞에 불러내어 명한다. 네 손을 펴라고. 이는 환자를 고친 사건이기도 하지만 더불어 이미 오그라들 대로 오그라들어 있는 바리새파 사람들의 경직된 마음에 대한 도전이다.

> 예수께서는 그들의 마음이 완고한 것을 탄식하시며 노기 띤 얼굴로 그들을 둘러보시고 나서 손이 오그라든 사람에게 "손을 펴라" 하고 말씀하셨다. (마가 3:5)

예수는 하나님의 임재가 치유하는 데 있는지, 치유하지 않는 데 있는지, 인간의 고통을 없애 주는 데 있는지, 아니면 고통에 신음하는 인간을 그대로 내버려 두는 데 있는지, 또는 죽음에 이르게 하는 것으로부터 사람을 구하는 일이 하나님의 뜻인지, 아니면 죽이기 위해 호시 탐탐 노려보는 것이 하나님의 뜻인지 묻고 있다. 예수는 생명과 죽음 둘 중에서 하나님께서 당신을 드러내 보이는 것은 과연 어느 쪽인지 말해 보라고 그의 적대자들에게 촉구한다. 모든 시선이 예수에게 집중되었다. 모든 사람이 긴장하고 예수를 지켜본다. 예수는 아랑곳하지 않고 보란 듯이 손이 오그라든 남자 쪽으로 고개를 돌려 단호하게 말한다.

"네 손을 펴라."

이렇게까지 잘라 말해버리면 안식일 율법은 소용없게 된다. 예수가 안식일에 병을 고친 사건은 단지 말을 통해 일어났기 때문에 안식일 법 위반은 문제가 되지 않는다. 그러므로 예수는 이 논쟁을 통해 보다 근본적인 문제로 들어간다.

안식일에 휴식을 취하는 것은 좋은 일이다. 하지만 보다 근원적인 문제는 우리가 무엇을 하고 살아가는가 하는 문제다. 옳은 일을 하는데, 생명 살리는 일을 하는데, 삶에서 억압을 제거하는데, 무슨 조건이 필요하겠는가? 안식일은 그냥 넋 놓고 휴식만 취하자는 날이 아니다. 하나님 앞에서 자신이 선 자리와 삶의 근본 그루터기를 살펴보는 날이다. 만약 그러한 삶에 안식일이 방해가 된다면 안식일을, 종교적 경건성이 방해가 된다면 그 종교를, 법이 방해가 된다면 그 법 자체를 폐지해야 한다. "네 손을 펴라."라는 명령은 단지 오그라진 육체의 일부분을 펴라는 명령을 뛰어넘어, "인간을 속박하는 종교적 계율로부터 자유 하라. 인간을 억압하는 악법들로부터 자유 하라. 삶답지 못한 삶은 거부하라. 우리를 움츠러들게 하는 일체의 외부적 압제로부터 자유 하라."는 명령이다. 그런데 예수가 안식일에 손 마른 사람을 고쳤다고 사람들은 예수를 없앨 모의를 꾸민다.

> 그러자 바리새파 사람들은 바깥으로 나가서, 곧바로 헤롯 당원들과 함께 예수를 없앨 모의를 하였다. (마가 3:6)

안식일에 사람을 고쳤다고 죽일 모의를 하는 것은 도대체 무엇인가? 제국주의 아래에서 외세의 지배를 받는 유다 민족은 자기 정체성을 보장하는 수단을 강구했다. 예루살렘 성전이 무너져 내린 식민지 시대에 할례와 안식일을 강조했던 것처럼 이들은 율법 지키는 것을 자기들의 정체성으로 삼았다. 손 씻기, 식탁에서의 예의들, 정결규정들, 치료와 용서에 대한 법들, 그리고 잡다한 종교의식들은 문화적 응집을 위한 징표들이요 수단이다. 그렇기에 이 문화적 결속을 희생시키는 일은 하나님의 백성들과 나라를 위태롭게 만드는 일로 생각했다. 조상들이 안식일에 나무한 사람을 당당히 돌로 쳐 죽이듯이,(민수기 15:32-36) 안식일에 치료행위를 한 예수를 죽이는 일도 정당하다고 여겼다.[13)]

밀밭에서의 사건

> 너희가 이웃 사람의 포도원에 들어가서 먹을 만큼 실컷 따먹는 것은 괜찮지만, 그릇에 담아가면 안 된다. 너희가 이웃 사람의 곡식밭에 들어가 이삭을 손으로 잘라서 먹는 것은 괜찮지만, 이웃의 곡식에 낫을 대면 안 된다.(신명기 23:24-25)

예수의 제자들이 밀밭 사이를 지나가다 이삭을 잘라먹는 것을 보고 바리새인들이 시비를 건다. 요즈음 같으면 당연히 "왜 남의 밭의 곡식을 마음대로 따먹느냐" 하고 따져야 할 테지만 그들은 "왜 안식일에 일을 하느냐"라고 따진다. 그들도 이 신명기 법을 잘 알고 있기 때문이다. 그러나 이 혁명적인 법이 역사에서 그렇게 잘 지켜지지는 않은 것 같다. 주인들이 그대로 놔 둘 수 있겠는가? 그렇게 했다가는 추수도 하기 전에

13) Jack Nelson-Pallmeyer, 『예수를 배반한 기독교』 op. cit., 328-329.

가난한 사람들이 모두 따 먹고 말 것이다. 그래서 예수의 일행은 잊혀진 옛 법을 근거로 아무도 감히 실행하지 못하는 그 법의 정신을 살려 일을 저질렀다. 지주 일 법한 바리새파와 율법학자들의 가슴은 철렁했겠지만 그들도 신명기법을 모를 리 없다. 그래서 "왜 안식일에 일을 하느냐?"고 따진다. 먹는 것도 일로 보고 '안식일'을 방패삼아 자신의 소유를 지키려 한다. 그들에게 안식일은 가난한 사람이 굶어야 하는 날이다. 인간의 끈질긴 소유욕에 대하여 예수는 "모든 먹을거리는 배고픈 자를 위해 존재한다"고 선언한다. 예수는 안식일의 주인이 누구인가를 물음으로 제자들이 안식일에 이삭을 잘라먹은 일을 정당화한다.

> "안식일이 사람을 위하여 생긴 것이지, 사람이 안식일을 위하여 생긴 것이 아니다. 그러므로 인자는 안식일에조차도 주인이다." (마가 2:27-28)

여기서 말하는 인자(人子, 사람의 아들)는 두 가지 용법이 있다.

첫 번째는 일반적인 사람을 가리킨다. "사람이 무엇이기에 주께서 이렇게까지 생각하여 주시며, 사람의 아들이 무엇이기에 주께서 이렇게까지 돌보아 주십니까?"(시편 8:4) 이 시에서 보듯이, 사람의 아들은 일반적인 사람을 칭한다. 대체로 희랍세계에서 '사람의 아들'은 보편적인 사람이다.

두 번째는 히브리 용법이다. 이는 다니엘서에 나타나 있듯이 종말 때에 하나님 나라를 이 땅에 가져올 신적 존재를 말한다. "내가 밤에 이러한 환상을 보고 있을 때에 인자 같은 이가 오는데, 하늘 구름을 타고 와서, 옛적부터 계신 분에게로 나아가, 그 앞에 섰다."(다니엘 7:13)

마가 2장 본문은 문맥상 일반적인 사람을 가리키는 말로 보아야 한다. 즉 "안식일의 주인은 사람이다"는 선언이다. 이런 주장은 인간의 필요를 거룩한 율법보다 위에 둔다. 이러한 선언이 탐탁하지 않은 마태와 누가는 "안식일이 사람을 위하여 생긴 것이지, 사람이 안식일을 위하여 생긴 것이 아니다"(마가 2:27)는 말씀은 아예 생략해 버리고 예수 혼자만이 사람의 아들이요 안식일의 주인이라는 주장으로 둔갑시켰다. 다음의 병행구를 비교해 보자.

> 내가 너희에게 말한다. 성전보다 더 큰 이가 여기에 있다. '나는 자비를 원하고, 제사를 원하지 않는다' 하신 말씀이 무슨 뜻인지 알았더라면, 너희가 죄 없는 사람들을 정죄하지 않았을 것이다. 인자는 안식일의 주인이다. (마태 12:6-8, 비교 누가 6:5)

하지만 실제 예수는 사람의 아들이 행사하는, 치유하고 죄를 용서하는 절대적인 권한을 모든 제자들에게 부여했다.

왜 히브리인들이 안식일을 그토록 강조했나? 그 기원은 식민지시대(바벨론 포로기)이다. 휴식을 모르던 노예들에게 한 주일에 하루는 쉬도록 하기 위해서다. 안식일은 그 자체로서 인간의 필요를 위해 창조한 것이지, 인간이 안식일을 섬기라고 창조한 것이 아니다.[14]

본래 율법은 힘센 자들의 폭력으로부터 약자들을 보호하는 데 있다. 권력을 가진 자들의 폭력과 과도한 만행을 저지하는 데 있다. 그러나 율법은 죄와 지배에 흡수되어(롬 7:7-13) 그 지배체제를 강화시키고 말았

14) Walter Wink, 『참사람』 op. cit., 154.

다. 율법이 권력자들의 투쟁의 소용돌이에 빨려 들어가서, 폭력 유발자 또는 앞잡이가 되어버렸다. 폭력을 감소시키고 제거하는 본연의 임무에서 이탈하였다.[15)]

그래서 예수와 바울은 유대교 자체를 공격한 것이 아니라 자신들의 목적을 위해서는 율법까지도 부패시킨 지배체제를 공격하였다.[16)] "안식일의 주인은 사람이다"는 예수의 선언은 모든 인간의 제도를 암시적으로 비판한다. 그 제도들이 원래 창조한 목적으로 돌이키도록 요구한다. 사람들로 하여금 사람답게 하며 눌린 자들을 해방시키려고 공격을 가하는 것이다.[17)]

만일 사람이 안식일의 주인이라면 그는 인간의 삶에 연관된 모든 법의 주인이기도 하다. 안식일의 주인이 되는 사람은 우리가 회복해야할 근원적 인간이며 하나님이 우리를 이끌어 충만하게 하시는 인간이기도 하다. 엘리자베스 하우에는 "'사람의 아들'은 인간 속으로 들어오는 하나님, 즉 예수에 의해 사람의 아들로 살았던 하나님의 모습을 갖게 된다"고 말한다.[18)]

여섯 개의 반대 명제

마태는 유대인 공동체에 복음을 전했기에 율법을 옹호하는 경향을 가지고 있다.

> 내가 율법이나 예언자들의 말을 폐하러 온 줄로 생각하지 말아라. 폐하

---

15) Walter Wink, 『사탄의 체제와 예수의 비폭력』 op. cit., 237.

16) Ibid., 239.

17) Walter Wink, 『참사람』 op. cit., 158.

18) Ibid., 161.

러 온 것이 아니라 완성하러 왔다. 내가 진정으로 너희에게 말한다. 천지가 없어지기 전에는 율법은 일점 일획도 없어지지 않고 다 이루어질 것이다. (마태 5:17–18)

내가 너희에게 말한다. 너희의 의로운 행실이 율법학자들과 바리새파 사람들의 의로운 행실보다 낫지 않으면, 너희는 하늘나라에 들어가지 못할 것이다. (마태5:20)

이런 마태의 경향으로 보아 마태 5:21–48에 있는 여섯 개의 명제들은 어떠한 의미를 갖는가? 여섯 개의 명제는 옛 구약의 계명을 철저화 시킨 것과 거부한 것으로 나눌 수 있다. 다음 명제는 철저화인가, 거부인가, 또 예수가 법을 거부할 때는 무엇에 근거해서 법을 거부하는가? 이를 표로 나타내면 다음과 같다.

구절	옛 법	새법	철저화/거부
21–26	살인하지 말라	성을 내지 말라	철저화
27–30	간음하지 말라	음욕을 품지 말라	철저화
31–32	이혼 증서를 써주라	이혼하지 말라	거부
33–37	거짓 맹세를 하지 말라	맹세하지 말라	거부
38–42	눈은 눈으로 갚으라	오른 쪽 뺨을 치거든, 왼쪽 뺨 마저 돌려대라	거부
43–48	네 이웃을 사랑하고 네 원수를 미워하라	원수를 사랑하라	거부

위의 내용들은 산상수훈 가운데서도 대표적인 것이라고 말하는 '여섯 개의 반대 명제'이다. 여기서 예수는 '모세의 율법'을 하나하나 열거하며

이를 뒤집고 있다. 어떤 것은 반대라기보다 그것을 철저화 한다. 예수는 감히 그 사회에서 최고의 권위를 가진 모세의 율법, 즉 성서의 권위, 또는 그 사회의 법적 체계에 대해서 도전하고 있다. 이대로 한다면 율법적 질서는 물론이요 그 법에 근거하여 서 있는 사회적 질서마저 위협을 받게 된다. 예수의 율법비판은 그 자체를 근본부터 뒤집어엎는다.

예수의 이러한 율법 해석 배경에는 당시 사회적 경향이 깊게 반영되었다. 예를 들면, 예수는 이혼법을 매우 엄격하게 해석했다. 예수는 이혼을 극도의 예외 경우에만 허용했다. 이런 배경에는 당시 빈곤이 가족해체의 원인이 되었던 사회적 현상과 관련된다.[19] 예수의 율법 비판은 단순한 법리적 비판을 넘어선다. 아무리 움직일 수 없게 고정된 법일지라도 법은 인간의 삶을 위해서 존재한다는 원칙이다. 특히 예수는 사회가 무너지고 위기 가운데 살아가는 궁핍한 하위계층을 우선한다.[20] 사람들이 궁핍해지면서 아내를 버리는 일이 생기고 약자 중에 약자인 여성들은 아무 대책없이 가정에서 쫓겨나야 했다. 이런 배경이 바로 예수가 이혼을 금지하는 이유다.

민중일반을 지배, 관리하는 수단으로는 재판권을 수반하는 법률과 종교, 교육이 있다. 그것들은 실생활을 규정하면서 동시에 관념의 세계에서도 사람들을 조여 댄다. 사람들은 그런 법적 체계에 순응하도록 길들여진다. 법과 종교가 하나님께로부터 이탈하면 사실상 인간과 적대한다. 이것들은 하나님과의 만남을 방해하고 법의 주인인 인간을 좌절시키는 도구가 된다.

법이 인간을 위하여 만들어진 것이지, 인간이 법 앞에서 시중들고 굽

19) Ekkehard W. Stegemann and Wolfgang Stegemann, op cit., 337.
20) Ibid., 338.

신거리도록 만들어진 것은 아니다. 요컨대 안식일은 인간을 일의 짐에서 풀어 놓아 잠시 쉴 수 있게 하자는 뜻이지, 병을 고치거나 생명을 건지는 일, 좋은 일 하는 것을 막자는 것이 아니며, 배고플 때 먹는 것을 못 먹게 하는 것이 아니다. 예수는 어느 율법이든 또는 어느 해석이든 그것이 생명에 반하여 적용하는 것에 항거한다.

율법의 기능

예수 당시 육백 개 가량의 근본법들이 있었다. 한 가지 모법에도 수 십 수백의 시행세칙을 붙여 미세하게 발전해 갔다.[21] 이 법들은 민중과는 아무 상관이 없다. 민중은 그 많은 법들을 지키는 것은 고사하고 알기조차도 힘들다. 밥 먹고 율법만을 공부하는 전문가들 아니고서야 도대체 그 법망이 어디로 뻗어서 발전해 가는지 알 턱이 없다. 그래서 민중은 관심이 없고 알려고도 하지 않는다. 지배자들도 마찬가지이다. 애초부터 일일이 모든 법을 들이대어 민중에게 그 법을 지키라고 할 의사조차도 없었다. 우리 주변에서 흔히 집행자 제 맘대로 하는 경우를 합법적으로 설명하기 위해 "세상의 과속 운전자를 모두 단속할 수 있느냐, 단지 교통순경이 적발하고자 하는 사람만 적발한다."라고 말하듯이 그 당시 율법이 그랬다. 누구든지 그 많은 법을 다 알고 다 지키기는 불가능하다. 단지 지배자들의 눈 밖에 난 사람들을 처벌하고자 하는 순간에 율법은 빛을 발한다. 즉, 모든 민중을 이미 죄인으로 만들어 놓은 상태에서 임

21) 생활을 규정하는 성서의 율법 조항은 613개라고 하는데 거기에 따른 세칙들은 무수히 많다. 예를들면 안식일법이라는 모법(母法) 하나에 딸린 세부 규정들을 보면, 불을 피우는 것, 그릇을 옮기는 것, 물을 긷는 것, 800m 정도 이상의 길을 걷는 것, 하나의 매듭을 매거나 푸는 것, 음식을 장만하는 것, 글자 두 개를 쓰는 것, 글자 두 개를 지우는 것, 씨 뿌리거나, 밭 갈거나, 추수하는 것, 곡식 단을 묶는 것, 타작하거나 키질하는 것 등등의 금지조항이 39개나 된다고 한다. 김경호, 『함께 읽는 신약성서』 op. cit., 99-100.

의대로 잡고자 하는 사람만 죄인으로 잡아들이는 기능을 수행한다.

로마는 자기들이 부과한 세금징수에는 강제력을 사용했지만, 이스라엘 지배자들이 성전세를 걷는 데까지 물리력을 사용할 여유는 없었다. 이스라엘의 주요 제재수단은 '죄인들'이라는 멍에를 씌우는 사회-종교적 배제의 방법이다. 이들은 '죄'라는 심리적 과정을 예리한 칼처럼 휘둘렀다. 종교지배자들은 자기들의 특권을 정당화하기위해서 거룩한 전통을 사용했다.[22] 이들은 율법을 통해 개인적 성결, 경건을 매개로 힘을 사용했다.

율법은 지배자의 통치를 용이하게 하는 수단이며 모든 민중을 죄인으로 만들어서 주눅 들게 한다. 누구든지 하나님의 뜻을 지켜 나가고자 노력하는 사람이 있다면 그들 생활의 시시콜콜한 모든 것을 법률 전문가에게 자문을 받아서 움직여야 한다. 그러므로 율법은 가만히 있어도 모든 백성을 지배하고 통치하며 그들의 생활을 구석구석 감시하는 역할을 한다.

민중은 죄의식을 가지고 무기력해지거나, 그럼에도 불구하고 하나님 뜻대로 살고자 하면 자발적인 의지로 지배계급에 순응하게 된다. 결국 율법은 민중을 '순한 양'으로 길들이는 기능을 한다. 율법을 따를 수 있는 조건이 가능한 사람은 종교적 위안을 얻지만 율법의 요구를 채울 수 없는 사람들에게는 짐과 억압이다.

또한 율법은 민족주의를 가장하고 교묘히 이용한다. 율법체계를 심화해서 민족주체성을 강화하며, 외세에 대한 적개심을 확장시키지만 사실은 교묘하게 외세와 결탁한다. 이렇게 위장된 민족주의는 정신적인 숨통을 잠시 트이게 하는 듯이 보이지만 결국은 민족주의를 이용해

22) Jack Nelson-Pallmeyer, 『예수를 배반한 기독교』 op. cit., 330-331.

서 동족간의 차별을 숨기고 오히려 외세의 지배를 더욱 공고히 한다.

예수의 사역

예수는 지배자에게 봉사하는 율법을 거부하며, 민중을 얽어매는 지배체제에 항거한다. 또한 예수는 율법체제에 순응해서 율법의 보호 아래 자기 자신을 봉쇄하며 숨으려하는 민중을 깨우치고 도전한다. 이들은 악법에 이의를 제기해 스스로를 위험에 빠뜨리기보다는 주어진 법에 의존하는 것을 더 선호한다. 사람들은 자기 자신을 법조문의 노예로 만들어 놓은 다음에 더 나아가 다른 사람들의 자유도 부인한다. 악법을 당연한 현행법으로 받아들이고 여기에 순응하려 한다. 결국 이것은 자신뿐 아니라 다른 모든 사람에게도 똑같은 무거운 짐들을 지워 놓는다. 법이 이런 식으로 이용될 때 가장 큰 괴로움을 당하는 것은 으레 힘없고 가난하고 억눌린 사람들이다. 예수는 모든 사람들을 율법에서 해방하고자 했다.

법이 인간의 왕 노릇이 아닌 종노릇을 하도록 해야 한다. 사람은 그러므로 자기 종인 법에 대하여 책임을 져야 하며, 법을 인류의 필요에 봉사하도록 이용해야 한다. 법이 사람을 살리며 인간을 풍요롭게 하고 모든 억압으로부터 인간의 권익을 보호할 수 있게 해야 한다. 법을 그렇게 만들어갈 책임은 바로 우리들에게 있다. 법이 우리를 지배하는 것이 아니고 우리가 법의 주인이기 때문이다.

예수께서 여섯 가지 명제를 말씀했다. 그중에서 일부는 옛 모세의 법을 거부하고 새 법을 주신다. 예수는 도대체 무슨 권위로, 무엇을 근거로 엄청난 권위의 말씀을 폐할 수 있단 말인가? 예수의 나이가 지긋한 것도 아니고, 그가 인정받는 교육을 받은 것도 아니고, 그가 이름난 가문 출신도 아니다. 나이로도 불과 서른의 청년이요, 멸시받는 시골 농촌 출신이며, 결혼도 못한 떠꺼머리총각에 불과한 그가 도대체 무슨 권위로 감히 율법을 폐한단 말인가? 무엇이 당시 쟁쟁한 권위를 가진 사람들도 일점일획을 가지고 부들부들 떨던 성경의 권위를 뒤집을 수 있단 말인가? 예수의 엄청난 권위는 도대체 어디로부터 오는가? 예수의 권위는 밖으로부터 주어지는 것이 아니다. 그의 권위는 자신의 가슴에서 나온다. 인간에 대한 무한한 사랑으로부터 나온다. 그는 자신의 가슴에서 우러나는 생명사랑의 권위로 율법도 폐하고 성경도 폐한다.

우리들은 우리를 옥죄어오는 악법들을 무효화시키고 이 법들을 폐기시키기 위해서 우리의 오그라든 손을 펴라는 예수의 명령을 듣는다. 예수는 민중에게 노예의 길이 아닌 하나님의 자유의 법을 선포한다. 예수는 민중에게 새 힘을 주고 그들을 하나님 나라의 건설자로 세운다.

옛 것은 새 것으로 인해 '폭로'되며, 새 것으로부터 나오는 역동성으로 인해 제압된다. 옛 것은 새 것이 나타날 때 비로소 얼마나 연약한 것인지 밝혀진다. 옛 것은 아무런 저항도 못하고 새 것에 굴복하고야 만다. 예수는 사람들 사이에 구축되어 있는 인간관계의 옛 질서를 말씀과 행동으로 부순다. 예수는 자신의 말과 희망과 생명으로 옛 것을 파괴한다. 그 무엇도, 심지어 가장 거룩한 율법조차도 예수가 선언하는 인간 해방, 생명에 대한 해방을 방해할 수는 없다.

함께 생각나누기

* 예수께서 율법 논쟁을 펼친 것은 유대사회와 유대교를 개혁하기 위함이다. 한국교회의 여러 가지 병폐 중 가장 시급하게 고쳐야 할 것은 무엇인지 이야기해 봅시다.

* 한국교회를 갱신하기 위해 기독인들은 각자의 자리에서 어떤 일을 함께할 수 있는지 생각을 나누어 봅시다.

* 한국사회에서 폐지되어야 할 악법들은 어떤 것들이 있는지 내 삶에서 마주했던 악법의 경험에 대해서 이야기해 봅시다.

* 한국사회를 보다 나은 사회로 만드는 데 교회가 어떻게 기여할 수 있는지 생각을 나누어 봅시다.

'해방적 선교'의 경험

강남향린교회를 창립할 당시 모든 구성원이 합의한 신앙고백이 있다. 제 일 조는 선교하는 교회이다. 그리고 동시에 지역사회에 봉사하는 교회라는 별도의 고백도 있다.

교회 창립 이래 우리 교회는 이런 고백에 걸맞는 교회가 되기 위해 여러 가지를 모색하여 왔다. 기독교의 우리문화운동을 위한 새로운 예배와 문화패의 활동, 농촌선교로 괴산군에 있는 외사교회와의 자매결연은 우리 교회를 시작으로 교단 내 여러 교회에 파급되기도 했다. 한편 지역 내 취학 전 어린이를 위한 하늘 땅 선교원의 개원, 문화선교를 위한 공연장 '터' 개설, 청소년 선교를 위한 디딤돌 학교, 초등학교 어린이들을 위한 꿈나무 학교 등, 부단히 지역사회와 함께 호흡하려고 노력해왔다. 그리고 교회선교의 중요한 두 축으로 지역 내 시민운동과 빈민운동을 해왔다. 지역시민단체인 '위례시민연대'가 교회에 자리를 잡고 교회와 연대하여 활동을 해나가고 있고 지역 내 빈민지역 안에 어린이 방과후 학교인 '꿈나무학교'를 세워 이를 중심으로 어린이와 청소년은 물론 지역 주민들의 인권과 권익을 위해 일해 왔다.

그러나 한편으로 이런저런 선교를 하면서도 살림살이가 겨우 자급자족 할 정도의 개척교회이니 한계가 분명했다. 교회가 그들에게 시혜나 자선을 베푼다면 그 양으로 볼 때 보잘 것 없다. 단순 시혜적인 것을 벗어나 지역사회 주민들의 어려움에 함께 하고 그들에게 고통을 가져오는 근본적 문제를 풀어주는 해방적 선교로 나가고자 했다. 해방적 선교는 나타나는 모순의 근본을 보고 잘못된 제도나 구조, 법 등을 개선해 나가자는 보다 근본적인 처방의 선교이다. 나라의 위기 상황에는 교인들 전체 명의로 성명서를 내기도 하고, 지역 내 경륜장이 들어서는 것을 반대하는 시민운동을 벌여나가기도 했다.

그러던 중 1999년 초 화훼마을에 대형화재가 발생했고 400여명이 한 겨울에 길거리로 나 앉았다. 어려움을 당한 주민들이 우리 교회를 찾아와 호소하였고 즉각 우리 교회가 개입했다. 평소에 같은 비닐하우스 촌인 통일촌 어린이들을 무료로 교육해온 일들로 이들이 우리 교회를 믿고 찾아왔다. 그만큼 강남향린교회가 지역사회 주민들과 신뢰관계가 있었다. 필자가 대책위원회의 공동대표 책임을 맡고, 주변 교회, 사회단체들에 호소해 6개월 간 400여명의 먹거리를 도왔다. 그리고 공동모금회와 기타 단체의 성금으로 주택 117세대 전체를 복구하였다.

그러나 무엇보다도 이를 계기로 교인들과 지역주민들이 하나가 될 수 있었다. 지역 주민들은 우리 사회에서 가장 힘겹게 살아가는 분들이다. 이분들의 문제를 풀기 위해 노회 집회, NCCK(한국기독교 교회협의회) 인권위원회 농성, 고난받는 자를 위한 목요기도회 등을 통하여, 세상을 향하여 호소하고 알리는 역할을 했다. 그 결과 언론매체의 주목을 받고 주민들의 오랜 숙원인 상수도를 송파구내 6개의 모든 빈민촌에 설치하였고 전기도 정식으로 가설하였다. 또한 주거권 투쟁 차원에서, 송파구를 상대로 행정 소송을 해서 승리함으로 구내 모든 비닐하우스 주민들이 주민등록을 할 수 있게 했다. 주민등록을 통해 주민들은 투표권을 얻게 되고, 최저 생계비 지원 등 여러 가지 복지 혜택을 받을 수 있었다.

단지 우리가 가진 것으로 자선을 베푸는 일이 아니라 이들의 근본적인 문제를 찾아내고 그것을 사회에 호소하여 중요한 성과를 가져오는 매우 보람있는 선교였다. 이 선교를 자신의 주머니를 열어서 하는 시혜적 선교, 자선적 선교와 구별하여 해방적 선교라고 이름 붙였다. 이는 작은 교회도 할 수 있는 참다운 교회의 선교다. 단지 가진 것 일부를 나누어 주는 시혜적 선교는 아무 위험 부담 없는 점은 좋으나 지극히 미봉책이다. 이는 명백한 한계를 가지고 있다. 우리교회 주변에 약 2천여 빈민촌 주민들은 우리 교회에 대해 매우 감사하고 있으며 앞으로도 계속 산적한 문제를 교회와 연대해서 해결해 나가기를 소망하고 있다. 이를 계기로 우리 교회도 이런 저런 선교의 모색에서 빈민촌을 중심으로 한 구체적인 선교의 장이 형성되고 교인들의 관심사가 모아질 수 있는 중요한 계기가 되었다.

(강남향린교회 선교보고 중에서)

09
기적이야기

미리 살펴보기

다음의 초기 치유 기적 이야기들을 읽어보고 이 이야기가 가지는 특징들이 무엇인가 주목해 봅시다.

* 마가 1:40-44, 마가 7:31-37, 마가 8:22-25

초대교회의 기적이야기가 전하고자 하는 목적은 예수가 하나님 아들임을 증명하기 위해서다. 오늘날도 기적이야기를 이와 같은 의미로 사용하기도 한다. 당시 사람들은 예수를 갈릴리의 한 목수로 알고 있는 터라 그의 특별한 점을 부각시킬 필요가 있었다. 그러나 이미 신앙을 가지고 있고 이제는 보다 성숙한 신앙을 원하는 그리스도인에게 매번 예수는 하나님의 아들임을 되풀이하는 것은 아무런 감동이 없다. 현대인들에게 멀기만 한 기적 이야기에서 우리들은 무엇을 찾아야 할까?

복음서의 기적 이야기는 30회 정도 나온다. 각각의 기적이야기는 많은 편집과정을 거쳐 지금 우리가 보는 복음서 형태로 완성되었다. 기적이야기의 편집과정은 가장 먼저 쓴 마가복음과 비교함으로 알 수 있다.

기적 이야기를 어떤 관점에서 다루어야 하는가? 기적이야기를 다룰 때 단지 기적 자체에 또는 초자연적인 능력에 초점을 맞추면, 교인들을 산속 기도원으로 내몰거나 열광주의, 초월주의자로 만들어 버리고 말 것이다. 그러나 기적 이야기를 자세히 보면, 그 속에서 예수와 기적을 열망하는 민중이 만나는 현장, 그 속에 오고가는 깊은 신뢰와 애정을 발견할 수 있다.

기적전승과 말씀전승

복음서는 기적전승과 말씀전승으로 구성되어 있다.[1)]

기적전승 전달층은 민중이다. 이들은 권력의 주변부 사람들로서 극도의 소외감을 느낀다. 당시 로마는 의약품을 매점매석하였다. 생명을 담보로 고가를 지불해야만 얻을 수 있는 의약품은 민중에게는 그림의 떡이었다. 그들은 정상적인 방법으로는 자신의 장애나 질병을 치유할 길이 없었다. 단지 모든 것을 하늘에 맡기고 기다릴 수밖에 없는 처지였다. 바로 이들이 기적 이야기의 전달자들이다. 그들이 가질 수 있는 유일한 희망은 기적을 통해서만 가능했다.

급변하는 사회적 변동기에 떠돌이 민중이 병들었다는 것은 곧바로 사형선고에 해당한다. 또한 가족도 동반 몰락한다. 남은 가족을 살리기 위해서라도 병자들은 가정을 떠날 수밖에 없다. 병든 몸 하나가 걸림돌이 되어 온 가족이 함께 몰락할 수는 없기 때문이다. 이들은 가족에게 버림받았든지, 자발적으로 가족을 떠났든지 간에 마을로부터 격리되었다. 병든 자들은 함께 모여서 자기들끼리 생존해갈 방책을 찾았다.

1) 아라이 사사구, 『예수의 행태-역사적 접근에 의한 예수이해』 서남동 역, 현대신서 72, 대한기독교서회, 1976. pp. 75-96.

그들에게 소망이 있다면 빨리 질병이 치유되고 가족에게 복귀하는 것이다. 한번 마을에서 질병으로 쫓겨났던 사람들은 병이 나았더라도 제사장에게 가서 마을로 복귀해도 좋다는 허락을 받아야 한다. 병자들이 가진 오직 하나의 꿈은, 살아남아 가족의 품에 돌아가는 것이다. 기적이야기는 바로 이런 사람들을 향한 예수의 복귀명령이다.

> 곧 나병이 그에게서 떠나고, 그는 깨끗하게 되었다. 예수께서 단단히 이르시고, 곧 그를 보내셨다. 예수께서 그에게 말씀하셨다. "아무에게도 아무 말도 하지 말아라. 가서, 제사장에게 네 몸을 보이고, 네가 깨끗하게 된 것에 대하여 모세가 명령한 것을 바쳐서, 사람들에게 증거로 삼도록 하여라." (마가 1:42-44)

> 예수께서 그를 집으로 돌려보내시며 말씀하시기를 "마을로 들어가지 말아라" 하셨다. (마가 8:26)

> 예수께서는 보시고, 그들에게 말씀하셨다. "가서, 제사장들에게 너희 몸을 보여라." 그들이 가는 동안에 몸이 깨끗해졌다. (누가 17:14)

반면 말씀전승은 비유나 예수의 어록 자료들을 일컫는다. 여기서의 전달층은 주로 제자들이다. 제자들은 예수를 통해 새로운 삶을 깨닫는다. 자신의 욕심을 따라 사는 삶에서 예수를 따라 사는 삶으로 전환이 이루어지며 부르심에 응한다. 말씀 전승의 주체들은 주로 가족, 소자산가, 소토지 소유자, 도시의 수공업자 등 소시민들이다. 이들은 자신이 가진 모든 것을 버리고 예수를 따르기로 결단한다. 그렇기에 말씀전승은 복귀명령보다는 이탈명령으로 귀결한다.

> 또 제자 가운데 하나가 "주님, 내가 먼저 가서, 아버지의 장례를 치르게 허락하여 주십시오" 하고 말하였다. 예수께서 그에게 말씀하셨다. "너는 나를 따라오너라. 죽은 사람들의 장례는 죽은 사람들이 치르게 두어라." (마태 8:21-22)

> 나보다 아버지나 어머니를 더 사랑하는 사람은 내게 적합하지 않고, 나보다 아들이나 딸을 더 사랑하는 사람도 내게 적합하지 않다. 또 자기 십자가를 지고 나를 따르지 않는 사람도 내게 적합하지 않다. 제 목숨을 얻으려는 사람은 목숨을 잃을 것이요, 나를 위하여 제 목숨을 잃는 사람은 목숨을 얻을 것이다. (마태 10:37-39)

> 내 이름을 위하여 집이나 형제나 자매나 부모나 자녀나 논밭을 버린 사람은, 백배나 받을 것이요, 또 영생을 상속받을 것이다. (마태 19:29)

하나님 나라 운동에는 다양한 계층이 필요하다. 그런데 이들이 자기 소유에 집착하여 모든 정신을 온통 자기 소유를 늘려나가는 일에만 집중한다면 하나님 나라는 요원하다. 병들고 쫓겨났거나 노예가 된 민중은 자기 처지에서 벗어나는 것이 일차적 목표이지만 자기 것을 지키며 살아갈 수 있는 사람들은 그만큼 책임을 가져야 한다. 기다리던 신랑이 왔을 때 잔치집 분위기가 살아나듯이, 이제 하나님 나라를 이끌어갈 새로운 존재가 오셨으니 그를 따라 나서는 것은 당연하다.

신약학자 타이센(G. Theissen)은 예수운동이 반 가족적인 정서를 가지고 있다고 하였다. 물론 예수를 따라 나서라는 부름은 예수의 가까운 수행자가 되기 위해 때로는 가족을 두고 떠나는 것을 의미한다. 그러나 이런 일을 일반에게 요구하지는 않았다. 오히려 예수는 부모를 돌보고(마가 7:10-13) 고아를 영접하고(마가 9:3?) 이혼을 금지했다.(고전 7:10-11, 마가 10:1-12)[2)]

최근 역사적 예수를 연구한 학자들은 예수의 말씀을 기록한 어록자료(Q)와 도마복음서가 주후 50년경에 기록한 것임을 밝혀냈다. 따라서 복음서들보다 더욱 역사적 예수에 가깝다고 인정받았다. 덕분에 Q복음과 도마복음도 정경복음서 못지않게 주목 받았는데 이들 자료는 기적전승보다는 말씀전승이다. 마가복음서의 주요 토대인 기적이야기는 예수가 신앙의 대상이 되는 과정에서 강조된, 보다 후대의 이야기다.

복음서의 기적이야기나 말씀전승은 모두 하나님 나라에 초점을 맞추고 있다. 기적은 종말론적인 사건, 즉 귀신의 제국, 더러운 영의 제국에 대한 승리의 첫걸음으로 해석한다. 이는 임박한 하나님 나라가 부분적으로나마 임재하는 것으로 여겼다. 말씀 전승의 초점은 하나님나라다. 기적 행위도 그 중심은 하나님 나라가 이미 도래했다는 것을 보여주는 표적이다. 기적은 단지 치유 받는 사람의 고통을 해결하는 것을 넘어서 로마라는 거대한 힘에 눌려서 희망 없이 살아가는 민중에게 새로운 나라가 도래했다는 증거다. 이는 하나의 기적이 모두의 희망으로 건너가는 징검다리 역할을 했다.

> 내가 하나님의 손가락으로(하나님의 영을 힘입어) 귀신을 내□는 것이면 하나님 나라가 너희에게 왔다. (누가 11:20, 마태 12:28)

2) Ekkehard W. Stegemann and Wolfgang Stegemann, op cit., 334.

예수는 사탄, 귀신의 제국에 맞서 승리를 거둔 '하나님의 거룩한 사람'으로 등장한다.(마가 1:24) 예수가 전한 말씀은 그의 카리스마적 행적에 대한 설명이다. 맨 처음에 행위가 있었다. 예수는 그저 전령이나 설교자가 아니라 임박한 하나님 왕국에 대한 집행자다. 그리고 기적은 예수를 따르는 사람들에게 단순한 표징이 아니라 하나님 나라의 사건이다. 결정적인 것은 그 나라가 기적을 통해서 이미 온 것으로 간주한다.[3)]

한국교회는 예수의 기적행위를 통해 예수가 구세주임을 증명하는 자료로 삼는다. 그러나 이것은 오류이다. 예수는 기적을 베풀어 자신을 주목하게 만들지 않았다. 그는 우리가 맞이할 하나님 나라가 어떠해야 하는가를 보여주려고 했다. 한국교회는 기적 이야기를 통해 '예수님 찬양'만 하고 끝난다. 그러나 기적이야기는 우리가 어떤 세상에서 살아가야 하는가를 보여주는 사건이다.

3) Ibid., 329.

기적이야기의 전승(傳承)

다음 병행 귀절들을 비교해 보고 차이점을 찾아봅시다. 그리고 후대에 변형된 이야기들은 어떤 일정한 방향을 가지고 있는지 생각해 봅시다. 왜 이런 차이점이 있게 되었는가에 대해 이야기 해봅시다.

* 마가 1:32-34 / 누가 4:40-41

마가 1:32-34	누가 4:40-41
저물어 해질 때에 모든 병자와 귀신들린 자를 예수께 데려오니 온 동네가 문 앞에 모였더라. 예수께서 각색 병든 많은 사람을 고치시며 많은 귀신을 내어 쫓으시되 귀신이 자기를 알므로 그 말하는 것을 허락치 아니하시니라.	해가 질 때에 사람들이 온갖 병으로 앓는 사람들을 있는 대로 다 데리고 예수께로 왔다. 예수께서는 한사람 한사람에게 손을 얹어서, 그들을 고쳐 주셨다. 또 귀신들도 많은 사람에게서 떠나가며 **"당신은 하나님의 아들입니다"**하고 소리를 질렀다. 그러나 예수께서는 귀신들을 꾸짖어서, 그들이 말하는 것을 허락하지 않으셨다. 그들이 그를 그리스도로 알았기 때문이다.

*마가 2:1-2 / 누가 5:17

마가 2:1-2	누가 5:17
며칠이 지나서, 예수께서 다시 가버나움으로 들어가셨다. 예수께서 집에 계신다는 말이 퍼지니, 많은 사람이 모여들어서, 마침내 문 앞에조차도 들어설 자리가 없었다. 예수께서 그들에게 말씀을 전하셨다.	어느 날 예수께서 가르치시는데, 갈릴리와 유대의 모든 마을과 예루살렘에서 온 바리새파 사람들과 율법교사들이 둘러앉아 있었다. 예수께서는 **주의 능력으로** 병을 고쳐주고 계셨다.

*마가 6:5 / 마태13:58

마가 6:5	마태 13:58
예수께서는 거기에서, 다만 몇몇 병자에게 손을 얹어서 고쳐 주신 것 밖에는, 아무 기적도 일으키실 수 **없었다**.	예수께서는 그들의 믿지 않음 때문에, 거기에서는 기적을 많이 **행하시지 않으셨다**.

*마가 1:45 / 누가 5:15–16

마가 1:45	누가 5:15–16
그러나 그는 나가서, 모든 일을 널리 알리고, 그 이야기를 퍼뜨렸다. 그러므로 예수께서는 드러나게 동네로 **들어가지 못하시고**, 바깥 외딴 곳에 머물러 계셨다. 그래도 사람들이 사방에서 예수께로 모여들었다.	그러나 예수의 소문이 더욱더 퍼지니, 큰 무리가 그의 말씀도 듣고, 또 자기들의 병도 고치고자 하여 모여들었다. 그러나 예수께서는 외딴 곳으로 **물러가셔서** 기도하셨다.

*마가 10:50–51 / 마태 9:28

마가 10:50–51	마태 9:28
그는 자기의 겉옷을 벗어 던지고, 벌떡 일어나서 예수께로 왔다. 예수께서 그에게 말씀하시기를 "내가 너에게 무엇을 하여 주기를 바라느냐?" 하시니, 그 눈먼 사람이 예수께 말하였다. **"선생님, 내가 다시 볼 수 있게 하여 주십시오."**	예수께서 집 안으로 들어가셨는데, 눈먼 사람들이 그에게 다가왔다. 예수께서 그들에게 말씀하셨다. **"내가 이 일을 할 수 있다고 너희가 믿느냐?"** 하고 물으셨다. 그들이 "예, 주님!" 하고 말하였다.

기적 이야기의 원형

복음서에 나타나는 초기 기적이야기는 몇 가지 특징이 있다.

첫째, 구체적 삶의 현장이 드러난다. 민중의 억눌림, 가난, 패배 그것으로 인한 생리적 질병 등이 열거된다.

둘째, 그들의 희망, 간구를 표현한다. "주님 보기를 원하나이다" "주여 우리를 불쌍히 여기소서" "주님, 말씀만 하여 주옵소서" 등 민중의 바람이 드러나며, 예수는 그들의 호소, 부르짖는 소리를 듣고 답한다.

셋째, 예수가 그들을 향해 애정을 표현한다. 예수께서 그들을 격리시키고, 만지고, 주무르고, 흙을 개어 바르고, 소리를 치는 등 어떤 방법을 쓰든지 간에 그들을 삶의 자리로 돌려보내려고 애를 쓴다. 예수의 치유행위는 민중을 정상적인 방법으로 살아가도록 하는 삶의 투쟁이고, 병, 고통과 싸우는 투지가 드러난다. 여기에는 그들의 딱한 처지를 운명론으로 받아들이기를 거부하고 민중이 질병 없는 새로운 삶을 가져야 한다는 해방의 의지가 담겨 있다.

후기 치유 기적 이야기의 변형

복음서 초기 기적이야기는 후대에 일정한 방향으로 변형된다. 그 변형의 방향은 다음과 같다.

첫째, 환자들이 예수를 부를 때 그리스도론적 칭호가 부가된다.

이것은 치유 기적의 목적이 예수가 하나님의 아들임을 증명하거나 그의 메시아성을 증거하는 것으로 변형되는 것을 의미한다. 초기 기적 이야기가 가졌던 민중에 대한 관심과 애정은 사라지고 예수를 신적 존재로 고백하고 섬기며 예수를 찬양하는 것으로 관점이 바뀐다.

둘째, 예수에게서 능력이 나온다.

예수에게서 어떤 광선이나 실체가 나오듯이 능력이 나온다. 심지어 예수는 능력을 몸으로 느끼고 지나쳤다가 다시 되묻기도 한다.

> 예수께서는 곧 자기에게서 능력이 나간 것을 몸으로 느끼시고, 무리 가운데서 돌아서서 "누가 내 옷에 손을 대었느냐?" 하고 물으셨다. (마가 5:30)

> 온 무리가 예수에게 손이라도 대어 보려고 애를 썼다. 예수에게서 능력이 나와서 그들을 모두 낫게 하였기 때문이다. (누가 6:19)

중심은 환자가 가진 절박한 상황이 아니라 치유하는 사람의 권위와 능력이다.

셋째, 예수의 위대성과 주도권이 강조된다.

예수께서 할 수 없었다든가, 하지 못했다든가 등은 메시아적 권위에 어긋난다고 보았다. 그래서 그가 자발적으로 또는 주도적으로 하지 않았다는 식으로 수정한다.

넷째, 치유 행위에 신앙이 전제조건으로 등장한다.

"너는 믿느냐?" "네 믿음대로 될지어다" 등의 조건이 첨가되면서 치유를 간절히 원하는 민중의 상황은 물러나고 기적을 결정짓는 요소로 그들이 가진 '믿음'을 강조한다. 민중 안에 있으며 그들의 아픔을 강하게 끌어안던 종교는 이제 교회 안의 신앙, 믿음으로 그 강조점을 옮긴다. 치유의 책임 또한 치유받는 사람의 믿음으로 옮겨 간다.

마술, 주술, 기적

마술이나 주술은 인간이 신의 행위를 당겨 행함으로 신의 개입을 유도한다. 예를 들면 비가 오게 하려고 나무에 올라가 물을 뿌리는 행위를 한다든가 저주하고픈 사람의 형상을 만들어 바늘로 찌르는 행위다.

크로산은 주술과 기적, 주술과 종교 사이에 구분이 없다고 하고 예수의 기적행위도 일종의 주술로 본다.[4] 하지만 분명한 것은 같은 기적이라도 예수가 분명히 거절하고 물리친 기적이 있고 그가 행한 기적이 있다. 예수는 공생애 직전 세 가지 시험을 통해 마술적 행위를 요구하는 사탄의 유혹을 물리쳤다. 그는 금식하신 후 능력이 충만하였지만 자기 자신을 위하여 기적을 행하지 않았다. 만약 예수가 사탄의 요청을 받아들였다면 예수는 한낱 주술사로 전락했을 것이다. 마술이나 주술은 자신의 이익을 위하여 초자연적인 힘을 사용한다. 그러나 기적은 다르다.

예수께서는 돌로 떡을 만들어 먹는다든가, 성전 위에서 한번 보란 듯이 뛰어내려 만인의 주목을 끄는 일 등은 하지 않았다. 기적은 기이하기만 한 게 아니다. 예를 들면 산더러 바다에 빠지라든가 하는 초월적 힘 자랑이 아니다. 예수 주변에 일어난 기적들은 초자연적인 일, 특수한 상황에서 벌어진 일도 있지만 오히려 대부분의 기적들은 지극히 평범한

4) John Dominic Crossan, 『역사적 예수』 op.cit., 489-497.

일, 사람으로서 마땅히 누려야할 기본적인 삶의 이야기들이다. 기적이 이루어지더라도 자기 자신의 명성이나 권위를 위해 행하는 것이라면 단지 마술이나 주술에 불과하다. 그런 기적은 있어도 그만 없어도 그만인 한낱 과시용에 불과하다. 예수께서는 이런 기적을 행한 게 아니다.

예수께서 행한 기적들은 기적 아니고선 길이 없는 사람들의 해방이야기다. 불치병에 걸려 의료혜택은커녕 죽을 날만을 기다리는 사람을 본래의 자리, 평범한 삶의 자리로 돌린다. 예수의 기적은 굶주리는 사람들을 먹게 하고, 마을 밖에 쫓겨나 격리된 사람을 제 삶의 자리로 돌려놓는 것이다. 그것은 초자연적이고 요란한 현상이 아니라 일상의 삶을 복원하는 지극히 평범한 일들 가운데 일어난다. 예수의 기적은 민중의 삶을 질곡에서 벗어나게하고 하나님을 위해 그들이 가진 힘을 동력화 하는 것이다. 자포자기한 그들을 새로운 실천으로 재조직해서 다시 역사 안으로 파송하는 기능을 가진다.

마가복음은 예수께서 사천 명을 먹이신 기적이야기의 상황을 이렇게 전한다.

> "저 무리가 나와 함께 있은 지가 벌써 사흘이나 되었는데, 먹을 것이 없으니 가엾다. 내가 그들을 굶은 채로 집으로 돌려보내면, 길에서 쓰러질 것이다. 더구나 그 가운데는 먼 데서 온 사람들도 있다." (마가 8:2-3)

이 세대는 표적을 원하지만 예수는 단호히 표적을 거절했듯이, 우리는 예수의 기적행위에 놀라서 주목하지만, 오히려 오천 명, 사천 명을 먹이신 이야기들이 가진 절박한 상황에 주목해야 한다. 민중은 사흘이나 되었는데 먹을 것도 없고, 어디 갈 데도 없이 앉아 있다. 이런 상황에서 나온 오병이어의 기적은 그 기적 아니고는 달리 방법이 없는 것이다. 예수 아니라도 누군가 기적을 일으켜야 하는 상황이다. 이는 예수의 기적이 자기 힘을 과시하거나 한 번 보여주기 식의 능력 자랑과는 무관함을 보여준다. 기적은 사람이 살아가는데 꼭 필요한 것이 결핍될 때 일어난다. 그들이 가만히 앉아서 기적만을 기다린 것이 아니다. 살아가기 위하여 사람이 할 수 있는 일을 다 모색하는 가운데 기적은 도적처럼 찾아온다.

기적은 자신의 이익을 위해서 초자연적인 힘을 사용하는 것이 아니다. 기적은 하나님의 뜻을 이루기 위해서, 하나님 나라의 완성을 위해서 거대하신 하나님의 뜻 앞에 자신을 쳐서 복종할 때 나타난다.

후대로 갈수록 강조하는 믿음도 오늘날 한국 기독교인들이 생각하듯이 일정한 신조, 심지어는 사영리 같은 도식화한 믿음을 받아들이는 것이 아니다. 특정 도그마가 믿음의 내용이 된다면 믿음을 협소하게 만들고 독선적인 태도로 귀결한다. 물론 그 고백이 나온 과정은 친절하고 수용적이겠지만, 결국 그 도그마 밖에 있는 사람이나 세상과는 분명한 경계를 짓는다. 기적이야기가 강조하는 믿음은 예수가 하나님 나라 도래의 증거로 기적을 행한다는 믿음이다.[5] 결국 기적의 초점은 하나님 나라이다. 하나님 나라는 우리의 인간다움을 실현하는 곳이다. 모든 사람이 고통에서 벗어나 다시는 아프지 않고, 병들지 않고, 모두의 눈에서 눈물을 씻겨주는 나라다. 그것은 밖에서 누가 던져주는 나라가 아니라 우리의 노력과 기도 속에서 점점 현실로 다가서는 겨자씨와 같고 누룩과 같은 나라다.

---

5) Ibid., 332.

몸의 질병

사회적으로 가난하고 억눌린 사람들은 그 억압의 고통이 몸으로 나타난다. 예전에 필자가 영등포 쪽방 촌에서 성탄예배를 드린 적이 있다. 그런데 밖에서 참여한 사람과 쪽방 촌 사람들의 모습이 확연히 구분되었다. 그들의 얼굴은 그들이 겪어온 고통의 깊이를 여지없이 보여주었다. 몸의 자세도 바르지 않았다. 무언가 삐딱하게 기울어진 채로 걸음을 걸었다. 그 장면을 보는 누구든 그들의 몸이 편치 않다는 표시를 새겨놓은 듯이 구별할 수 있었다. 그들이 어떤 질병을 몸에 지닌 채 고통 겪고 사는 게 안쓰러웠다. 몸의 질병, 장애는 자기가 속한 사회의 질곡을 나타내는 표이기도 하다. 인류학자 메리 더글라스(Mary Douglas)는 몸과 사회의 상호작용을 누누이 강조한다.

> 몸은 경계선으로 둘러진 모든 체제를 나타내 보일 수 있는 모델이다, 몸의 경계선들은 위협을 당하거나 불확실한 여러 경계선들을 나타내 보여줄 수가 있다. 몸은 하나의 복합적인 조직체이다. 몸의 각 부분들이 담당하는 기능과 또 그것들 사이의 관계는 다른 복합적인 조직체들에 대한 상징의 원천을 제공해 준다. 우리가 몸속에서 사회의 상징을 볼 수 있다. 그리고 사회 조직체는 인간의 몸 안에 축소된다. 인간의 몸은 재구성된 사회이다. 그 안에는 그 사회가 기지고 있는 위험과 강점들이 나타난다. … 인간의 몸은 우리 모두에게 있어서 공통적이다. 우리의 사회적인 조건만이 차이가 있다. 인간의 몸에 기초한 상징들은 다양한 사회적인 경험들을 표현하기 위해 사용된다.[6)]

6) Mary Douglas, *Purity and danger*, 115, John Dominic Crossan, 『예수』 op.cit., 125.에서 재인용

그래서 크로산은 몸을 정치적 몸이라고 부른다. 대우주가 우리가 사는 사회라면 몸은 소우주다. 그 몸은 우리들 각자가 자기 방식대로 역사적 예수를 이해하는 배경이다.[7)]

치료와 치유

크로산은 의술인류학의 개념을 빌려 질병을 치료하는 것(curing a disease)과 고통을 치유하는 것(healing a illness)을 구분할 필요가 있다고 한다. 치료는 육체적 질병을 치료하는 것이고 치유는 육체적인 질병에 따르는 인격적, 사회적, 문화적인 반응에서 생기는 정신적인 고통을 고치는 것이다. 나병환자 치유 이야기를 예로 들어보자.

> 나병 환자 한 사람이 예수께로 와서, 그 앞에 무릎을 꿇고 "선생님께서 하고자 하시면, 나를 깨끗하게 해주실 수 있습니다" 하고 간청하였다. 예수께서 그를 불쌍히 여기시고(어떤 사본에는 노하셔서), 손을 내밀어 그에게 대시고 "그렇게 해주마. 깨끗하게 되어라" 하고 말씀하시니, 곧 나병이 그에게서 떠나고, 그는 깨끗하게 되었다. 예수께서 단단히 이르시고, 곧 그를 보내셨다. 예수께서 그에게 말씀하셨다. "아무에게도 아무 말도 하지 말아라. 가서, 제사장에게 네 몸을 보이고, 네가 깨끗하게 된 것에 대하여 모세가 명령한 것을 바쳐서, 사람들에게 증거로 삼도록 하여라." (마가 1:40-44)

히브리어 '사라아트'(saraat)나 그리스어 '레프라'(lepra)를 현대 용어인 나병으로 번역하는 것은 오류다. 나병은 1868년 노르웨이 의사 한센

7) Ibid.,

이 발견한 간상균(bacillus)을 말한다. 고대의 사라아트나 레프라는 건선, 습진, 또는 진균에 의해 피부가 감염되는 모든 질환을 포함한다. 이것들은 피부가 비늘처럼 벗겨지거나 떨어져 나가는 약간 혐오스러운 상태를 보여준다. 레위기에서 나병은 사람의 피부에만 적용하는 것이 아니라, 의복(레 13:47–59)과 집의 벽(레 14:33–53)에도 적용한다.[8)] 이렇게 감염된 것의 표면을 제의적으로는 불결한 것으로, 사회적으로는 부적당한 것으로 판정한다.[9)] 레위기는 이들 나병환자들이 어떻게 처신해야 하는지를 법으로 정한다.

> 악성 피부병에 걸린 사람은 입은 옷을 찢고 머리를 풀어야 한다. 또한 그는 자기 코밑 수염을 가리고 '부정하다, 부정하다' 하고 외쳐야 한다. 병에 걸려 있는 한, 부정한 상태에 머물러 있게 되므로, 그는 부정하다. 그는 진 바깥에서 혼자 따로 살아야 한다.(레위기 13:45–46)

환자들은 삶을 잃어버리고 슬픔으로 살아간다. 예수를 만난 나병환자는 질병(건선과 같은)과 고통, 즉 불결, 고립, 거부라는 인격적이고 사회적인 낙인을 모두 갖고 있다. 예수는 이를 풀어준다. 나병환자에게 다가가서 그의 아픔을 불쌍히 여기는 것을 넘어서 분노한다. 그리고 다가가서 그에게 손을 대었다. 나병환자는 물론 접근하는 예수도 구약의 법을 어긴다. 이제 예수나 나병환자나 양쪽 다 공식적이고 전통적인 율법주의 속으로 안전하게 되돌아가는 것이 불가능하다. 그래서 누가복음에 나오는 후기 나병환자 치유전승은 이를 합법적인 범위에서 이루어진

---

8) 김경호, 『오경–야훼신앙의 맥』 대장간, 2017, 제10장 참조.

9) John Dominic Crossan, 『예수』 op.cit., 128.

치료로 제시한다.

> 예수께서 예루살렘으로 가시는 길에, 사마리아와 갈릴리 사이를 지나가시게 되었다. 예수께서 어떤 마을에 들어가시다가, 나병 환자 열 사람을 만나셨다. 그들은 멀찍이 멈추어 서서, 소리를 질러 말하기를 "예수 선생님, 우리를 불쌍히 여겨 주십시오." 하였다. 예수께서는 보시고, 그들에게 말씀하셨다. "가서, 제사장들에게 너희 몸을 보여라." 그들이 가는 동안에 몸이 깨끗해졌다. 그런데 그들 가운데 하나는 자기의 병이 나은 것을 보고, 큰소리로 하나님께 영광을 돌리면서 되돌아와서, 예수의 발 앞에 엎드려 감사를 드렸다. 그는 사마리아 사람이었다. 그래서 예수께서 말씀하셨다. "열 사람이 깨끗해지지 않았느냐? 그런데 아홉은 어디에 있느냐? 하나님께 영광을 돌리러 되돌아온 사람은, 이 이방사람 한 명밖에 없느냐?" 그런 다음에 그에게 말씀하셨다. "일어나서 가거라. 네 믿음이 너를 구원하였다." (누가 17:11-19)

나병환자들은 율법에 있는 대로 "멀찍이 멈추어 서서, 소리를 질러 말한다." 예수도 그들에게 접근해서 몸을 만지지 않는다. 단지 말씀하실 뿐이다. 그들의 몸이 깨끗해진 것은 그들이 제사장에게 가고 있는 도중에 일어났다.

예수는 육체적 질병을 치료받은 환자를 향해 '제사장에게 가라'고 한다. 이는 '성전으로 가라'는 말이다. 그동안 그들을 부정하다고 여기고 금지 시켰던 금기의 금줄을 거두라는 말이다. 그리고 그것을 확증하기 위해 모든 사람에게 증거로 보이라고 한다. 질병의 치료는 부당한 격리가 가져다 준 인격적이고 사회적인 치유를 가져온다. 누가복음의 후기 나병환자 치유 이야기는 이러한 사회적 치유에 초점을 맞추었다. 나병 자체의 치유보다도 누가 감사하였는가에 주목한다. 고침 받은 열 명의 나병환자 가운데 한 사람 만이 예수에게 돌아와 감사를 드렸다. 그런데 그는 사마리아 사람이다. 사마리아 사람은 유대인들이 사람 취급을 하지 않는다. 하필이면 사람 취급하지 않은 그 이방인 한 사람 만이 사람 구실을 했다. 질병을 고치는 이야기 안에는 사회적인 소외, 차별, 혐오를 치유하는 이야기가 포함되어 있다. 질병의 치료는 마음대로 할 수 없지만, 그리고 질병의 치료행위 자체는 종교적 영역에서 의료의 영역으로 넘어갔으나 그로 인해 당하는 사회적 고통을 치유하는 것은 예수 이후 후대의 사람들에게 열려 있는 치유 기적이고 오늘 우리들에게도 열려 있다.

메시아의 비밀

마가복음에는 예수가 귀신들을 제압하고 내쫓으면서도 당사자들에게 자신의 정체를 누설하지 말라고 엄히 말한다.(1:23-25, 1:43-45, 3:11-12, 4:10-13, 33-34, 5:43, 7:24, 36, 8:26, 30, 9:9, 30)

> "그는 온갖 병에 걸린 사람들을 고쳐 주시고, 많은 귀신을 내쫓으셨다. 예수께서는 귀신들이 말하는 것을 허락하지 않으셨다. 그들이 예수가 누구인지를 알았기 때문이다." (마가 1:34)

> "나병이 그에게서 떠나고, 그는 깨끗하게 되었다. … 예수께서 그에게 말씀하셨다. "아무에게도 아무 말도 하지 말아라." (마가 1:42-44)

예수는 이적을 행한 후에도 그 권능의 역사를 남에게 숨길 것을 지시할 뿐만 아니라 베드로가 예수를 '그리스도'로 고백하자, 예수는 베드로에게 아무에게도 말하지 말라고 경고한다.(마가 8:30) 예수가 비유로 말하는 것도 제자 외의 사람들에게 비밀로 하기 위한 것이라고 한다.(마가 4:10-13, 33-34) 예수는 왜 자신이 메시아라는 사실을 비밀에 부치려고 했을까?

신약학자 브레데(William Wrede, 1859~1906)는 복음서 안에서 예수가 기적행위 후, 자신의 메시아성에 대해 침묵하도록 명령하는 것에 주목했다.[10] 브레데는 이를 '메시아의 비밀'이라고 불렀다. 이것은 교회가 고백한 신적인 그리스도 상과 그 당시 아직 인간적인 예수에 대한 기억을 가지고 있는 역사적 예수의 모습 사이에 있는 격차를 마가복음 기자가 설명하는 방식이었다고 했다.

브레데가 메시야의 비밀을 설명한 것은 지극히 문학적인 이해이다. 하지만 이를 당시 상황 속에서 이해한다면 '메시아의 비밀'은 공권력에 쫓기는 예수가 자신을 지켜 나갈 수 있는 방법이었다. 자신에 대한 소문이 확산되는 속도를 지연시킴으로써 안티파스의 감시망에서 가능한 한 안전을 확보하려고 했다. 예수는 "아직 내 때가 이르지 않았다."라고 하며 결정적 시기가 임하기까지 자제했다. 그는 신분이 노출되면 집촌 밖에서 은둔(마가 1:45)했다. 복음서에 나타나는 메시아의 비밀은 오히려 신적인 메시아의 위상과 역사적 한계 속에서 자신의 운동을 전개해가는 운동가 예수와의 격차를 설명하는 방식으로 이해하는 것이 더 현실적이다.

10) William Wrede, *The Messianic Secret*. 『메시야의 비밀』 최태관 역, 한들, 2018. 참조.

함께 생각 나누기

* 시골에서 목회를 하는데 교인들이 돼지 새끼가 아파도 목사님 오셔서 기도 해 달라고 하는데, 이럴 때 목사가 돼지에 손을 얹고 기도해야 할까요?

* 몸이 아픈데 하나님의 능력으로 낫고 싶다. 그러나 두렵다. 병원 치료를 받지 않고도 기도로 병이 나을 수 있는가?

* 기적은 치유의 은사를 받은 사람들에게만 나타나는가? 기적과 같은 치유의 능력이 일어나기 위해서는 먼저 치유의 은사를 받도록 기도해야하겠는가?

* 예수의 치유기적은 당시 가장 고통스러운 삶을 살던 사람들의 해방이야기이다. 가장 치열한 현장의 이야기지만 후대에는 그것이 예수가 누구인가를 밝히는 기독론의 근거로 변질되었다. 현장은 사라지고 예수의 인격에 대한 이론들만 남았다. 예수가 신성을 가졌냐? 인성을 가졌냐? 하는 문제로 서로 집단으로 죽이고 전쟁까지 생겼다. 그런 논쟁은 가진 자들의 기득권 싸움의 명분으로 도용되었을 뿐 예수가 기적을 행한 동기가 된 민중에 대한 애정은 실종되었다. 이후 기독교는 계속 이런 형이상학적 논쟁으로 피 흘리는 역사를 이어왔을 뿐이다. 우리의 신앙이 다시 그 현장으로 돌아가려면 어떤 변화가 필요할까에 대해서 각자의 생각을 나누어 봅시다.

사건이 신학의 주체다

안병무는 예수를 인격으로 파악하는 데서 서양의 역사적 예수 연구가 벽에 부딪혔다고 보았다. 안병무는 예수를 사건으로 파악한다. 이것은 안병무 신학의 토대이기도 하며 민중신학의 토대가 되는 개념이다.

> 그들(서양사람들)은 모든 것–신도 예수도 성령도–을 '인격'(persona)으로 파악했기 때문입니다. 그들은 "예수가 누구냐?" 하고 '누구냐'만 물어요. 그래서 예수도 "어떤 어떤 인격이다"라는 답을 얻고, 거기에 안주하고 말아요. 그러나 나는 그게 아니라고 생각했어요. "예수는 하나의 사건이다!" "하나님도 사건이다!" 나는 이것을 깨달았던 것입니다. 예수를 인격으로 본 것은 틀렸다. 잘못 본 것이다! 이 깨달음이 내 신학적인 전환점이었습니다. '사건'이지 왜 '인격'이냐? 2천 년 전에 팔레스틴 갈릴리에 살았던 예수 개인이 무슨 의미가 있느냐? 사건이 중요하지. … '사건으로서의 예수'이것이 고리가 되어 나의 역사적 예수의 추구는 민중신학으로 연결된 것입니다.[11)]

서양신학의 역사는 예수를 신으로 보느냐? 인간으로 보느냐? 성부와 성자는 동일본질이냐? 유사본질이냐? 나아가 성령은 성부, 성자와 어떤 관계를 가지느냐? 삼위일체로 보느냐? 하는 싸움을 계속하였다. 예수를 어떤 존재로 보느냐는 싸움은 그치지 않았다. 단지 말과 논쟁으로 싸우는 것이 아니라 실제로 추방, 귀향, 숙청이 이어졌고 급기야는 주장을 달리하는 무리들이 서로 다른 종족을 부추기어 민족끼리 피비린내

---

11) 안병무, 『민중신학 이야기』(서울: 한국신학연구소, 1990), 25–26.

나는 전쟁을 치르기도 하였다.[12)]

물론 그들의 이러한 행동 뒤에는 각자 서로 다른 정치적인 이해관계가 도사리고 있었다. 이러한 싸움은 451년의 칼케돈 신조에서 애매한 절충[13)]이 이루어졌지만 그 후에도 싸움은 계속되었다.

안병무가 예수를 인격(persona)으로 보기를 거부하는 것은 인격을 강조하면 집단성은 의미가 없어지기 때문이다. 신을 인격화하고 상(像)을 만들면, 그 순간부터 그 존재는 부자유해진다. 하나님이 상이 되면 하나님은 체포돼서 성전에도 갇히게 되고 사람과의 관계도 차단된다. 여기에 있으면 저기에는 없고, 저기 있으면 여기에 없는 관계가 되기 때문이다. 이 차단된 것을 교류시키기 위해서 성령이라는 발상이 생겼는데, 이 성령을 또 인격, 상으로 만들어 버렸다. 성령을 인격화해서 삼위일체니 뭐니 하는 것을 만들어 버리니 성령도 결국 시간과 공간의 포로가 될 수밖에 없게 되었고 오늘에 현재한 신, 해방사건 속에 현존하는 신을 결국 성전에 가둠으로써 신을 사실상 자기 마음대로 유폐시키고 독점할 수 있게 되었다. 신을 인격이라는 틀로 보는 것이 바로 신을 감옥에 가두는 역할을 하게 된 것이다.[14)]

---

12) 예수의 인성을 강조하는 아리우스주의는 북방의 게르만족등 이민족들이 지지하였고 비시고트족, 롬바르드족, 반달족 등이 자기들이 멸시받던 야만족에서 벗어나고자 하는 의도로 아리우스 주의를 내세워 싸움에 가담했다. 그들은 결국 아리우스 주의를 포기했지만 이탈리아의 동고트족과 아프리카의 반달족 같은 경우는 아리우스주의를 받아들인 것이 민족 멸망의 원인 중에 하나로 판명되었다. F. J. Foakes, Jackson, “Arius, Arianism” *Encyclopedia of Religion and Ethics* 「아리우스주의」, 『기독교 대백과사전 10』931-932.

13) “그는 신성(神性)에 있어서 완전하시며 인성(人性)에 있어서도 완전하시고 … 두성에 있어서 혼동 없이, 변화 없이, 분할 없이, 분리 없이 … 성들의 구별은 그 연합에 의해 결코 제거되지 않고 오히려 각 성의 특성이 보존되고 한 인격과 한 실존(위 位) 안에서 동시에 발생하므로 두 인격들로 나뉘거나 분리되지 않고 유일하신 아들이시요 독생자, 말씀이신 하나님, 주 예수 그리스도이시니 …”

14) 안병무, 「민중신학의 회고와 전망」(http://www.theology.co.kr/)

사건의 의미, 사건의 신학

우리가 성서를 읽는 것은 하나님이나 예수가 가진 위격, 존재, 속성 등을 보려는 것이 아니다. 우리는 하나님께서 일으키신 해방사건, 예수께서 그 주변의 사람들과 더불어 일으키신 구원사건, 교회를 통해서 무슨 일들이 일어났는가하는 것이다. 그러나 신학의 역사는 이렇게 생동하는 기쁜 소식(Good News)을 외면하고 오랫동안 너무나도 사변적이고 관념적인 물음들에 목숨을 걸어왔다. 그렇게 함으로 죽어버린 언어들은 더 이상 복음(Good News)이 되기를 거부했다.

심광섭은 질 들뢰즈의 사건에 대한 사상을 소개한다.

> 플라톤에서 출발하는 서양의 주류 철학은 사건을 사유의 대상으로 삼지 않고 사물이나 실체, 성질 같은 것을 사유의 대상으로 삼아왔다. 사건은 그것이 발생하는 순간에만 존재하고, 곧 존재하지 않게 되기 때문이다. 전통 철학에서 사건이란 아주 덧없는 것, 가치 없는 것, 따라서 무의미한 것이었다. 서양 철학의 주류는 기본적으로 무상한 것이 아니라 영원한 것, 변하는 것이 아니라 항상 불변하는 것을 찾았다. 바로 그런 이유로 서양 철학자들이 줄기차게 물어왔던 유일한 대상은 곧 변하지 않는 존재자의 실체에 대한 물음이다. 그러나 존재는 변화와 생성이며, 생명은 변화하는 사건의 지속과 우연한 창발로 구성된다.[15]

우리가 야구장에 나가면 공, 야구 글러브, 방망이, 야구 선수, 관중, 심판 등을 본다. 이렇게 형상을 중심으로 보는 것은 '명사적 세계보기' 이다. '명사적 세계보기'는 사물의 실체를 규명하려는 의도가 있고, 이

15) 심광섭, 「질 들뢰즈와 사건의 신학」(http://www.theology.co.kr/)

와 유사한 '형용사적 세계보기'는 사물의 속성을 파악하려는 의도가 있다. 플라톤으로부터 시작하는 서양 철학은 이러한 입장을 취해왔다. 그러나 우리가 야구장에 나가는 것은 공이나 방망이를 보려고 나가는 것이 아니다. 선수들이 공을 치고 달려가는 것, 글러브로 공을 받아내는 것 등, 운동을 보고 사건을 보려고 가는 것이다. 이것은 '동사적 세계보기'이며 그렇게 세계를 볼 때, 세계는 사건들의 총체가 된다. 세계는 고정된 물체(thing)들의 연결고리가 아니다. 'thing'과는 다른 비물체적인 사건(event)이다.

전통적인 철학이나 신학이 전체를 규정하고 규격화하고 하나의 사상적 틀 속에 정리하려는 모던한(근대적) 사고라면 안병무의 사건은 포스트 모던한(현대적) 사고로 그 사건이 나타날 때 그 단면 단면의 입장에 충실하게 세상을 본다. 아니 역사의 단면이라고 표현하는 것 자체가 오류이다. 그것은 역사를 시간의 총체적인 집합체로 파악할 때 가능한 표현인데, 그런 역사는 없다. 역사를 그렇게 보는 것은 허상이며 관념이다. 오직 존재하는 것은 지금 현재, 여기서 발생하고 일어난다. 그것이 사건이다.

후설은 과거, 현재, 미래의 구분을 부정한다. 오직 '과거의 것에 관한 현재', '현재의 것에 관한 현재', '미래의 것에 관한 현재'가 있을 뿐이고 과거의 것에 관한 현재는 기억으로, 현재의 것에 관한 현재는 직관으로, 미래의 것에 관한 현재는 기대로 나타난다고 한다.[16)]

사건은 다른 세계, 다른 시간에 존재하지 않는다. 지금 일어나고 있으며, 어떤 것이 일어나고 있는 것 자체로 존재한다. 그것은 환희에 찬 사건이며 숭고함이다. 지금 무수한 일들이 일어나고 있다. 무언가 일어

16) Gilles Deleuze & Felix Guattari, 『천개의 고원』김재인 역, (서울:새물결, 2001), 368.

나고 있다는 것, 일어나고 있는 것이 먼저 존재한 다음에야 우리의 의식은 그것에 달려든다. 의식의 작용을 선행하는 그것은 단지 발생(occurrence) 또는 일어남(happening)이다. 이 순수한 발생, 또는 일어남으로서의 '사건'은 아직 규정되지 않은 단순한 것, 그것은 아직 일어난 것들이 형성한 망 아래에서, 곧 기존의 의미 체계나 준거 체계 내에서 특정한 의미로 규정되기 전에 무엇이다.

이제 세계의 객관적 법칙을 규명하려 들거나 결정적인 원칙을 찾아내려고 하는 것은 의미가 없다. 철학이나 신학적 사유의 대상도 자연스럽게 바뀌게 된다. 의미를 생성하는 지점이 초월한 존재나 영원으로부터 오는 것이 아니라 바로 그 순간에 있다. 그 순간에 발생하는 사건 만이 유일한 존재이다. 그러므로 "우리 앞에 무슨 일이 일어나는가?" 하는 것이 현대 이후에 철학(포스트 모던)이 사유하는 대상이다. 우리 앞에 일어나는 다양한 사건들이 서로 교차하면서 다채로운 세계를 만들어 나간다.

지금 여기 존재하는 사건만이 유일한 존재이다. 그것은 전체를 규정하려고 하지 않으며, 규정되기 이전에 이미 발생한 존재이다. 그러기에 사건이 예수 이해의 중심이 되고 신학의 주제가 된다는 것은 전혀 새로운 신학함이다. 이제 신학적 사유의 대상은 초월해 있거나 변화하지 않는 본질이나 실체가 아니라 그야말로 변화 그 자체, 생성 그 자체이며, 시간 저편에 있는 것이 아니라 시간 속에 있으며, 지금 눈앞에서 일어나고 발생하고 있는 사건이 우리의 신학함의 대상이 된다. '예수가 사건이다', '하나님도 사건이다' '태초에 사건이 있었다'는 말은 전혀 새로운 신학의 문을 여는 화두이고, 명제이다.

종교사회학적으로 볼 때 하위계층의 운동에서 가장 눈에 띄는 것은 카리스마다. 이것은 하위계층의 집단형성에 결정적인 촉매다. 세례요한과 예수는 대표적인 인물이다. 두 사람은 모두 하나님의 나라를 선포했다. 요한은 그 사회의 모순을 적극적으로 비판하고 회개할 것을 선포했으나 대안적인 구상으로 나가지 못했다. 반면 예수는 그가 선포한 하나님의 나라, 대항세계를 구상했다. 그리고 예수는 구체적인 사건을 보여줌으로 지금 그 나라가 우리 앞에 실현되고 있음을 보여주었다.

* 김경호, "사건의 신학과 새로운 교회의 토대" 심원 안병무 선생 제13주기 추모 추모강연회(2009. 10.18)에서 "지성소 사건과 갈릴리 예수의 공동체"라는 제목으로 발표하였던 글 중 일부다.

10

하나님 나라의 표징

악령추방 이야기

성서에 관한 사회적, 역사적 연구들이 진행되기 전, 그리스도인에게 기적이란 믿음의 자리에서 있는 그대로 수용되는 이야기였다. 기적이라는 것 자체가 이성이나 상식을 넘어서는 사건이었으므로 이해나 해석의 여지란 없었다. 하지만 성서의 기적 이야기들은 많은 편집과정을 거쳤다. 기적 이야기는 본래 권력의 주변부, 즉 가난하고 힘없는 이들의 자리에서 사회적 변동기에 발생했다. 민중의 이야기인 것이다. 시간이 지나면서 이야기의 중심은 기적을 경험하고 그리하여 삶이 변화한 당사자들이 아니라 그것을 일으킨 그리스도로 옮겨갔고, 여기에 신앙고백이 더해졌다.

성서에 나오는 기적 이야기는 크게 세 가지 종류로 나눌 수 있다.[1)]

첫째, 신현현(神顯顯) 기적이다. 아기 예수의 동정녀 탄생, 세례를 받을 때 성령이 임하는 이야기, 물 위를 걸으심, 변화산에서의 예수 변모,

---

1) 아라이 사사구, op. cit., 78.

부활한 예수의 엠마오 현현 등이다. 이런 기적이야기는 그리스도교 원시 공동체의 신앙고백에 해당한다. 기적 다음에 "이는 내 사랑하는 아들이다"라는 예수에 대한 메시아적 고백들이 하늘의 음성이나 사람의 고백을 통해서 확인된다.

둘째, 자연 기적이다. 풍랑을 잔잔케 하신 사건, 무화과나무의 저주, 호수에서의 고기잡이, 오병이어 사건 등이다. 자연기적 이야기는 대개 말씀전승에 부가되어 나타난다. 자연기적 이야기는 예수의 말씀을 입증하는 예로서, 후기의 작품일 가능성이 크다.

셋째, 치유 기적이다. 병자치유와 악령추방의 이야기들로써 기적 이야기의 주류라고 할 수 있다. 신현현 기적이나 자연 기적 배경이 후대 기독교 교단의 신앙고백이라면, 치유 기적은 후대에 많은 변형을 거쳤음에도 역사적 예수의 기적 행위에 가장 근접하는 전승이다. 순수한 민중 전승이라 하겠다.

기적은 무슨 표징인가?

초대교회는 기적 이야기를 예수가 하나님의 아들이라는 표징으로 읽고자 했다. 초대교회와 강조점은 다르지만, 예수 자신도 이 기적을 표징으로 생각했다. 예수는 "오실 그분이 당신이십니까?"라고 묻는 요한의 제자들에게 답한다.

> "소경이 보며 앉은뱅이가 걸으며 문둥이가 깨끗함을 받으며 귀머거리가 들으며 죽은 자가 살아나며 가난한 자에게 복음이 전파된다 하라."
> (마태 11:5)

이는 구약에서부터 종말 때에 하나님 나라에서 이루어지는 증거다. 치유행위 자체를 넘어서는 상징이다. 최근 의료 인류학자들은 서구의 과학적인 의학에서 질병과 치료의 개념을 포함하여 악령추방을 단순히 기적이나 마술로 분류할 수 없다는 것을 깨달았다. 모든 사회에서 질병은 항상 사회적인 차원과 관련되며 질병, 진단, 치유는 모두 문화적으로 정의된다. 보다 비판적인 의료 인류학자들은 질병이 권력, 지배, 박탈의 특정한 관계들과 흔히 관련된다는 것을 지적했다.[2]

마태복음 12장에서 예수는 '귀신들려' 눈이 멀고 말도 못하는 사람을 고친다. 그런데 이 광경을 목격한 사람들이 당황해서 수군거리자 바리새파 사람들이 "이 사람이 귀신의 두목인 바알세불의 힘을 빌지 않고서는 귀신을 내쫓지 못할 것이다."(마태 12:24) 라며 예수를 공격한다. 이 말을 들은 예수는 "사탄이 사탄을 내쫓으면 스스로 갈라진 것이다. 그러면 나라가 어떻게 서 있겠느냐? 내가 바알세불의 힘을 빌어서 귀신을 내쫓는다면, 너희의 아들들은 누구의 힘으로 귀신을 내쫓는다는 말이냐?"(마태 12:26-27)하고 되묻는다.

엑소시스트라는 축귀의식 영화가 있다. 젊은 신부가 축귀 의식을 행하지만, 귀신은 강력하다. 여러 방법을 다 써보았으나 아무런 변화가 없자 신부는 할 수 없이 귀신을 자기 자신에게 불러들인다. 젊은 남자(신부)의 강한 몸 속으로 들어온 귀신은 아이 속에 있는 귀신을 제압하고 쫓아내는 데 성공한다. 이것은 과거의 드라큐라를 몰아내는 축귀방식과는 다르다. 드라큐라는 십자가를 들이대면 사라졌다. 이는 선으로 악을 이기는 패턴이다. 하지만 엑소시스트는 악으로 악을 제어하는 새로운

2) Richard A. Horsley, "예수와 제국", *In the Shadow of Empire*, 『제국의 그림자 속에서』 정연복 옮김, 한국기독교연구소, 2014, 145.

방식이다. 당시 유대인들의 묵시 운동은 게릴라식 저항으로 발전했다. 이는 선으로 악을 이기려는 착한 운동과는 달리 폭력으로 악을 제거하는 운동이었다. 더 큰 악으로 악을 누르는 방식이다. 그것은 당시 민중이 로마라는 거대 권력에 맞설 수 있는 유일한 방식이었다.

초대교회는 기적 이야기를 통해 예수가 신의 아들이라는 표징으로 삼고자 했지만, 예수 자신은 자신의 기적 행위를 새로 다가오는 나라, 그들 앞에 펼쳐져야 할 하나님 나라의 표징으로 선포했다. 기적 이야기는 끝나버린 전설적인 이야기라기보다 앞으로 우리가 성취해야할 새로운 세상의 표징이다. 기적 이야기는 절망의 끝에 있는 이들에게, 상식과 조건과 이성을 넘어서, 그리스도인이 꿈꾸는 하나님 나라의 표징으로, 미래에 새로운 기적들을 만들어 가는 원형으로 우리 앞에 있다.

미리 살펴보기

마가복음에는 세 개의 악령추방의 이야기가 나온다.(마가 1:21-28, 3:22-30, 5:1-20) 이 이야기들을 읽어보고 특히 마가 5:1-20과 병행구인 마태 8:28-34에서 다음에 유의하여 읽어봅시다.

1) 마가와 마태에 각각 나타나는 지명, 귀신의 이름은 무엇인가?
2) 귀신들린 사람의 상태는 어떠한가?
3) 돼지의 모습을 한 악령은 무엇일까?

> 그들은 바다 건너편 거라사 사람들의 지역으로 갔다. 예수께서 배에서 내리시니, 곧 악한 귀신 들린 사람 하나가 무덤 사이에서 나와서, 예수와 만났다. 그는 무덤 사이에서 사는데, 이제는 아무도 그를 쇠사슬로도 묶어 둘 수 없었다. 여러 번 쇠고랑과 쇠사슬로 묶어 두었으나, 그는

쇠사슬도 끊고 쇠고랑도 부수었다. 아무도 그를 휘어잡을 수 없었다. 그는 밤낮 무덤 사이나 산 속에서 살면서, 소리를 질러 대고, 돌로 제 몸에 상처를 내곤 하였다. 그가 멀리서 예수를 보고, 달려와 엎드려서 큰 소리로 "가장 높으신 하나님의 아들 예수님, 나와 무슨 상관이 있습니까? 제발 나를 괴롭히지 마십시오." 하고 외쳤다. 그것은 예수께서 이미 그에게 "악한 귀신아, 그 사람에게서 나가거라" 하고 명하셨기 때문이다. 예수께서 그에게 "네 이름이 무엇이냐?" 하고 물으시니, 그는 "군대(레기온)입니다. 우리의 수가 많기 때문에 붙은 이름입니다." 하였다. 그러고는, 자기들을 그 지역에서 쫓아내지 말아 달라고 예수께 간청하였다. 마침 그 곳 산기슭에 놓아기르는 큰 돼지 떼가 있었다. 귀신들이 예수께 "우리를 돼지들에게로 보내셔서, 그것들 속으로 들어가게 해주십시오." 하고 간청하였다. 예수께서 허락하시니, 악한 귀신들이 나와서, 돼지들 속으로 들어갔다. 거의 이천 마리나 되는 돼지 떼가 바다 쪽으로 비탈을 내리달아, 바다에 빠져 죽었다. 돼지를 치던 사람들이 달음질하여 읍내와 촌에 가서 이 사실을 알렸다. 사람들은 무슨 일이 일어났는가 보러 왔다. 그들은 예수께로 와서, 귀신 들린 사람, 곧 군대 귀신에 사로잡혔던 사람이, 옷을 입고 제정신이 들어 앉아 있는 것을 보고 두려워하였다. 처음부터 이 일을 본 사람들은, 귀신 들렸던 사람에게 일어난 일과 돼지 떼에게 일어난 일을 그들에게 이야기하였다. 그러자 그들은 예수께, 자기네 지역을 떠나 달라고 간청하였다. 예수께서 배에 오르실 때에, 귀신 들렸던 사람이 예수와 함께 있게 해 달라고 애원하였다. 그러나 예수께서는 허락하지 않으시고, 그에게 말씀하셨다. "네 집으로 가서, 가족에게, 주께서 너에게 큰 은혜를 베푸셔서 너를 불쌍히 여기신 일을 이야기하여라." 그는 떠나가서, 예수께서 자기에게 하신 일을 데

가볼리에 전파하였다. 그러자 사람들이 다 놀랐다. (마가 5:1–20)

예수께서 건너편 가다라 사람들의 지역에 가셨을 때에, 귀신 들린 사람 둘이 무덤 사이에서 나오다가, 예수와 마주쳤다. 그들이 너무나 사나웠으므로, 아무도 그 길을 지나다닐 수 없었다. … (마태 8:28 이하)

복음서의 기적 이야기는 여러 형태가 있다. 두세 개의 기적 이야기가 하나의 이야기로 나타나기도 하고, 기적 이야기에 다른 교훈이 뒤따르기도 한다. 예수가 거라사 지역에서 귀신을 쫓은 이야기는 하나의 치유 사건이 사람들 사이에 퍼지며 민족의 해방 이야기로 커진 경우다.

거라사는 지금의 요르단에 속하는 지역으로 로마 제국이 세운 열 개의 도시 즉, 데카폴리스 중에 하나다. 로마는 전략적 요충지에 화려한 로마식 건축으로 도시를 세우고, 미개한 민족에게 선진 헬라문화[3]를 보급하는 기지를 만든다고 떠벌였다. 그러나 제국주의 국가의 최종 목표는 언제나 효율적 지배와 힘의 확장이다. 그들이 세운 거대한 도시는 로마인과 피지배지의 친 로마 권력자들의 집단 거주지였다.

물론 그 도시 안에는 유대인들도 함께 섞여 살았지만 같은 도시 안에 살아도 유대인과 데카폴리스 시민은 적대적 관계일 수밖에 없었다. 제국이 세운 데카폴리스의 시민들은 곧잘 유대인 열심당원 등의 테러의 대상이 되었다. 갈릴리 지역 데카폴리스에서 사는 유대인들은 아무 보호막 없이 생존의 위협 속에 하루하루를 살아갔다. 66년에서 73년 사이에 있었던 유대 독립전쟁에서 가이사랴에 사는 유대인들이 학살을 당했다. 이에 주변에 거주하는 유대인들은 데카폴리스를 습격하였으나 결

3) 그리스–로마 문화

과는 비참했다. 로마의 보복으로 데카폴리스 안에 사는 유대인들이 참혹하게 보복을 당했다. 권력에 의해 눈앞에서 처참하게 죽어간 가족과 이웃, 그리고 자신의 민족. 견딜 수 없는 통곡의 시간을 보내면서 빚어진 현상 중 하나가 귀신들림이다.

거라사의 악령 추방 이야기 속에는 로마로부터의 해방을 꿈꾸는 민중의 열망이 숨겨져 있다. 식민지는 제국의 지배 정책 방향에 따라 급격한 변화에 휩싸이곤 했다. 피식민지의 아들들은 갑자기 변방을 확장하는 제국의 전쟁에 동원되었고, 농민들이 손발이 부르터가며 길러낸 작물은 제국의 자원으로 빼앗겨야 했다. 피식민지의 삶은 아무 기약도 할 수 없는 것이었다. 거대한 외부의 힘에 의해 피식민지의 경제와 문화, 그들의 삶은 널뛰듯 변화했다. 그런 삶의 희생자는 언제나 민중이다. 경제적 여유가 없는 이들은 사회적 변화에 적응하기 어렵다. 작은 변화에도 그들은 금새 부적응자로, 낙오자로 사회에서 밀려난다. 거라사의 귀신 들린 자도 그랬다. 그는 산 속과 무덤, 즉 사람과 사회로부터 격리된 공간에서, 산 자가 아닌 죽은 자들과 함께 살고 있었다.

그를 세상으로부터 단절시킨 악령의 이름은 '레기온'이다. 레기온은 6천 명에서 1만 명에 이르는 로마의 병력 단위를 일컫는다. 레기온은 거라사 지방 근처에 로마가 세운 데카폴리스의 주둔군이었을 것이다. 동아프리카 민족들 사이에서 일어난 악령추방 의식에서 귀신들 중 일부의 이름은 "크로마 백작"[4] 같은 침략적인 외국 세력들이었다.

로마의 병력 단위 이름을 지닌 악령에 지배된 광인. 그는 자신의 가족이나 사랑하는 사람이 로마군대에 의해 희생된 사람 중 하나가 아니었을까. 그래서 슬픔과 분노를 견디지 못해 미쳐버린 뒤에도 사랑하는 이

---

4) Lord Cromer, 수단 남부 전역에 대한 군사 원정을 이끌었던 영국 장군, Ibid., 146.

의 무덤가를 떠나지 못하고 있는 것은 아닌가. 5.18 학살군의 악령에 자신의 온 영혼을 빼앗긴 광주 시민 한 사람이 있다면, 토벌대의 악령에 사로잡힌 제주의 한 평범한 사람이 있다면, 우리는 그가 귀신들리기 전에 무슨 일을 겪었다고 생각해야 할까.

그는 소위 말하는 '귀신들린 사람'이지만, 그의 모습은, 그에게 깃든 악령의 이름은, 그의 삶의 일부를 말해준다. 쇠사슬, 쇠고랑을 끊고 밤낮으로 무덤을 배회하는 그의 모습, 고통스럽게 자신의 몸을 찢어가며 울부짖는 광인은 한 개인의 모습을 넘어서서 똑같은 운명에 처한 유대 민중을 상징한다. 그에게 깃든 악령 레기온은 자신을 주변에 있는 돼지 떼에게 보내서 살게 해 달라고 간청한다. 이 간청은 여러 가지 이야기를 동시에 하고 있다. 무엇보다 악령은 예수에게 이미 항복했다. 하지만 어떤 형태로든지 살아남으려고 몸부림친다. 무엇보다 '너희들은 사람 가운데 머물 수 없으니 돼지에게나 가라.'는 민중들의 염원을 반영한다.

유대민족에게 돼지라는 상징은 특별했다. 주전 167년 시리아의 왕 안티오커스 에피파네스 4세는 대군을 이끌고 예루살렘을 침공한 후 유대교의 모든 제의를 철폐했다. 이들은 헬레니즘의 희생제의를 강요했는데, 제우스신의 제단에 돼지 제물을 바치고 유대인에게 강제로 돼지고기를 먹게 했다. 이런 조치에 저항하는 많은 유대인이 처형당하고 순교했다. 게다가 주후 70년, 팔레스타인에 주둔했던 로마 제10군단의 깃발에 그려진 상징 또한 돼지였다. 유대인들은 돼지고기를 먹지 않았으므로 팔레스타인에서 돼지를 사육한다는 것은 주둔하고 있는 로마 군인들을 위함이었을 것이다. 유대인들은 돼지를 로마군대와 일치시켰다. 이방인과 돼지, 모두 유대인에게는 부정한 것들이었다.

레기온의 소원은 몰락으로 끝난다. 이 천 마리의 돼지 떼가 한꺼번에 바다에 빠져 죽는다. 이것은 로마제국에 대한 민중의 소원이 적나라하게 드러난 것이다. 이 광인에게는 부정함의 이미지가 겹쳐 있다. 그는 부정한 이방지역과 무덤가를 배회한다. 당시 유대인들은 죽음과 근접해 있는 것을 가장 부정한 것으로 여겼다. 광인의 처지는 종교적으로 하나님으로부터 분리된 사람의 전형적 모습이며 동시에 데카폴리스 근처에 살면서 로마군대에 의해서 짓밟히고 찢기는 유대민족을 상징한다.

그들은 로마 군단들이 막달라와 세포리스 인근의 마을을 불태우고, 그들의 부모나 조부모들 수 천명을 학살하거나 포로로 잡아간 사건을 경험하였을 것이다.[5] 특히 로마에 대한 항거가 잦았던 팔레스타인, 그 중에서도 갈릴리 지방에 대해서는 복수심에 불타는 잔인한 학살을 했다. 민족들을 겁주어 굴복시키려는 의도를 띤 조치들을 취했다. 마을들을 파괴하고 많은 사람들을 학살하거나 노예로 만들었다. 그리고 수백명의 반란자들을 나머지 사람들에게 전시효과를 내려고 길가에 세워진 십자가에 매달았다. 그 원정들 중 하나로 카시우스 장군은 수천명의 갈릴리사람들을 막달라와 그 주변에서 대량학살했다.(요세푸스 역사에 삼만명이라고 한 것은 과장이다)[6] 주민 중에 살아남은 사람들은 집단적 트라우마에 시달렸을 것이다. 유다 민족은 제 몸을 찢고 몸부림치는 한 광인과 진배없었다. 예수는 바로 그런 사람을 해방시키고 제자리로 돌려보낸다.

예수가 귀신을 쫓아내고 치유의 사건을 일으키고 많은 사람들을 먹인 사건은 그가 단지 전통적인 사회에서 일어나는 주술사의 역할을 한 것이 아니라 이스라엘을 갱신시킨 모세와 엘리아 같은 예언자들로서의 역

5) Richard A. Horsley, 『예수와 제국』 op. cit., 169.

6) Richard A. Horsley, 『제국의 그림자 속에서』 op. cit., 135.

할이었다.[7)]

마가복음은 예수가 이 기적을 일으킨 지역을 거라사라고 이야기하는데 사실 이곳은 내륙 깊숙이 자리 잡은 지역이어서 돼지가 빠져 죽을 만한 호수가 없다. 돼지가 방향을 잘 찾아 60km를 달려가야지만 비로소 호수를 발견할 수 있다.[8)] 그래서 마태복음의 병행구는 이 지명을 호수와 조금 가까운 '가다라'로 바꾼다. 이곳 역시 데카폴리스 중 하나인데 그나마 호수에서 동남쪽으로 약 10km떨어진 도시다.[9)] 그런데 4km만 달려도 심장이 파열된다는 돼지가 그 먼 길을 어떻게 달려갈 수 있을까. 이런 고민을 한 사람이 중세에도 있었다. 중세 교부 오리게네스는 이스라엘 지리에 정통했다. 오리게네스는 이 이야기의 지명을 '게르게사'라고 다시 바꿨다. 이 마을은 호수 동편 작은 마을로서 지형상 적합하다. 이스라엘 여행을 하면, 거라사가 문헌과 달리 바로 갈릴리 호수 북동쪽 언덕에 위치하고 기념 교회당까지 세워져 있다. 이는 단지 관광용으로 세워진 듯하다.

마태복음이 지명을 슬쩍 바꾼 것은 이 이야기가 사실적 상황의 기록이라기보다 예수를 구원자로 고백하는 민중의 염원을 드러내는 이야기에 가깝다는 반증이기도 하다. 마태는 귀신들린 사람이 한사람이 아니고 복수이다. 이는 로마로부터 시달림을 당하는 민중의 파괴된 삶을 고발하고 그들을 향한 저항이 이야기의 저변이라는 것을 엿보게 한다.

악령이 처음부터 예수의 권위를 인정하고 그에게 삶을 청하는 이야기를 보면, 당시 민중이 예수를 로마 제국에 대해 우월한 존재로 받아들인

7) Ibid., 168.

8) 대한성서공회, 『독일성서공회 해설 관주성경』 마가 5:1에 대한 해설, 60.

9) Ibid., 마태 8:28에 대한 해설, 12.

듯하다.

독일 신약학자 게르트 타이센은 귀신들린 이야기가 로마의 지배를 받는 데카폴리스를 배경으로 하는 것에 주목한다. 이것은 낯설기만 한 로마지배에 대한 풍자이다. 로마 점령군과 귀신을 일치시키는 것은 귀신들이 이 땅에서 머물 수 있도록 간청한 데서(막 5:10) 명백하다. 로마인들은 바로 그 땅에 머물기를 원했다.[10] 당연히 유대인들을 그들을 쫓아내고 독립적인 삶을 원했다. 그러나 점령군들은 어떤 일이 있더라도 결코 쉽게 떠나지 않을 것이다. 더러운 돼지에게 붙어먹더라도 잔류하기를 소원할 것이다.

예수는 살게 해 달라는 레기온을 가차 없이 추방한다. 예수의 행동은 이스라엘 민족에게 단순한 축귀 행위를 넘어선다. 여기에는 출애굽 역사의 상징이 담겨 있다. 오래전 노예살이하던 자신의 조상들이 이집트 땅을 탈출하던 때, 그들을 쫓아온 이집트 군대를 홍해 바다에 수장시킨 야훼의 구원 역사가 지금 억압받는 자신들에게 다시 임하기를 바라는 열망이 담겨 있다.

마가의 본문에 따르면 돼지들은 마치 전투 속으로 돌격 하듯이 산비탈을 향해 "돌격"하여 "바다 속에 빠져 죽었는데" 이 바다는 갈릴리 호수를 가리키는 것이 아니라 지중해, 즉 로마 군대가 이스라엘 백성을 정복하기 위해 쳐들어왔던 지중해 속에 빠져죽고 말았음을 뜻한다. "바다 속으로 돌격한다"와 "바다 속에 빠져죽는다"는 이미지는 즉각적으로 파라오의 군대가 이스라엘 백성들을 뒤 쫓다가 홍해 "바다에 빠져죽은" 기억을 되살린다.[11]

10) Klaus Wengst, 『로마의 평화』 op. cit., 148-149.

11) Richard A. Horsley, 『예수와 제국』 op. cit.,169.

이스라엘 백성을 묘지로 몰아넣고 난폭하게 만들었던 귀신은 로마군대 레기온이다. 거라사의 귀신들린 사람은 회복된다. 레기온을 추방함으로써, 그는 자기 자신을 되찾는다.

마가복음에 나오는 일련의 악령추방 이야기(마가 1:21–28, 3:22–30, 5:1–20) 중에 첫 번째 에피소드(1:21–28)에서 예수는 그 더러운 귀신을 단지 쫓아낸(έκβάλλείν) 것이 아니라 정복한다(έπιτιμαν, 히브리어 ga'al, גאל)는 의미다. 이는 악마같은 세상을 정복하는 하나님의 결정적인 구원행위를 뜻한다. 예수가 제자들을 부르시고 첫 번째 행한 기적은 가버나움에서 귀신을 축출한 것이다.(마가 1:21–28) 거라사의 악령추방은 이방 지역의 첫 번째 기적이다.(마가 5:1–20) 예수의 공적활동은 악령추방으로 시작하는 패턴이다.[12] 이것은 유대배경 속에서 나타나는 하나의 정화행위이며 비로소 하나님께서 받아들일 만한 땅이 된 것을 의미한다.[13] 예수는 악령으로 오염된 땅을 정화함으로 새 사역을 시작한다. 하나님은 그를 통해 하나님의 통치를 확립하고 하나님의 나라를 세우신다. 하나님께서 단지 귀신 하나를 내 쫓는 행위를 넘어서서 이스라엘을 구원하는 행위를 뜻한다.[14]

> 예수께서 그를 꾸짖어(επετιμησεν) 말씀하시기를 "입을 다물고 이 사람에게서 나가거라" 하셨다. (마가 1:25)

우리말 성경에 꾸짖는다고 번역한 말은 단지 꾸짖는 것 이상이다. 이

12) Werner H. Kelber, *Mark's Story of Jesus*, 『마가의 예수 이야기』 서중석 옮김, 한국신학연구소, 1989, 39

13) Ibid., 40.

14) Richard A. Horsley, 『예수와 제국』 op. cit., 168.

는 마가복음과 그 밖의 헬레니즘적 악령추방 이야기에서 “귀신을 내쫓다(exorcise)”를 가리키는 일반적 용어가 아니다. 히브리어 동의어(ga'al)은 하나님이 이스라엘의 외국인 원수들을 패배시키고 진압할 때, 이스라엘을 구원할 때, 사용한 말이다.[15] 예수는 지금 사탄을 정복한다.(έπιτιμαν) 예수는 이런 저런 귀신들을 패배시키고 있다. 더러운 귀신들린 사람이 외친다.

> “나사렛 사람 예수님, 왜 우리를 간섭하려 하십니까? 우리를 없애려고 오셨습니까? 나는 당신이 누구인지 압니다. 하나님께서 보내신 거룩한 분입니다.” (마가 1:24)

이것은 예수의 귀신 축출이 보다 큰 악의 세력을 향해 있다는 것을 말한다. 유대 전통에서 귀신들이 축출당하는 것은 마지막 종말의 때에 행해지는 행위다. 따라서 귀신이 축출되는 행위는 이제 그 나라가 임했다는 증거다. 만약 예수가 하나님의 힘을 입어 귀신을 쫓아낸다면 이는 악이 패배하는 결정적인 때가 이미 왔다는 증거다.

> 그러나 내가 만일 하나님의 손을 힘입어 귀신을 쫓아낸다면 하나님의 나라가 이미 너희에게 임하였느니라. (개역개정, 누가 11:20, 비교, 마태 12:28)

예수의 악령축출을 통해서 분명하게 드러난 것처럼, 사탄에 대한 하나님의 승리는 로마의 통치 역시 끝장나고 있다는 메시지다. 그러므로

15) Richard A. Horsley, 『제국의 그림자 속에서』 op. cit., 147.

예수는 예루살렘의 지배층이 조만간 황폐하게 되는 것은 하나님 나라의 잔치가 임박했다는 증거로 본다.(누가 13:28–29, 34–35)

1947년에 발견된 사해 두루마리들[16]에는 예수가 마주쳤던 귀신들림과 악령추방의 정치학에 대한 단서들이 있다. 그들의 공동체 규칙과 전쟁 두루마리에는 그 공동체의 서기관–사제의 삶이 빛의 영과 어둠의 왕자, 악마 사이에 투쟁에 사로잡힌 것으로 이해했다. 이것은 단순한 신념이 아니라 어떻게 역사가 하나님의 통제로부터 그리도 완벽하게 벗어나 있는지를 이해하는 방식이었다. 그들은 로마가 유대를 지배하는 것이 어둠과 악마의 영에 의해 결정된 것으로 이해했다. 더욱이 하나님이 역사를 성취하실 때, 빛의 세력이 마침내 어둠의 세력을 패배시킬 때, 그 공동체 사람들 자신이 로마인들과 맞서 싸워서 그들을 마침내 멸절시킬 것이라 믿었다.[17]

그런데 귀신 들린 사람이 멀쩡해지는 걸 본 동네 사람들은 예수에게 떠나달라고 요청한다. 두려웠기 때문이다. 두려운 이유는 여러 면에서 찾을 수 있다. 작은 원인부터 찾아보자. 이천 마리의 돼지가 떼죽음을 당했으니, 마을 사람들은 예수가 혹여 마을의 다른 무언가에게도 그런 행위를 하지 않을까, 그래서 이런 저런 경제적 피해를 보게 되지 않을까 두려웠을 것이다. 하지만 자본주의 세상을 살아가는 지금의 시선으로는 물적 손실에 관한 인간의 두려움이 매우 거대할 것 같지만, 이천 년 전의 세상에서는 그보다 신비하고 거룩한 사건을 경험한 뒤의 두려움이

16) 사해근처에 벼랑 중간부분에 있는 동굴에서 현존하는 성서사본 중에 가장 오래된 사해사본이 발견되었다. 근처에서 에세네파의 집단 거주지 유적들이 발견되었다. 그들은 현세는 악한 영에 의해 사로잡혔다고 생각하고 광야지역인 사해부근에서 집단 거주하며 새로운 미래를 준비하는 종말론적 사상을 가진 유대의 종교분파였다.

17) Ibid., 146.

비교할 수 없이 컸을 것이다.

시선을 당시 사회상으로 넓혀보자. 이 이야기는 로마 제국에 저항하는 유대 민중들의 집단적 바람이 담겨 있다. 그러나 동시에 지역 주민들은 그 일로 인하여 자신들이 로마제국으로부터 또 탄압을 받게 되지 않을까 두려웠다. 즉, 예수의 민중운동이 반로마운동으로 확대되어 자기들이 피해를 당할까봐 겁나는 사람도 있다. 식민지의 삶을 현실로 받아들이고, 그 아래에서 정착하려는 사람들 말이다. 이미 이웃과 친구, 가족의 학살을 경험한 이들은 더 몸을 숙이고 입을 닫고 살아가는 법이다. 그러니 그들을 나쁘다고 말하기는 어렵다.

이에 반해 귀신들렸던 사람은 마을을 떠나 예수와 합류하기를 원했다. 예수는 그를 뿌리가 있는 곳으로 가라고 하는데 이것은 단순한 사회복귀 명령이 아니다. 자신의 기적행위를 비밀로 하는 일반적인 예와는 달리 고침을 받은 광인은 자신이 겪은 일을 말하라는 예수의 명을 받는다. 광인은 로마 주둔군이 있는 데카폴리스지방으로 두루 다니며 이야기를 퍼뜨렸다. 로마 군대 레기온을 떨쳐내고 구원에 이른 사람이 경험한 기적이 다른 지역 사람에게 전파되고 확대된다. 슬픔을 삼키며 분노를 억누르며 살아가던 민중에게 이 이야기가 파고 들어간다. 완전한 절망의 끝에 들려오는 희망과 용기의 이야기가.

영국의 인류학자인 메리 더글러스(Mary Douglas)는 몸과 사회 병행론을 말한다. 그녀는 신체적 기적 속에는 언제나 사회적 상징이 내포되어 있어 언제나 사회적인 의미를 가진다고 한다. 두 방향으로 움직이는 것, 즉 몸으로부터 사회로 움직이는 것과 사회로부터 몸으로 움직이는 것은 매우 쉬운 일이며 불가피한 일이기도 하다.[18] 그녀는 사람의 몸은

18) John Dominic Crossan, 『예수-사회적 혁명가의 전기』 op. cit., 149.

사회체제의 축소판으로서, 금기와 경계선, 받아들일 수 있는 것, 허용할 수 있는 것, 참을 수 있는 것 등과 관련하여 개인적인 것과 사회적인 것, 사적인 것과 집단적인 것 사이에 변증법이 있다고 주장했다. "사람의 몸은 우리 모두에게 공통적이다. 단지 우리의 사회적 상황이 다르다. 인간의 몸에 대한 상징들은 서로 다른 사회적 경험들을 표현하곤 한다. 따라서 로마의 제국주의는 하나님의 백성이 사회적 차원에서 마귀에 사로잡힌 것을 뜻했다. 이런 사회적 사로잡힘(possession)이 개인의 몸 차원으로 나타난 것이다.[19)]

그러므로 예수당시 유대사회는 유대전통에 나타나는 종말의 증거인 악한 영을 추방하는 전통을 통해 지금 자기들을 지배하는 세력인 로마의 축출을 비유적으로 말하고 있다. 악령 축출은 치유행위를 넘어 정치적이고 사회적인 혁명으로 나아간다. 지금 예수는 그들의 전통적 상징 행위를 통하여 갈릴리 마을 속에서 사회적 혁명의 기운을 불러일으키고 있다.[20)]

예수는 "내가 하나님의 영을 힘입어 귀신을 내쫓는 것이면, 하나님의 나라가 너희에게 왔다"(마태 12:28)라며, 하나님의 나라가 이미 우리에게 와 있다고 완료형으로 말한다. 개역개정은 '이미 너희에게 임하였느니라'로, 공동번역 성경은 '이미 너희에게 와 있는 것이다'로 완료의 의미를 강조한다. 대다수 유대인은 하나님 나라를 먼 미래로 생각하고 자포자기한 채 살아갔다. 그나마 희망을 붙잡고 사는 사람들은 폭력을 동반한 게릴라 저항을 했다. 예수의 길은 달랐다. 예수는 폭력으로는 폭력을 이길 수 없다고, 악으로 악을 이길 수 없다고 말한다. 예수가 선포

19) John Dominic Crossan, 『역사적 예수』 op. cit., 502-503.

20) Richard A. Horsley, 『예수와 제국』 op. cit., 173.

한 세상은 다른 희망이었다. 그는 '하나님 나라가 이미 왔다', '새 시대가 여기 임했다'고 선언한다. 귀신 하나를 쫓아 내면 더욱 악한 일곱 귀신이 들어온다.(누가 11:26) 악은 집요하고 민중은 절망한다. 그럼에도 예수는 하나님의 나라가 이미 왔다는 희망을 심는다.

귀신들림의 사회학

폴 홀렌바우(Paul Hollenbach)는 귀신들림의 원인이 되는 상황을 사회과학적으로 연구하며 세 가지 중요한 원인들을 지적했다. 첫째, 경제적 착취로 인한 계급 간의 반목, 둘째, 전통들 사이의 갈등으로 인해 존경받던 전통이 무너질 때, 셋째, 식민지 지배와 혁명 상황 등이다.[21)]

이런 경우 민중이 자신들을 억압하는 체제에 복종한다면, 자신의 파멸에 협조하는 것이 된다. 그들은 그 체제를 증오하고 경멸하지만 그 체제는 자신들 보다 더욱 강력한 힘을 가졌다. 이 강력한 억압자에 감히 맞서지 못할 때, 나름 자신을 구원하는 길을 찾은 것이 귀신들림 현상이다. 이는 하나의 길을 발견한 것이다. 또 귀신들림은 억압자들에 맞서서 축출하는 혁명으로 나아가지 못할 경우, 억압에 대한 간접적인 저항형태나 도피형태로 나타난다. 이것은 자신들이 던져진 끔찍한 사회적 및 정치적 상황에 대해 어찌 대처할 방법을 찾지 못하는 사람들에게 마약과 같은 해결책이다. 그러므로 강자에 대하여 직접 저항하지 않고 소극적으로 저항하는 '저항으로서의 귀신들림'과 강자가 약자에 대한 통제로서 귀신들렸다고 비난하지만 그 정도의 저항은 참아 넘길 수 있기에 그 둘 사이에는 '공생적 관계'가 있다.[22)]

---

21) John Dominic Crossan, 『역사적 예수』 op. cit., 508.

22) Ibid.,

귀신들림, 지금으로 말하면 정신병은 사회적 긴장 속에서 심화된다. 어떤 사회적 상황 아래에서 정신적 문제가 폭발하는 경우가 많다. 전쟁과 테러를 겪은 이들은 집단적 트라우마에 빠지고 빈부 격차와 경쟁이 심한 사회에서는 사람들의 우울증이 깊어진다. 식민지지배 하의 사회도 마찬가지다. 피식민지 민중이 극단적인 착취와 학살 아래에서 경제적으로나 사회정치적으로 돌출구를 찾지 못하면 자기파괴적 행위로 이어진다. 억압자에 대한 분노가 극에 달했으나 정면으로 대결할 힘을 갖지 못한 약자. 그들의 분노는 위장되어 나타난다. 마치 귀신들린 것 같이 저항하기도, 더 이상 견디지 못해 실제로 정신을 잃기도 한다.

예수가 직면했던 상황은 단순 귀신들림의 상황을 넘어 정치적인 상황이다. 로마인들이 세운 제국적 질서에 맞서서 민중의 소요사태와 저항시위, 운동, 노골적인 반란이 이어지는 한 가운데서 일어나는 이야기다. 예수의 선교를 이해하기 전에, 우선 갈릴리 사람과 유다 사람들 사이에는 '신세계 질서'에 대해 자주 격렬한 저항운동이 벌어지고 있다는 사실을 알아야 한다.[23] 이런 저항에 직접 참여하는 당사자뿐만이 아니라 그로 인해 가정이 파괴되고 아무 대책 없이 세상에 내던져지는 노인과 여자와 어린이들에게는 그런 상황 자체가 바로 악령이다. 예수가 제자들에게 귀신을 제어할 수 있는 능력을 주어 파송하자 헤롯은 몹시 당황하여 어찌할 바를 모른다.

> 제자들은 나가서, 마을마다 두루 다니면서, 곳곳에서 복음을 전하며, 병을 고쳤다. 분봉왕 헤롯은 이 모든 일을 듣고서 당황하였다. 그것은, 요한이 죽은 사람들 가운데서 살아났다고 하는 사람들이 있는가 하면,

23) Richar A, Horsiey, 『예수와 제국』 op. cit., 35.

> 엘리야가 나타났다고 하는 사람들이 있고, 또 달리, 옛 예언자 가운데 하나가 살아났다고 하는 사람들이 있기 때문이었다. 헤롯이 말하기를 "요한은 내가 목을 베어 죽였는데, 내게 이런 소문이 파다하게 들리는 그 사람은 누구인가?" 하였다. 그는 예수를 만나고 싶어하였다. (누가 9:6-9)

"예수의 축귀 행위가 사회 정치적으로 기존체제를 전복시키고자 하는 힘으로 이어질까봐 우려되었기 때문이다. 더러는 미친 채로 살아가고, 더러는 미치기 직전 울근불근하며 살아갈지라도 그들이 제정신이 들게 하는 것은 매우 위험한 일이다. 악령추방은 민중의 해방운동과 하나님 나라의 도래와 불가분의 관계에 있다. 예수께서 제자들에게 귀신을 쫓아내는 능력을 주어 파송하신 직후에 "사탄이 하늘에서 떨어지는 것을 보았다"(누가 10:18)고 한다. 이것은 낡은 시대를 지배하는 주권이 무너지고 있는 것을 말한다. 기적이야기는 종말론과 연결되어 있다. 종말을 앞당기는 행위가 기적이다.

기적 이야기는 예수 자신의 개인적인 행위를 넘어서 당시 민중이 가진 사회적 염원이다. 여기에는 인간의 희망과 소원이 스며있고 인간의 미래성이 투영되었다. 이것은 인간의 미래에 완성될 극점을 앞당겨 보여준다. 성서 자체에도 이미 예수 시대와 초대교회 시대, 모든 민중의 희망이 기적이야기 속에 덧입혀져 있고 이러한 희망은 앞으로도 계속 열려 있다. 모든 시대, 모든 민중의 바람과 염원, 밑바닥에서 울부짖는 기도가 모아져서 그리스도의 새로운 인격을 형성하고 이것은 다시 역사적 사실이 되어 우리를 동력화하여 새로운 현장으로 불러낸다.

기적 대망

독일 신약학자 게르트 타이센은 사회학적 고찰을 통해, 복음서와 사도행전에 나타나는 귀신들린 현상이 집단적으로 나타났다는 사실을 밝혀냈다. 그는 "귀신들린 현상 그 자체는 아니겠지만, 집단적으로 귀신들린 현상은 특정한 계급에 한정된다. 자신의 문제를 신화로 표출하는 사회에서는 억압받는 사람들이 자신들의 상황을 귀신에 의해 위협받는 것으로 해석할 수 있다"[24]고 한다. 또한 그는 악령추방 이야기는 "일반적인 사회문제를 표출하는 것, 즉 인간 사이의 교통의 단절 및 사회적 관계에서의 여러 가지 깊은 소외의 문제를 표출하는 것"이라고 했다.

복음서에서 귀신들린 자는 항상 말도 못 한다. 말한다 할지라도 자신이 말하는 게 아니다. 귀신들림은 언어상실과 소외, 즉 이웃으로부터의 소외와 자신으로부터의 소외다. 스스로 자신의 견해를 표출할 수 없는 무력화된 인격이다. 귀신들린 자는 낯선 힘의 지배를 받기 때문에 말을 하지 못한다. 귀신들린 자는 교통의 능력이 결정적으로 제한되어 자기 자신의 말을 하지 못하고 단지 자신을 지배하는 자들의 암호만을 말한다. 따라서 귀신들린 현상이 경제적 하층에서 자주 나타난다. 이들은 정치적 억압을 가장 많이 받는 사람들이다. 사회적 곤궁, 불의, 억압과 착취 등은 벙어리와 실어증을 야기하는 귀신들림으로 경험된다.[25] 악령추방의 이야기에서는 한결같이 귀신들이 나가면 말을 하게 되고 자유롭게 타자와 교통할 수 있게 된다.

> 예수께서 벙어리 귀신 하나를 내쫓으셨다. 귀신이 나가니, 벙어리가 말

24) Klaus Wengst, 『로마의 평화』 op. cit., 147.
25) Ibid., 148.

을 하게 되었으므로, 무리는 놀랐다. (누가 11:14)

"귀신이 쫓겨나자, 말 못하는 사람이 말문을 열었다. 무리가 놀라서 "이런 것은 이스라엘에서 처음 보는 일이다" 하고 말하였다. (마태 9:33)

그 때에 사람들이, 귀신이 들려서 눈이 멀고 말을 못 하는 사람 하나를 예수께 데리고 왔다. 예수께서 그를 고쳐 주시니, 그가 말을 하고, 보게 되었다. (마태 12:22)

마가 5장의 레기온 귀신 들렸던 사람, 인간 사회 밖에서 야수와 같이 살던 사람도 악령이 추방된 후에는 "옷을 입고 멀쩡한 정신으로 앉아있다." 그는 이제 공동생활을 할 수 있고 타인과 교통할 수 있다. 그가 전에는 낯선 힘의 지배를 받았지만 지금은 자유롭다. 그는 자기 자신의 본래적인 정체성을 획득하고 이를 의식할 수 있다. 따라서 하나님 나라는 본래의 자아로 해방된 자, 언어를 다시 찾은 자, 그리고 교통할 수 있는 자들의 공동체다. 예수의 하나님 나라 실천은 구조적 폭력을 분쇄하고 소외로부터 해방시킨다. 예수의 실천은 실어증에 걸린 사람에게 목소리를 주고 말 못하는 사람으로 하여금 말할 수 있도록 한다.[26]

예수는 로마의 질서와 연합하는 것을 거부하고 헤롯 안티파스를 무시하면서 귀신 쫓는 일을 자신의 과제로 제시한다. 이는 예수가 귀신 쫓는 행위를 통해 구조적인 폭력을 분쇄하려는 것임을 명백하게 드러낸다.[27]

그리스, 로마 치하의 민중은 가혹한 세금 착취에 시달렸다. 동시에 고

26) Ibid., 151.

27) Ibid., 149.

유문화의 붕괴를 경험하고 그리스 문화를 강요당했다. 정치세력 또한 제국의 정치 판도에 따라 몰락, 성쇠를 반복했다. 이러한 위기의 시대를 살아가는 민중의 불안감은 극도로 민감했다. 이들은 언제 몰락할지, 언제 노예가 될지 모르는 불안정성을 가지고 살았다. 이러한 불안정성은 섬뜩하고 거대한 '마귀'의 힘으로 표현된다. 이런 불안감, 상실감은 민중에게 신경, 정신 장애를 일으키고, 계속되면 곧바로 몸의 균형을 상실한다. 이는 곧바로 여러 가지 질병으로 나타난다.

민중의 기적 열망은 강한 제국 아래서 더욱 강하게 반응한다. 억압의 기제가 강할수록 그 억압에 대한 해방의 열망도 강하다. 일상적이고 정상적인 방법으로 돌출구를 가지지 못한 민중은 자신의 바람을 기적대망으로 분출하고 그것은 실제로 또 다른 기적을 낳는다. 이런 기적은 소문을 만들고 기적대망을 한층 더 강화한다. 이런 대망이 종교적으로 나타나면 열광주의, 탈속주의로 나타나는데 더러는 정치적 각성을 하고 급진적인 사회변혁의 주체가 된다.

성서에서도 이런 현상을 발견할 수 있다. 구약은 엘리야-엘리사 시대에, 신약에서는 예수시대에 기적 이야기가 쏟아져 나온다. 이것은 그만큼 시대가 악하고 민중에게 희망이 없기 때문이다. 이들은 기적이나 종교적 열광주의가 아니면 희망을 품을 수 없는 사람들이다.

미국의 성서학자 월터 윙크는 악령추방을 폭넓게 해석한다. 악령추방은 매우 드물게 경험되는 극단적인 하나님의 간섭 행위가 아니라, 예수 시대에 널리 쓰이던 의식이라는 것이다. 월터 윙크는 세례의식도 세례자에게는 전에 그를 옭아매고 있던 기만적인 체제로부터 해방시키는 행위라면, 폭을 넓혀 악령 추방의식에 가입(Entry exocism)하는 행위로도 말할 수 있다고 한다. 세례나 악령추방은 모두 '새로운 마음'을 얻기 위한 필수불가결의 전제조건이기 때문이다. 예수의 가르침 그 자체도 일종의 귀신 쫓아내기라고 할 수 있다. 사람들로 하여금 권세들의 노예가 되게 한 잘못된 정보들을 마음에서 쓸어내기 때문이다.(마가 1:21-28) 그리고 하나님의 임재와 행동이 바로 눈앞에서 일어나고 있어도, 눈이 멀어 이를 감지하지 못하는 상태를 치유하는 것이 곧 믿음이다.(마가 6:30-10:52)[28]

영화 '꽃잎'

광주민중항쟁을 다룬 "꽃잎"이라는 영화가 있다. 한 소녀가 머리에 꽃을 꽂고 이리저리 떠돌아다니며 온갖 마을에서 남자들의 겁탈을 당한다. 그 소녀는 가끔 발작을 한다. 그때는 기왓장 같은 것을 들어서 자기 팔목을 마구잡이로 긁어댄다. 피가 낭자하게 흐르는데도 더욱 거세게 자신의 팔목을 예리한 것으로 파헤친다.

그녀는 광주 근교 농촌의 한 가정에서 어머니와 대학생 운동권인 오빠와 함께 생활했다. 그런데 광주에서 이상한 일이 벌어졌다는 소문이 들렸다. 어머니가 오빠의 일이 걱정되어 광주로 가고자 했다. 어린 여동생을 떼어 놓으려고, 집에 꼼짝 말고 있으라고 당부도 하고 감금도 했지만 이내 몰래 어머니를 따라 광주행 버스에 까지 왔다. 할 수 없이 광주에 어린 딸과 함께 간 어머니는 심상치 않은 거리의 상황에서 어린 딸의 손목을 잡고 다급하게 시위대가 몰려다니는 군중을 헤치며 아들을 찾아본다. 그러는 도중, 어머니는 그만 총에 맞아 피를 흘리며 쓰러지게 된다. 이리저리 밀리는 군중 속에 진홍색으로 물들어진 사람들이 꽃잎처럼 쓰러졌다.

---

28) Walter Wink, 『사탄의 체제와 예수의 비폭력』 op.cit., 261.

유혈이 낭자해진 어머니는 당황하여 어린 딸의 팔목을 움켜잡았다. 어린 딸을 보호해야겠다는 어머니의 최후의 보호 본능이리라. 그러나 문득 상황이 다급해진 것을 안 계집아이는 현장에서 도망가기 위해 안간힘을 쓴다. 다른 손으로 어머니의 움켜쥔 손가락들을 떼어내려고 애를 쓰지만 어머니는 알아듣지 못할 소리와 함께 더욱 강하게 딸의 팔목을 웅켜쥔다. 마침내 계집아이는 발로 어머니의 손을 짖이겨 어머니를 떨쳐버리고 그 위기 상황을 벗어났다. 아직 숨이 넘어가지 않은 어머니의 호소를 묵살한 채 … 엄마를 죽음의 자리에 홀로 놓아두고 도망쳐 나온 죄책, 그 충격이 이 딸을 실성하게 만들었다. 발작이 시작되면 그 가슴 아픈 상처를 지워 내려는 듯, 피가 솟구쳐 오르도록 자신의 팔목을 후벼 파며 광기의 괴성을 질러댄다. 아무리 지워도 지울 수 없는 어머니의 핏자국을 벗겨내려는 가슴 아픈 이야기의 영화다.

트라우마로부터의 해방

무릇 귀신들림이라고 일컫는 정신질환은 다 저마다의 아픈 경험에서 시작된다. 그 충격이 개인이 인내할 수 있는 범위를 벗어날 때 일어난다. 그것이 심하게 뒤틀릴 때는 귀신들림이나 정신병으로 나타나지만 누구나 다 크고 작은 정신적 상처(트라우마)를 가지고 살아간다. 그 강한 충격은 사람을 그 충격의 시점에 붙들어 맨다. 시시각각으로 새롭게 다가오는 상황들에 적응하지 못하고 자신이 겪었던 트라우마 속에 묶어 둔다.

귀신들림을 넓게 풀어 생각하면 남의 일만은 아니다. 오늘 우리가 가지고 있는 트라우마들, 문득 소스라치게 부끄럽기도 하고, 그 생각이 나면 혼자 중얼거려보기도 하는 정신적인 충격들은 누구에게나 존재한다. 다만 정도의 차이가 있을 뿐이다. 그것이 제국이나 국가의 폭력이든지, 경제적 파산, 개인적인 배신, 가정에서의 폭력이든지 마찬가지다.

쌍용차 사건이나 세월호 사건 이후 우리 사회는 트라우마라는 단어와 친숙해졌다. 트라우마란 심각한 질병, 위협이 되는 사건을 경험하거나 목격한 후 겪는 심리적 외상이다. 즉, 큰 정신적 충격을 준 사건은 몸과 마음의 변화를 일으킨다. 생각하지 않으려고 해도 어느새 머릿속은 그 기억으로 가득 차고, 기억을 끊어내려고 해도 트라우마 사건에 집착하게 된다. 이것은 몸에 식욕부진, 수면장애등으로부터 시작해서 몸의 질병을 일으키는 원인이 된다. 이 충격은 생존을 위협하는 절체절명의 사건이므로 몸은 당시의 위협 자극을 분명하게 기억한다. 본인은 그 사건을 잊었다고 생각하나 무의식적 기억에는 남아 있다. 살아가면서 유사한 자극이 나타났을 때는 머리로 생각하기도 전에 몸이 먼저 반응하게 된다. 이것은 슬기롭게 극복하면 심리적 성장이 가능하다. 니체는 '나를 죽이지 못한 것은 나를 성장시킨다'고 했다.

예수는 거라사의 귀신들린 사람을 치유한다. 어떤 쇠사슬로도 그를 제어할 수 없을 만큼 강렬하게 그를 묶어둔 정신적인 충격으로부터 벗어나게 하고 그가 하나님 나라의 새로운 일들을 전파하게 했듯이, 오늘 예수의 기적은 우리들을 묶어 놓고 있는 크고 작은 정신적 충격으로부터 우리를 완전하게 자유롭게 하는 일, 내게 트라우마가 되었던 일들, 스스로 어떤 고통에서 헤어나오지 못하게 하는 억압을 풀어버린다.

함께 생각 나누기

* 자신이 정신적으로 붙잡혀있는 트라우마가 있는지 각자의 경험을 이야기 할 수 있다면 나누어 봅시다.

* 예수가 귀신을 쫓아내고 치유의 기적을 일으킨 사건들은 당시에 어떤 의미를 가지고 행해졌는지 이야기해 봅시다.

* 악령추방 이야기는 당시 로마에 저항하는, 제국주의 축출 이야기이며 민족의 독립을 꿈꾸는 이야기임을 살펴보았다. 이는 질병이나 정신적 질환이 그 병 자체라기보다는 그 병을 낳은 사회의 질병이며 개인의 치유는 그 사회의 치유와 연결되어 있다는 것을 보여준다. 오늘 우리가 처한 상황도 마찬가지이다. 하노이 회담 결렬 이후에 북미 대화는 물론 금방 새로운 시대가 올 것 같던 남과 북의 문제도 풀리지 않고 있다. 물론 걸핏하면 전쟁위기가 한반도를 감싸던 보수정권의 시대와 비교하면 지금은 차원이 다른 시대지만 부산에서 유럽가는 기차가 떠나고 한반도에 새로운 협력의 장이 열릴 것으로 부푼 꿈을 꾸었던 것은 자칫하면 일장춘몽이 될 수도 있다. 북이 비핵화를 하고 세계와 소통하려고 해도 이를 가로막는 것은 무엇이며, 우리가 어떤 자세를 가져야 남북은 물론 동남아에 새로운 평화시대를 열수 있을지 서로의 의견을 나누어 봅시다.

하노이 이후 한국의 선택

톱다운 방식의 하노이 회담은 실패했다. 트럼프는 1,2차 북미회담 모두에서 기술을 걸어 왔다. 트럼프가 쓴 책에서 말하는 협상의 기술은 약점찌르기, 그 다음은 결정적인 순간에 판 깨기다. 그러면 상대가 몸이 달아서 온다고 한다. 그런데 이런 잔기술을 개인 간에는 쓸 수 있을지 몰라도 국가와 국가가 만나는 정상회담에서는 큰 문제가 된다. 회담 결렬 후, 미국 내에서도 국가 정상 간의 외교적 회담을 개인의 감정이나 기술로 뒤집었다고 비판했다. 미국이 타국 정상들과의 회담을 이런 식으로 하면, 상대 국가의 정상은 톡톡히 망신당하는 꼴이고, 국가가 통째로 천박하게 노리개 감이 되는 셈이다. 타국의 정상들뿐만 아니라 미국 내 국무부, 외교부 등 공식기관들을 다 물 먹이는 이런 잔기술이 오래 가지 못하리라 생각한다. 속는 것도 한 두 번이다.

과연 북이 초조해서 달려 나올까? 북은 지금까지도 어렵게 살아왔다. 북의 경제가 차츰 나아지고 있어 당장 죽는 상황이 아니다. 시간은 북에 있지 트럼프에게 있는 것이 아니다. 이제까지도 그냥 힘들게 먹고 살아왔는데 그냥 버티면 임기제 없는 김정은이 급하겠는가? 곧 임기가 끝나가는 트럼프가 급하겠는가? 그렇다고 북도 핵무기를 가지고 있는 판에 미국이 핵무기로 전쟁을 할 수도 없다. 북이 시간을 끌수록 초조해 지는 것은 미국이다. 이번 하노이 회담 이후 중국은 북에 유화 제스처를 보내고 러시아와도 정상회담을 추진하는 등 더욱 긴밀하게 협조가 이루어지고 있다.

지금 북미회담의 핵심을 바로 인식해야 한다. 북이 대화마당에 나온 첫 번째 동기는 자발적으로 비핵화를 결심했기 때문이다. 만약 미국이 이를 제대로 보지 못하고 응하지 않는다면 북은 비핵화를 해나가되 검

증라인을 중국과 러시아로 삼을 수 있다. 중국과 러시아가 중심이 되어 국제사회에 인증해 나가는 방식을 쓸 경우, 미국은 완전히 닭 쫓던 개 지붕 쳐다보는 격이 된다. 만약 그렇게 된다면 중국이나 러시아의 힘은 더욱 강화될 것이며, 미국은 동북아시아에서 현저하게 힘을 잃게 된다.

미국은 더욱 경제 제재를 들먹이며 압박하겠지만 북에 대한 경제 제재도 물 건너가게 된다. 국경을 접한 나라들이 협조하지 않는 제재는 무용지물이며 북이 명백하게 비핵화를 진행하는 것을 미국 아니라도 다른 방법으로 입증하면서 진행한다면 더이상 제재의 명분도 없어진다. 북이 먼저 순차적으로 비핵화를 하면서 외국의 기자들을 불러들이고 국제 여론을 풀어간다면 경제 제재는 의미가 없게 된다. 커다란 구멍이 난다. 필자가 보기에 이것이 김정은이 신년사에서 밝힌 새로운 길일지도 모른다. 물론 미국과의 적대관계가 해소되지 않는 한 북의 완전한 비핵화는 불가능하다. 북을 핵 보유국으로 인정하고 핵과 대륙간 탄도 미사일 보유를 기정사실화하면서 미래 핵을 폐기하는 정도가 될 것이다.

미국이 기회를 걷어차면 공은 다른 곳으로 넘어간다. 물론 미국이 풀면 전면적인 개혁 개방으로 나가게 될 것이다. 그리고 남쪽과의 협력이 봇물을 이룰 것이다. 문재인 정부는 이를 간절히 바라지만 그렇게 하려면 미국의 그늘에서 자유로울 수 있어야 한다. 북이 새로운 길로 나갈 경우 한국은 최악의 결과를 맞게 된다.

평화는 비핵화의 종속물이 아니다. 비핵화를 해야 모든 것이 가능하다는 것은 폭력에 다름 아니다. 살자고 한 핵무장인데 살 방도를 보장하지 않으면 어떻게 비핵화가 가능한가? 동시적으로 북이 신뢰할 수 있는 평화 조치가 취해지면서 비핵화가 되어야 한다. 비핵화와는 별도로 평화를 진전 시켜야 한다. 비핵화는 비핵화대로 평화는 평화대로 가야한다.

문재인 정부가 "미국의 경제 제재 덕으로 북이 비핵화하게 되었다"라는 말을 자주 한다. 그런 말은 트럼프의 귀에 대고 기분 좋으라고 귓속말로나 할 이야기이지 대놓고 할 말은 아니다. 북쪽에서 들으면 얼마나 기분 나쁜 이야기일까? 상대를 정상적인 대상으로 인정하지 않는 말이다. 이 말은 '북은 패줘야 말 듣는다. 그러니 고분고분 해질 때까지는 계속 패야 한다'는 이면의 뜻을 숨기고 있다.

미국은 종전선언을 금방 할 것 같더니, 이젠 "종전선언도 안한다. 다 포기해야 할 수 있다"라고 한다. 무엇을 믿고 무기를 내려놓으라고 하는가? 마치 패전국에 대한 요구와 유사하다. 반면 자신들의 상응 조치는 오로지 북에 대한 경제발전을 운운하는 립 서비스 정도다.

이제까지 북미간 여러 번의 합의가 있었는데 모두 미국이 깼다. 제네바 회담과 2005년 9.19 6자 회담도 타결되었지만 미국이 배신했다. 9.19 때는 회담 타결 바로 다음 날, 방코델타아시아은행(BDA) 계좌를 동결했다. 이는 어제의 합의를 비웃는 조치였다. 북을 위조지폐, 마약밀거래 등의 혐의로 북의 자금을 묶어 버렸다. 큰 것을 합의해 놓고도 꼬투리를 잡아서 합의를 뒤집는 방법을 계속했다. 미국을 움직이는 실세들은 무기상과 연결된 금융자본인데 이들이 미국의 재무부를 장악하고 6자 회담 합의를 무산시키기 위해 작동했다고 한다.

그때 이후 북은 핵실험을 하기 시작했다. 북은 살자고 한 것인데 미국은 아무런 조치 없이 단지 립서비스로 북에 모든 것을 내놓으라고 한다. 이런 상태에서 북이 그에 응할 확률은 없다. 이스라엘의 폭격 때문에 핵개발을 하지 못한 이라크는, 미국의 침공을 당했다. 결국 이라크 통치자였던 후세인은 처형되었을 뿐만 아니라, 수많은 이라크 엘리트계층

사람들이 죽었고 나라는 아수라장이 되었다.

리비아도 마찬가지다. 당시에도 고급외교관으로 지내던 존 볼턴의 말을 듣고, 핵개발을 포기했던 카다피 대령은 나토의 간섭 때문에 혁명군을 진압하지 못했고, 결국 나토군과 미군이 리비아의 지도자 카다피를 사살해, 그들은 비참한 죽음을 맞이했다.

우크라이나는 구 소련의 연방으로 핵무기를 가지고 있었다. 이들은 1994년에 부다페스트 각서를 체결한다. 부다페스트 각서는 우크라이나가 핵무기를 러시아에 넘기고 핵확산 금지 조약에 가입하며, 국제 사회는 우크라이나의 현 국경에 대한 주권을 인정하며 우크라이나에 대한 공격이 있으면 안보리가 대처한다는 조약이다. 러시아를 비롯한 강대국의 국경보장 약속을 믿은 우크라이나는, 자국 영토 내의 소련시대 핵무기를 양도했다. 그런데 2014년에 부다페스트 각서 당사자인 러시아의 침공을 받고 자신들이 보석으로 여기던 크림반도를 영원히 상실했다. 이것을 잘 알고 있는 북쪽의 엘리트 계층이 과연 비핵화 생각을 할 수 있을까?

동시적으로 북이 신뢰할 수 있는 평화 조치가 취해지면서 비핵화가 되어야 한다. 비핵화와는 별도로 평화를 진전 시켜야 한다. 비핵화는 비핵화대로 평화는 평화대로 가야 한다. 북이 리스트를 신고하지 못하는 이유가 있다. 1990년대 초 북과 미국이 어렵게 합의했으나 북이 신고한 핵물질량이 맞지 않다고 해서 결렬되었다. 1994년 제네바협의는 금창리 지하에 핵시설이 숨겨져 있다며, 우라늄 농축 의혹으로 결렬되었다. 그러니 신뢰가 쌓이지 않은 상태에서 리스트를 주는 것은 결렬시킬 꼬투리를 삼기에 십상이다. 북이 리스트를 내면 자신의 모든 전력을 노출하는 것이요. 미국은 그것으로 얼마든지 판을 뒤집을 명분으로 삼기 좋아 진다.

미국과의 적대관계가 해소되지 않는 한 북의 완전한 비핵화는 불가능하다. 아마도 북은 핵 보유를 당연시하고 굳히는 방식으로 갈 것이다. 핵과 대륙간 탄도 미사일 보유를 기정사실화하면서 지금 수준에서 동결하고 군축에 나서는 것이다. 미국과는 적대 관계가 계속될 수 있지만 국제 사회가 점차적으로 인정할 수밖에 없고 북의 핵은 현 수준으로 멈추게 된다.

이라크 후세인, 리비아의 카다피 정권은 그 두 사람만 무너진 게 아니다. 그들과 함께 했던 수많은 엘리트들, 정치 세력이 함께 몰락했다. 더군다나 북은 삼대 세습국가다. 그 세력이 한 번도 교체되지 않은 채 이어왔다. 그들의 정권이 무너진다면 그 충격은 핵폭탄을 능가한다. 자본주의 사회에서 정권이 무너지면 야당도 하고, 교수도 하고, 사업을 하는 등, 다양한 채널이 있지만 북쪽에는 그런 퇴출로가 없다. 거대한 권력의 카르텔이 죽기 살기로 정권을 지키는 사투를 할 수 밖에 없다. 그런 입장에서 그들이 자기들을 죽음으로 내모는 완전 비핵화를 아무런 보장 없이 약속할 수는 없다. 죽은 자는 부자(富者)가 되지 못한다.[29]

그러기에 지금 북의 입장을 이해하고 막다른 길로 몰이를 해서는 안 된다. 그러면 최종에는 한판의 죽기살기 혈전이 있어야 하는데 북은 핵을 가졌다. 지금 미국의 강경론자들은 시국을 잘못 읽고 있으며 상대를 외통수로 몰아 붙여 한꺼번에 빼앗으려고 한다. 그것은 상대가 자살하겠다고 생각하지 않는 한 받을 수 없는 선택을 강요하는 것이다. 목표를

29) 안드레이 란코프, "아름다운 한반도를 만들 수 없지만, 살 수 있는 한반도를 만들 희망은 있다" 주권자 전국회의와 다른 백년이 주관한 심포지엄 자료집, 2019. 4. 4. 프란치스코 회관.

낮추고 현실적으로 접근해야 한다. 북이 마음을 가지고 나올 때 그 최종 수준이 동결이든 완전한 비핵화든 북의 핵을 관리하는 방법을 생각해야 한다. 북이 생각하기에 평화가 돌이킬 수 없을 정도로 성숙하게 되고, 세계 기업들이 북으로 진출하며, 각국 대사관이 들어오고, 북이 정상적으로 여러 나라와 수교하게 되면 그 때에는 완전한 비핵화도 가능할는지 모르겠다. 그러나 그 이전에 먼저 비핵화 하라는 것은 죽으라는 이야기이며 북이 응할 수 없는 조건이다.

문재인 정부가 보다 당당하고 주도적인 역할을 해야 하며, 미국의 그늘에서 자유로울 수 있어야 한다. 북한이 새로운 길로 나갈 경우 한국은 최악의 결과를 맞게 된다. 시시콜콜 미국에 의존하는 수준으로는 문제를 풀지 못한다. 북미협상이 무산되더라도 남북 관계가 그의 종속물이 아니라 한반도 평화의 중심이 되게 해야 하며 그러기 위해서는 미국의 입장을 북에 요구하거나 둘의 중재자 정도로 물러나 있어서는 안 된다. 문재인 정부가 한반도 문제의 당사자로 한반도 평화를 위해 적극적으로 미국에 평화를 위한 조치들을 주문해야 한다. 미국의 제재나 따라가다가는 경제는 물론 아무 것도 못할 뿐 아니라 한국 내에서 수구들의 공격을 방어하지 못할 것이다.

정부가 좀 더 강해져야 한다. 우리는 중재자가 아니다. 대북제재는 바로 남쪽을 향한 제재이기도 하다. 말에 속아서는 안 된다. 개성공단이나 금강산 관광 정도는 우리끼리 할 수 있도록 길을 내야 한다. 모든 것을 미국에 일일이 허락받아서 움직이는 수준으로는 될 것이 없다. 다시 냉전으로 갈 수 밖에 없다. 조금 더 자신있게 우리의 역할을 만들어 가야 한다. 북미 간에 일이 돼가는 것을 구경하고 떡이 떨어질 것을 기대해서는 안 된다는 것이 하노이 회담에서 드러났다.

남북 간의 협력을 마치 미국에 저당 잡히는 듯한 모습으로는 항상 우리 운명을 남에게 맡기고 끌려 다닐 수밖에 없다. 북과의 문제에서 가장 큰 당사자는 우리이다. 한국의 외교를 미국 제재에 따라 진행하고 전적으로 미국에 의존해서는 안 된다. 우리가 독자적으로 중국과 러시아 등과 적극적인 우호관계를 가지고 문제를 풀도록 관계를 다변화해야 한다.

유엔에서 허용하도록 되어 있는 식량, 조림, 비료, 약품, 인도적 지원 등은 남한이 적극적으로 나서고 이명박정부 때 했던 5.24조치 등도 기회를 봐서 선제적으로 해제해야 한다. 우리가 맺은 고리부터 풀고 미국도 풀라고 요구해야 하지 않나? 남북 간에 논의해야할 개성공단, 금강산 관광마저도 한미 간 워킹그룹이니 하는 것을 통해 먼저 논의하고 간섭을 받고 있다. 우리는 중재자가 아니다. 당사자이고 북미 양국을 모두 아우르는 인도자가 되어야 한다.

제재에 대해 박수치고 강화해야 된다고 한다면 이명박근혜와 다를 것이 없다. 앞서서 핵을 포기했던 세 나라의 운명이 어떻게 되었나를 본다면 북이 지금 볼턴이 요구하는 식의 일괄타결에 응할 이유가 없다. 북이 아무 것도 얻지 못한 채, 순순히 핵을 포기할 가능성은 없다.

트럼프가 합의를 했다고 하더라도 미국 내의 네오콘 세력, 자본과 무기상이 결합된 기득권 세력이 미국의회, 관료 등을 장악하고 있는 현실에서, 트럼프 행정부와의 합의를 미국이 과연 이행할 수 있을지도 의심스럽다. 그렇게 보면 북미 간 합의는 매우 불안정하고 위태롭다. 따라서 우리는 미국의 어떤 대통령도, 어떤 행정부도 거스를 수 없는 큰 평화의 흐름을 만들어가야 한다. 기존의 낡은 한미동맹은 미국에 줄서서 북과 대치하는 데 유용한 동맹이다. 남과 북이 대결을 종식하고 협력하는 국면 전환을 이루어서, 새로운 한미동맹 개념을 만들어 내야 한다.

지금 상황에서 남북관계를 원활하게 할 우리 민족끼리의 힘을 어떻게 만들어갈 것인가? 우리는 이미 지난 세 번의 남북정상회담을 통해 전쟁 없는 한반도와 군사적인 긴장 완화 조치들을 합의했다. 남북 간 '군사합의서'의 채택, 다양한 분야에서의 교류와 협력을 약속했다. 바로 남북 간에 합의한 사항들을 흔들림 없이 추진해나가는 것에서부터 출발해야 한다. 동시에 국제법과도 같은 '제재'의 문제가 발목을 잡고 있지만, 남북 간에 진전시킬 수 있는 협력사업을 창의적으로 모색하고 진행하는 것이 더욱 중요하다.

북도 북미회담에만 매달려서는 안 된다. 미국이 평화로 나올 수 있도록 남북이 주도하여 화해의 국면을 키워가는 것이 매우 중요하다. 북도 남을 중시하고 서로 협력하는 평화의 국면을 주도하도록 계속 평화의 소식이 줄을 잇게 해야 한다. 북이 그런 일에 협조하지 않으면 역사는 다시 대결의 시대로 갈 수 있다. 남쪽에는 반통일, 반민족 세력이 득실거린다. 그리고 그들이 다시 정권을 잡게 되면 우리는 또 매년 전쟁위기의 공포를 겪어야 한다. 미국과의 문제가 잘 풀린다고 하더라도 남쪽에 보수정권이 집권한다면 한반도 평화는 물거품이 된다. 지금 문재인 정부와 남북 협력을 돌이킬 수 없는 대세로 만들어야 하며 가능한 조치들을 찾아서 해나가야 한다.

또한 시민사회의 민간교류를 과감하게 허용하고 자꾸 남북이 교류하고 만나는 화제 거리가 끊이지 않게 해야 한다. 남북이 서로 이해의 폭을 넓히고 하나 되는 분위기를 조성해야 한다. 지금처럼 모든 것을 정부가 주도하려고 하면 분위기가 좋을 때는 그 공을 몰아서 받겠지만 분위기가 좋지 않을 때 반 통일세력들의 공격에 매우 취약하게 된다, 정부가 그 부담을 줄이려면 시민사회의 교류의 문을 넓게 열어야 한다.

결정적으로 한국 내부적으로 북에 대한 악마화, 멸시, 적대적 분위기에서 만들어 냈던 신화들이 거짓이었다는 것을 밝히고 정부와 민간 차원에서 되돌리는 운동들을 펼쳐야 한다. '북한 바로알기'가 진행되다가 주춤하고 있는데 종교나 시민들이 해야 할 일은 바로 그런 것이다. 그래서 우리 안에 화해와 협력의 분위기를 만들어가야 새로운 시대가 도래할 수 있다.

우리는 중재자가 아니고 당사자다. 북미간 잘못된 합의가 이루어진다면 이는 한반도 전쟁을 뒤로 미루는 것이지 평화가 될 수 없다. 북이 핵을 포기한 다음에 우크라이나와 같이 10년, 20년 후에 미국이 북을 말살하려는 전쟁을 다시 걸어온다면 이는 한반도 전체의 전쟁이 될 수밖에 없다. 북의 비핵화는 평화 조치와 상응해서 진행되어 평화가 돌이킬 수 없을 때, 이루어지는 것이 한반도 전체에 좋은 일이다. 그런 의미에서 우리가 북미간 합의를 중재하는 단순 위치를 벗어나 북의 안전이 바로 한반도 전체의 안전이라는 입장에서 미국을 대해야 한다. 그것이 한반도 평화의 당사자로 임하는 자세이다.

(강남향린교회 강단 중에서)